中国高等教育学会秘书学专业委员会“十一五”规划教材
21世纪高职高专精品教材·现代秘书系列

秘书公关工作与实训

（第二版）

杨继昭　李颖杰　编著

中国人民大学出版社
·北京·

图书在版编目(CIP)数据

秘书公关工作与实训（第二版）/杨继昭，李颖杰编著
北京：中国人民大学出版社，2010
21世纪高职高专精品教材·现代秘书系列
ISBN 978-7-300-12775-0

Ⅰ.①秘…
Ⅱ.①杨…②李…
Ⅲ.①秘书-公共关系学-高等学校：技术学校-教材
Ⅳ.①C931.46

中国版本图书馆CIP数据核字（2010）第189417号

中国高等教育学会秘书学专业委员会“十一五”规划教材
21世纪高职高专精品教材·现代秘书系列
秘书公关工作与实训（第二版）
杨继昭　李颖杰　编著

出版发行	中国人民大学出版社		
社　址	北京中关村大街31号	**邮政编码**	100080
电　话	010－62511242（总编室）		010－62511398（质管部）
	010－82501766（邮购部）		010－62514148（门市部）
	010－62515195（发行公司）		010－62515275（盗版举报）
网　址	http://www.crup.com.cn		
	http://www.ttrnet.com(人大教研网)		
经　销	新华书店		
印　刷	北京东方圣雅印刷有限公司	**版　次**	2005年11月第1版
规　格	170 mm×228 mm　16开本		2010年11月第2版
印　张	13	**印　次**	2010年11月第1次印刷
字　数	241 000	**定　价**	23.00元

总 序

随着我国市场经济的高速发展，党政机关、企事业单位、商贸系统的改革步伐不断加快，各行业对秘书的需求量越来越大，对秘书工作的要求也越来越高。在这一变化的影响下，秘书的职业意识在不断更新，工作内容在不断拓展，工作制度在不断完善，但能适应这一变化的训练有素、能力卓越的新型秘书人才却显得十分匮乏。很多院校的秘书专业和秘书培训部都在为培养这类人才而努力。所以，他们最需要的是符合21世纪时代特征的，具有丰富的秘书知识内涵、开阔的国际视野、很强的实用性和可操作性的、新型的现代行政秘书和商务秘书系列教材。

鉴于此，我们遵照国务院批转教育部《2003—2007年教育振兴计划》中“职业教育与培训创新”的精神，组织秘书专业的专家、教授及富有实践经验的秘书工作者，依照新型秘书应具备的知识结构和能力结构，量身打造，编写了这套集时代性与实用性于一体的高层次的现代秘书系列教材。

纵观本套教材，特点有三：

第一，具有前瞻性和现代性。本套教材立足于我国加入世贸组织后市场经济发展的前沿，借鉴了国际领先水平的秘书工作经验，从我国现实情况出发，对秘书工作从理论到操作的方方面面内容作了系统的介绍，论述详尽，阐发深入，紧跟时代发展的步伐。

第二，具有系统性和全面性。系统性是指这套教材是一个系统工程，是由办事、办文、办会等系列子系统组成的相互关联、衔接有序的动态系统。全面性是指这套教材囊括了秘书工作的收集信息、协调、信访、调研、督检、文书、会务、接待、沟通、礼仪、办公自动化、速记技能等全部内容，可以说这是一套“秘书工作必读全书”。

第三，具有标准性和实用性。本套教材是遵照《秘书国家职业标准》编写的。学习这套教材，不仅有助于做好秘书工作，也有助于考取我国《秘书职业资格证书》。我国将实行“学历文凭＋资格证书”并重的用人制度，世界各国之间也将开展职业资格互认，资格证书将成为国际职业的“通行证”。在这种趋势下，教材标准化就显得非常重要。实用性体现在本套教材以实务为中心，使学生明确在工作中应做什么，怎样才能做好，怎样不断提高工作效率。

这套教材的编写框架和内容都很新颖，将秘书应掌握的知识和技能贯穿于每一个模块中，重点明确而突出，简洁而实用，并配有经典案例及评析，融知识、技能、情趣于一炉，非常适合作为大中专院校秘书专业的教材，也可用于培训或自学。

最后，我们衷心希望本套教材的使用者能在轻松的学习中领悟秘书工作的真谛。

范立荣

2008 年 1 月

前　言

高职高专教育的培养目标是培养技能型、应用型专门人才，学生应在掌握必要的基础知识和专业知识的基础上，重点掌握与本专业实际工作所需的基本知识和职业技能。公关基本知识与公关职业能力即为秘书专业学生必须掌握的知识与技能之一，这是现代社会组织的发展对秘书职能提出的新要求，秘书人员的公关素质与沟通、协调、策划、组织等公关能力备受用人单位的重视。

本教材从秘书公关工作的实际出发，以案例为引导，分八章阐述了秘书公关工作知识，这八章的内容分别为：公共关系概述，公共关系的沿革，公共关系的职能、作用和原则，秘书公关类型，秘书公关的一般过程，秘书与社会组织的形象塑造，秘书公共关系的日常工作，公关机构与秘书公关素质。章后附有复习思考题和实训题，以便于学生巩固所学知识。

在编写指导思想上，我们注重贯彻以下原则：首先，密切结合高职秘书专业对学生的要求，结合公共关系方面的最新理论，形成学生在公共关系理论方面的知识构架；其次，密切联系我国公共关系方面的实际，使学生掌握公共关系方面的基本方法和技能。

本书既可作为高职高专秘书专业学生的教材，也可作为其他管理类专业学生的基础教材，亦可作为秘书从业人员的参考读物。

限于时间与水平，书中错漏在所难免，敬请读者批评指正。

编者

2010 年 6 月

目　　录

第一章

公共关系概述

引例：张婷是文秘专业专科毕业生，毕业后应聘到一家有八年历史的老年公寓办公室工作。此时正值企业要举办成立八周年庆典，领导便让张婷写个活动方案，虽然张婷刚参加工作，对各个方面工作并不熟悉，但她凭借上学期间对公关课的挚爱和多次参与了老师策划的大型公关活动的经历，很快就拟定了一个“企业八周年庆典及全市首届老年人才艺大赛”活动的策划方案。规范的公关策划方案格式和把企业庆典与组织全市老年人才艺大赛结合起来的大胆创意，颇受领导赏识。方案很快通过了论证，领导决定由她负责组织实施。接下来联络市老龄委员会、老干部活动中心、老年大学、民政局作为主办单位；邀请各大媒体记者；联系赞助商，组织老年人报名、参赛，等等，张婷展示出良好的公关素质，此次活动获得了巨大的成功。有八家新闻媒体做了报道，使这家老年公寓的知名度和美誉度有了很大的提升。工作不到两个月，张婷就提前结束了实习期，受到企业同事的广泛好评和认同。

现代社会组织的发展对秘书的职能提出了新的要求，秘书人员的公关素质与沟通、协调、策划、组织等公关能力备受用人单位重视。因此，作为现代秘书人员，必须适应时代的需要，了解公关、运用公关，加强自身的公关修养。

第一节　公共关系的定义

一、名称的来源

公关是公共关系的简称。“公共关系”一词是英语“Public Relations”的中文译称，简称 PR。它有两种译法：其一是“公开的、公共的关系”；其二是“公众的关系”。因此，也有些专家学者，尤其是海外学者，也将 Public Relations 译作“公众关系”。

二、公共关系的定义

（一）国外公共关系的定义

从不同的角度出发，国外很多学者和公共关系组织给公共关系下过不同的定义，其中最具代表性的有四种。

1. 突出公共关系的管理职能

强调管理职能的专家学者认为公共关系是社会组织对公众的一种有目的、有计划的管理和控制行为。它从公共关系的功能出发，强调公共关系的管理职能。

国际公共关系协会的定义是：“公共关系是一项经营管理的职能，属于一种经常性与计划性的工作，不论公私机构或组织，均通过它来保持与其相关的公众之了解、同情和支持，亦即审度公众的意见，使本机构的政策和措施尽量与之配合，再运用有计划的大量资料，争取建设性的合作，而获得共同利益。”这个定义单纯强调了公共关系的管理功能，比较片面，没有涵盖公共关系的所有职能。

美国贝逊企业管理学院的公共关系学主任康菲尔的定义是：“公共关系是一种管理哲学，在所有决策和行动上，都以公众利益为前提，此项原则定于政策之中，向社会大众阐扬，以获得谅解与信任。”

《公共关系新闻》杂志的定义是：“公共关系是一种管理职能，它评估公众的态度，检验个人或组织的政策、活动是否与公众的利益一致，并负责设计与执行旨在争取公众理解与认可的行动计划。”此定义指出了公共关系是一种管理职能，但没能把传播活动看成是公共关系的必要手段。

2. 突出公共关系的传播沟通职能

《韦伯斯特 20 世纪新辞典》1976 年版的定义是：“通过宣传与一般公众建

立的关系；是公司、组织或军事机构向公众报告它的活动、政策等情况，企图建立有利的公众舆论的职能。”这一定义只指出了公共关系的单向传播关系。

《大不列颠百科全书》对公共关系的定义为：“公共关系旨在传递关于个人、公司、政府机构或者其他组织的信息，以改善公众对他们的政策和活动的态度。公共关系部或公共关系公司的主要任务是发布新闻；安排记者招待会；回答公众的询问；规划对社会活动的参与工作；准备电影、宣传资料、雇员刊物、给股东的报告以及标准信件、规划广告项目；规划展览会和参观访问；调查公众舆论。”

二十世纪六、七十年代，世界上曾出现过一种舆论，称雀巢食品导致了发展中国家母乳哺育率下降，致使婴儿死亡率上升。这引发了一场世界性的对雀巢食品的抵制运动，雀巢食品的推销由此大大受阻。为了扭转不利局面，雀巢公司用重金聘请世界著名公共关系专家柏根来商讨对策，解决难题。柏根发现，在舆论开始兴起并逐渐发展的过程中，雀巢的决策者拒绝听取批评，同时对雀巢的经销行为始终保密，这种做法适得其反，反而导致抵制运动升级。于是，他选用“与社会对话”的技术，把工作重点放在抵制情绪最严重的美国实施。他带领助手们专心听取社会批评，开展游说活动，并成立了有公众代表参加的权威的听证委员会，全面审查雀巢的经销行为。另外，公司还通过法律手段与“第三世界工作团”对簿公堂。法庭调查的结果表明，导致婴儿死亡的不是雀巢公司的产品，而是产品用户不卫生的饮用方法。这一系列活动，逐步挽回了雀巢的信誉。最后，历时七年的抵制运动终于被平息。公司总裁感慨地说：“事件的教训，说明任何企业都少不了公共关系部门，是公共关系的技巧把真相告诉了公众。”

公共关系作为一种传播活动，是一种双向的信息交流。由于主、客体联系的纽带是传播，因而，它是对传播的应用。在上述案例中，“社会对话”起到了神奇的作用：公关专家一方面专心听取社会批评，另一方面开展游说活动，最终挽回了公司的信誉。

3. 突出公共关系的实际操作职能

很多热衷于公共关系实务操作的人把公共关系描述为：

“公共关系就是讨公众喜欢。”

“公共关系不会使不好的变成好的，但能使好的变得更好。”

“公共关系即通过良好的人际关系来辅助事业成功。”

“公共关系是说服和左右社会大众的技术。”

“公共关系是创造风气的技术。”

“公共关系使公司得到的，就是那些在个人称为礼貌与德性的修养。”

“公共关系就是促进善意。”

"PR（公共关系）＝P（自己行动）＋R（被人认识）。"

"公共关系就是博取好感的技术。"

这些定义更加形象地描述了公共关系的工作内容和职能，非常形象，但是并没有总结出所有公关行为的共性特征。

4. 突出公共关系的社会关系职能

英国公共关系协会的定义是："公共关系是一个组织或个人与任何人群组织之间，围绕一个组织或个人应该争取获得并保持良好声誉的目标所进行的建立和改善相互了解的计划与持续的努力。公共关系实践是一种审慎的、有计划的和持续的努力，以建立和维持一个组织和它的公众之间的相互理解。"

(二) 我国学者对公共关系的定义

公共关系传入我国后，我国的很多学者也对其定义进行了研究，比较有影响的主要有以下三种。

明安香的定义："公共关系是用传播手段塑造组织自身良好形象的艺术。"① 此定义虽然简洁好记，但是不够全面。

毛经权的定义："公共关系是一个社会组织运用各种传播手段，在组织与社会公众之间建立相互了解和依赖的关系，并通过双向的信息交流，在社会公众中树立良好的形象和声誉，以取得理解、支持和合作，从而有利于促进组织本身目标的实现。"② 此定义虽然比较全面，但是太烦琐，不宜进行推广。

居延安的定义："公共关系是一个社会组织用传播手段使自己与公众相互了解和相互适应的一种活动或职能。"③ 这个定义指出了公共关系的三个基本特征：公共关系是一种"公众"关系；公共关系是一种"传播"活动；公共关系具有"管理"职能。

以上各种关于公共关系的定义都是从不同的侧面对公共关系做出的阐释，正是这些不同的观点，推动了现代公共关系理论研究的不断深入和发展。

根据公关专家的各种定义，公共关系的含义可表述为：公共关系是社会组织为塑造组织形象，运用传播手段，与公众进行双向交流沟通，以达到相互了解、信任和支持合作的管理活动。

从以上定义可以看出，公共关系作为一门独立的综合性学科，须具备以下五点：

---

① 明安香：《公共关系——塑造形象的艺术》，北京，科学普及出版社，1986。

② 毛经权：《公共关系学》，杭洲，浙江教育出版社，1987。

③ 居延安：《公共关系导论》，上海，上海人民出版社，1987。

（1）公共关系是指一定组织与其公众之间的关系，主体是具体的组织，公众是公共关系的客体，是主体主动作用于客体的实践活动，是一种组织行为，建立的是组织与相关公众的特定关系。

（2）组织和公众的关系协调是通过双向传播沟通这一过程来实现的。

（3）公共关系追求的是一种最佳状态。努力达到一种有利于组织发展的关系状态，这种状态包括平衡状态、决策状态、内部关系状态、传播状态以及发展状态等。

（4）公共关系不是杂乱无章的，而是一种有目的、有计划的活动。

（5）现代公共关系活动必须在现代的公关思想或公关意识指导下进行。没有现代的公关意识，就没有适应现代状态的公关活动，因而也不会产生良好的效果。

第二节　公共关系的特征

公共关系的定义，包含了公共关系的实质、目的、手段和性质。它表明了公共关系的全部特征。

一、公共关系的实质

北欧联合公司的一位公关经理在给学员讲解什么是公共关系时，用了这样一个比喻：一名青年追求伴侣可以用许多办法，大献殷勤就是其中一种，但这不算公共关系，而是推销。努力修饰自己的外貌和风度，讲究谈吐举止，也是一种吸引人的办法，不过这也不是公共关系，而是广告。如果这位青年经过严密的研究思考，制订一个计划出来，并且埋头苦干，以成绩来获得他人的称赞，然后通过他人之口将对自己的优良评价传递出去，从而获得对方的青睐，这就有公共关系的意味了。

公共关系的实质是一种公众关系。公共关系的双方，一方是组织，一方是公众，即公共关系是指一定的社会组织机构与自己公众的关系。家庭关系、夫妻关系、同事关系不属于公共关系，只有一个社会组织在日常的生产经营或服务活动中同与其相关的公众形成的各种关系，才属于公共关系。任何社会组织机构要开展正常的生产经营或服务活动，就必须与其内外部的公众打交道。这些关系处理得好坏，直接影响和制约组织的生存和发展。因此，社会组织的公共关系活动是以组织为支点来协调与其公众之间的关系的。

二、公共关系的目的

公共关系的目的是树立、强化和改善本组织的形象。它通过协调的手段，使组织与公众之间相互了解、相互适应，为组织的生存和发展营造一个“人和”的环境，使组织在公众中享有良好的声誉，从而树立组织自身的美好的形象。

有一个事例颇耐人寻味。

1983年11月3日，美国《纽约时报》商业版上刊出一篇题为“日本人管好了一家美国的工厂”的长篇报道，在美国的企业界引起了轰动。它讲的是：美国沃里科公司下属的一家电视机厂原本是阿肯色州弗里斯特市的重要企业，但由于沃里科公司管理不善，到20世纪70年代中期以后，该厂已陷入重重困境。厂方采取大量裁员的方法来解决问题，员工人数锐减，工厂几乎到了倒闭的地步！当时，美国著名的西尔斯公司是这家电视机厂的经销单位，因销售的电视机质量上的问题很多，败坏了西尔斯的声誉，西尔斯公司对此十分恼火，于是西尔斯公司派人前往日本的电器制造业中心大阪，邀请大名鼎鼎的日本三洋公司购买弗里斯特市电视机厂的股权，并用日本的管理人员和技术来领导这家工厂。为了寻找新的出口方式，日本三洋公司迅速对西尔斯公司的建议做出反应，不仅大量购入美方在该电视机厂的股份，而且于1977年派出日本的管理人员和技术人员接管了这家电视机厂。

日本人来到美国后，虽然面临重重困难，但他们牢记三洋公司总经理的嘱咐，扎实而富有成效地办了几件事，既消除了日美双方关系上的隔阂，又取得了美国工人的好感与信任，从而在短时间内使这家工厂的生产面貌大为改观，并很快又重新跃为当地举足轻重的企业。

那么，日本人究竟做了哪几件事呢？首先，他们深入到当地的大众生活中去，不把自己圈在一个“小东京”里，竭力缓和民族矛盾，打破民族间的隔膜。其次，他们通过一些公益活动联络与美国工人的感情，诸如召开联谊会、改善工作环境、返聘失业人员、团结美国工会等，逐渐使劳资矛盾由对立转为融洽。最重要的是，他们能以身作则，严肃劳动纪律，规范作风，并且极富工作责任心和奉献精神，从而使整个电视机厂呈现一派“人和”的气象。生产便在这种氛围下搞上去了。

当美国记者采访日本经理时，问他究竟用什么方法使一个濒临倒闭的美国工厂“起死回生”的，日本经理的回答出人意料，他只说出了四个字：“着眼于人”，并且强调这些还是日本人从美国学到的。

那么，为什么要着眼于人呢？着眼于哪些人呢？怎样才能真正做到“着眼于人”呢？

如果我们能够圆满地回答这三个问题，就会发现我们不但已经讲出了公共关系是什么，而且我们已了解了公共关系实务应该做什么以及如何去做了。

公共关系的最高目标应该是与组织机构的终极目的相一致。也就是说，公共关系并不是“纯精神”的，而是讲求效益的。一个生产经营组织，其公共关系搞得成功与否，应该最终在效益上有所体现。否则，公共关系便失去了其存在的意义。当然，所谓效益并不单指经济效益，还包括社会效益、文化效益、人才效益等。并且，公共关系的最高效益也不是一步到位的，而是由低级向高级逐渐推进而实现的。

三、公共关系的手段

公共关系的手段是传播沟通。公共关系的过程实际上就是信息传播的过程。公共关系部门通过人、物、符号等载体，运用各种传播手段实现组织与公众之间的双向沟通，在双向沟通中达到双向的信息传递。因此，双向性是公共关系的首要特征。以行政手段、经济手段、法律手段、军事手段与公众发生联系，不属于公共关系活动。

公共关系传播的表现方式为：一个社会组织机构通过信息的双向沟通，在公众中进行感情交流或感情传播，以此影响公众的态度，达到关系和谐，信誉增强，从而谋求与公众的相互了解、信赖、支持与合作。

四、公共关系的性质

公共关系既是一种活动或管理职能，也是一门科学或艺术。

如前所述，当一个组织有目的地、有计划地采取某些措施来改善自己的公共关系状态时，就是从事公共关系活动了。无论是日常的还是专项的公共关系活动，都有一定的活动方式和内容。

作为一种管理职能，公共关系能使组织机构适应外部环境的变化，使其达到均衡，也能协调组织内部各部门的活动，使其达到同步化、和谐化。它沟通信息渠道，加强组织与公众的联系，创造一种理想、团结、合作的气氛，同时，它向组织领导提供信息和咨询，参与决策，决策后又要将其及时传播、贯彻下去，使之形成良好的循环状态。

作为一门科学，公共关系发展至今，已经形成有关其产生、发展、过程、规律与方式方法等综合性理论学说。同时，公共关系又是社会组织运用传播沟通的手段来影响公众、塑造组织良好形象的一种艺术。在某种程度上，公共关系操作的过程也可以说是“精神美”的创造过程，需要调动操作者的全部文化积淀与智能，而“美”的实现也直接与操作者掌握多种技巧的娴熟程度及个人的审美修养有关。因此，公共关系活动的效果美也应当是别具意义的艺术美的表现方式之一。

五、公共关系的特征

美国《公共关系季刊》将公共关系的表征综合为十四个要点：

第一，公共关系是一个完整的职能，目的在于增进公司利益和达到其他整体目标。

第二，公共关系并不制定政策，但是可以帮助管理当局表白公司政策。

第三，对于受公司措施影响的人们，公共关系人员注意他们的印象与可能反应，重大的措施虽然表面上与公共关系无关，但也应在出台前先向公共关系部门咨询。

第四，行动比空言有力，所有信誉都建立在行动而非语言文字之上，但如果要让他人知悉并了解公司的行动，就得借助于语言文字。

第五，公共关系虽然是管理部门的职责，但也必须配备适当的预算及人员，至于所担负的任务，必须限于公共关系范围以内的工作。

第六，公共关系，人人有责。公共关系部门的最终目标，是使人人了解传播对于良好管理是必需而不可分割的。

第七，公司的形象是相对的，依某种公众对于公司的具体要求和兴趣而定，例如股东、金融界、政策、教育家及舆论界，就各有各的看法。

第八，人们经常根据不完全的证据形成对公司的印象，例如公司的名称、与某一位员工通信或偶然的会晤，虽然这些都是小事，但应尽力去注意为公司争取良好的印象。

第九，因为公司是在舆论所形成的环境下营运发展的，因此对任何人士所具有的访问权利均应尊重。

第十，人们通常对于了解最少的事物感到厌恶、恐惧或猜疑，如果不提出理由并加以解释，人们就会自行想象，因此透露、传播资料信息不要吝惜。

第十一，不可歪曲和夸大事实。公共关系的主旨在于陈述事实，以便他人对于公司能公平评估，引起公众兴趣，进而对公众产生影响。

第十二，少做做得好，比多做做不好要强。

第十三，在观念的领域中，要引起特别的注意，其间竞争非常激烈，公共关系的一项基本任务就是要引起别人对于公司的好感和兴趣。

第十四，公共关系艺术成分多于科学成分，这种艺术一定要以社会科学的崭新知识为基础，对于公众对象的组成及态度要作科学的评估，对于公司本身要有透彻的认识。

第三节　公共关系的要素

公共关系的构成要素包括公共关系的主体、公共关系的客体和连接公共关系主体与客体的传播媒介。它们被称为公共关系的三要素。

一、公共关系的主体——社会组织

社会组织是公共关系的主体。社会组织是人们为了执行一定的社会职能，完成特定的社会目标而有组织、有计划地建立起来的，是具有相对独立性的一种共同活动群体。它是比家庭、邻里和一般人际关系群体更复杂、更高级的社会结构形式。这种机构有系统的上下级组织，有明确的分工和职责范围，有严格的规章制度，有确定的工作目标和对象。

（一）社会组织的种类

在我国，可以成为公共关系主体的社会组织主要有以下四种：

（1）政治组织。政治组织是人们在政治领域中的组合形式。它包括政党组织和国家政权组织、立法和司法组织、军事组织等职能机构，如各级政府、法院、部队等。它代表占统治地位的阶级的利益和意志，为其提出奋斗目标、制定方针政策、组织社会的经济文化建设、保卫国家政权等。

（2）经济组织。经济组织是建立在经济关系的基础上，并以经济活动为中心任务的社会组织。它包括工业、农业、商业、金融业、服务性行业等多方面不同经济性质的部门，如工厂、公司、银行、商店、饭店等。

（3）文化组织。文化组织是人们在一定政治、经济基础上从事文化艺术或科学活动的组合形式。它包括文学艺术组织、文化宣传系统、教育科研单位、医疗卫生部门等多种团体，如剧院、科学院、广播电台、出版社、学校、医院等。

（4）综合性组织。综合性组织是综合不同类型的社会关系而形成的群体。它包括群众性组织以及各种不同信仰的宗教组织，如工会、共青团、妇联及各种协会、学会等。

（二）社会组织与其所在环境之间的联系

任何社会组织都不是存在于真空中，而是与其周围的环境联系在一起的。社会组织的环境系统包括两个方面：其一是组织的内部环境，其二是组织的外部环境。社会组织的内部环境包括内部人际关系环境、内部管理环境和组织外观环境；社会组织的外部环境包括组织所处的自然生态环境、社会文化环境以及政治、经济大环境等。一个组织的状况如何，在很大程度上要以它所处的环境来决定。因而，社会组织为了求得生存和发展，就必须想方设法去建立与环境的和谐关系，而公共关系则是社会组织与环境和谐的调节机制。例如，经济组织的公共关系任务就是建立一个良好的生产经营者形象，争取更多的消费者和其他公众的支持，以便在商品经济的发展中不断增强活力和竞争能力；政治组织所要履行的公共关系任务是力争在人民心中树立一个良好的领导者、管理者、保卫者的形象，以得到广大人民的拥护、理解和支持，完成其政治职能；文化组织的公共关系任务，主要在于将自己塑造成优秀的精神文明建设者和社会公益事业服务者的形象，争取尽可能多的人民群众的支持、关心和参与，争取社会各方面特别是社区政府更多的赞助。

公共关系活动自始至终都是围绕着环境的变化而展开的，它一方面使社会组织适应环境的变化，另一方面也能使变化了的环境通过公共关系活动而适应社会组织的需要。必须强调的是，社会组织在环境面前并不是无能为力的，它在受到环境的影响和制约的同时，也能反过来对环境有所影响、有所改造、有所超越。也就是说，当一个社会组织具备了良好的公共关系，并按照预定目标通过策划公共关系活动以影响环境时，它便发挥了其主体性功能。另外，组织要想在市场经济的大潮中立于不败之地，必须要树立一种正确的公共关系观念，培养一支德才兼备的公共关系人员队伍，并根据组织目标的需要实行“全员 PR”，以使组织的全体员工彼此配合，共同为实现组织的目标而协力奋斗。组织目标的实现，主要依赖组织内部公众的配合与支持，没有组织内部全体员工的共同努力，组织就不会有凝聚力，各项基础工作就做不好，组织也就无法与社会各界建立友好的关系。没有组织外部公众的关注，组织就不会有吸引力，组织的目标也就无从实现。

此外，任何一种类型的社会组织都是社会细胞，必须履行自己所承担的各种社会责任。组织社会责任的承担与实现，依赖于各项公共关系工作的顺利开展，并争取社会公众的了解、支持与爱戴，把组织的行为置于公众的监督之下，以此为契机，为社会公众提供满意的产品和优良的服务。只有这样，才能创造一个有利于组织发展的社会环境。

二、公共关系的客体——公众

“公众”是公共关系学中的一个基本概念。这个概念对于把握公共关系的真谛至关重要。秘书人员只有了解了谁是组织的公众，秘书的公关工作才有了明确的对象。

“公众”一词在公共关系学中具有特定的含义，它与日常生活中一般意义上所指的“群众”、“大众”不同。所谓公众，是与特定的公共关系主体相互联系及相互作用的个人、群体、组织的总和，是公共关系传播沟通对象的总称。

公共关系也称“公众关系”，因为公共关系的工作对象就是公众。

“公众”是一个特定的概念，并有着特殊的意义。

首先，它是面临某个共同问题而形成的社会群体。例如，光顾商店的消费者，面临着商品需求这一问题；到宾馆住宿的客人，面临着享受服务的问题等。

其次，这些公众有着共同的利益。对于政府来说，所有接受其领导的民众都希求正确的方针、政策给他们带来利益；对于企业来说，用户和消费者都有希望从商品中获得自己需要的利益等。

最后，这些公众相对于某一特定组织的工作能产生互动效应。组织的各种决策行为影响着它的公众，而其特定公众的要求反过来也对组织产生着重要影响。例如，商店的经营方式影响着顾客，而顾客的要求和行为也对商店的经营方式起着制约作用；企业的产品形象影响着客户，而客户对产品的需求与评价又直接关系到企业整体形象的树立等。

据此，公共关系中的公众有着如下几个方面的特征。

（一）同质性

同质性即某一社会群体是由于某方面的共同点才联系到一起的，他们或是遇到了针对某一社会组织的共同事件和问题，从而与该组织产生一定的利害关系，或是针对某一社会组织的整体形象和目标利益，有着共同的观念和态度。例如，购买了同一种商品的顾客就成为该商店和生产厂家的公众，他们面临着产品质量、价格、售后服务等共同问题，而与商店和生产厂家产生利益关系。所以，凡是公众，都具有共同的利益、共同的情感和态度、共同的利害关系。而且，任何公众和社会组织的关系都是利益的关系，社会组织要认识公众、把握公众关系，首先要掌握、了解公众利益之所在。找到公众的共同性，是做好公共关系工作的首要条件。

（二）可变性

公众不是一成不变的，而是由于时间、条件等因素的变化，使之处于不断变化发展的过程之中，其性质、态度、形式、数量、范围等均会随着主体条件、客观环境的变化而变化：竞争对手可以转化为合作伙伴，支持组织的公众也可能转变成反对组织的公众。

（三）整体性

公众并非单一的群体，而是涵盖了与组织运行有关的整体环境。这里的整体环境是指组织运行过程中必须面对的社会关系和社会舆论的总和。它涉及组织的内部、外部，社会各个方面，而且相互关联，构成一个组织的整体“公众网”。组织的公共关系工作不可只注意其中某一类公众，而忽略其他公众。对其中任何一种公众的疏忽，都可能致使整个公众环境的恶化，而公众环境恶化必然影响组织的生存和发展。所以组织应将所面对的公众视作一个完整的环境，要用全面、系统的观点来分析、对待自己面临的公众。

（四）多样性

公共关系里所讲的“公众”仅是个统称，具体的公众形式可以是个人，可以是群体，也可以是团体或组织。秘书日常的公共关系工作对象，包括各种各样的个人关系、群体关系、团体关系、组织关系等。即便是同一类的公众，也可以有不同的存在形式。按不同的标准或角度，可以把公众分为多种形态或类型。从公众与组织的关系角度可以把公众分为内部公众和外部公众；从公众形成过程来说可以把公众分为非公众、潜在公众、知晓公众和行为公众；依据公众和社会组织联系的密切程度，可以把公众分为首要公众、次要公众和边缘公众；根据公众对组织的态度，又可以把公众分为顺意公众、逆意公众和独立公众等。

三、公共关系的传播——双向交流

传播是人与人、人与群体或社会之间的信息传递、交流和分享的过程。

公共关系传播是指社会组织利用各种媒介，将信息或观点传递出去，有计划地与公众进行交流的活动，即公关主体将公共关系信息通过传播媒介传递给社会公众，使公众能够了解组织的行为、观点，理解组织的经营目标、管理方针，领会组织的意图和友好，进而影响和改变公众的态度和行为，创立良好的公共关系氛围。因此，传播是公共关系的联结手段，是沟通组织与公众的桥梁和纽带。秘书人员只有熟练地掌握各种公关传播手段，才能有效发挥公关职能。

（一）公共关系的传播媒介

公共关系的传播媒介主要是人体媒介、实物媒介和符号媒介。

人体媒介就是指“人”本身可以是信息传播的载体。人的言谈举止、礼仪风貌本身就代表和传播着组织形象。

实物媒介是指各种反映组织信息的有形实体。除了影视、广播、报刊、杂志等大众传播工具外，企业的产品、办公环境、机器设备等，“虽无言而具神”，这些实实在在的东西真切地表达了其所属部门的形象与实力，传递了这些企业或生产部门的工作精神、行为宗旨等信息。

符号媒介是指企业的报刊、广告、标志设计等所用的语言、文字、图像、色彩之类。这些符号经过加工编制后能够生动、形象地传播组织的信息内容。

（二）公共关系传播的特点

公共关系传播的突出特点是信息交流的双向性。

1. 组织内部信息交流的双向性

在组织内部，双向的信息交流包括：

（1）上源向下流，即由决策层到管理层再到操作层所进行的传播。

（2）下源向上流，即由下至上对原发出信息的一种反馈。

（3）平行信息流，即组织内部工作人员彼此之间的交流、沟通。

（4）立体交叉流，即内部各层、各类工作人员的交流与沟通。

2. 组织外部信息交流的双向性

在组织外部，双向的信息交流包括：

（1）内源向外流，即组织向外部公众发出信息，使外部公众及时或更多地了解组织的状态和情况。

（2）外源向内流，即组织对外部公众的整体状况、意见反馈、市场态势等做全面的调查了解，并进行分析研究，以发现问题，修正公共关系方案或者了解组织在外部公众心目中的实际形象，从而有效地对组织进行调整，以适应市场的变化，满足外部公众提出的各种要求。

（三）公共关系传播的方式

公共关系传播的方式主要是大众传播和人际传播。

1. 大众传播

大众传播是指传播组织通过现代化的大众传播工具，如报纸、电视、电影、广播、书刊、电子网络等，向为数众多的人提供消息、知识、思想、见解、娱乐、广告等。其传播内容不具有保密性质，可以在人们之间公开相传。

大众传播是一种高速度的信息传播，随着科学技术的发展，其传播速度也在大幅度地提高。大众传播的覆盖面十分广泛。如今，人们每天的生活几乎都是在大众传播媒介所形成的氛围中度过的。大众传播媒介已打破了国界，空间的电波、地下的电缆纵横交织，覆盖全球的传播网络已经形成，全世界人们在相当程度上共同享用一个信息环境，因而增进了世界各民族相互了解的机会。

大众传播的内容基本上由传播机构和职业传播者发布。因此，一种信息能够被大众传播媒介报道出来，这个事实本身就表明该信息是重要的。报纸、杂志、广播、电视、网络是当代较为常见和最具有影响力的媒介。

2. 人际传播

人际传播，也叫人际沟通，它是一种个人与个人之间的直接信息交流。个体借助语言、表情或身姿就可以进入人际传播的领域，成为与他人互动的一方。没有人际传播，人与人之间就无法彼此理解，也无法建立任何有意义的社会关系。

人际传播可凭借的媒介可以是口头语言，如谈话、演讲、授课等，也可以是非语言行为，如体态、神情等。人际传播的形式可分为直接传播和间接传播，而面对面的直接传播，信息迅速交换的机会最多，来往传递也容易，是人际交往中主要采取的形式。

与大众传播比较起来，人际传播的范围要小一些。但是，由于它主要是人与人之间的直接交流，因此，它具有如下几个特点：

（1）便于调动对方的注意力。我们与人谈话时，必须全神贯注，如果注意力不集中，视线游移，听不进对方的谈话，就会让人觉得你心不在焉，缺乏礼貌。面对面的人际传播可以调动人的全部感官，视觉、听觉、触觉、味觉都可以接受刺激，能有效调动双方的注意力，双方能够通过这种全身活动很快地建立传播关系。

（2）能够及时得到反馈。在面对面的情况下，双方信息交换的频率高、速度快，一来一往的机会也多。一方发出信息后，直接可以从对方获得反馈情况，于是会不断有机会检讨结果，加以改正，做出解释，答复对方。

（3）可以在速度上加以控制。双方在进行直接的交流时，都可以发问和回答问题。交流速度的快慢均可以根据各自的需要加以调节，从而给对方以思考的时间，加强交流的效果。

（4）可以使用多种信息传递符号。表情、姿势、语气、声调等各种非语言符号，可以表达出喜欢、厌烦、急躁、安详等不同的信息。

当然，人际传播除了上述优点外尚有一些不足。由于人际传播复制信息的能力较差，其信息传播的覆盖面是相当有限的。而大众传播由于有媒介的参与，其复制信息的能力极强，可以让同一信息传播到许多地方。此外，人际传播发出的信息往往是瞬间起作用的，因此在信息保存上受到限制，我们在向别人叙述看法时，除非被记录下来，否则只能存在于对方的记忆之中，而书籍、报刊、录像带等媒介则可轻而易举地把信息保存起来。

第四节　公共关系的界定

在明确了公共关系的定义和一般特征之后，为避免在实际工作中将公共关系与其他学科或活动混淆起来，还有必要对公共关系作一个界定，以便弄清楚公共关系与其他有关学科或活动的联系和区别，从而更准确地把握公共关系的内涵，以利于建立一个更加完整和清晰的公共关系概念。

一、公共关系与相关学科

公共关系的应用性是显而易见的。但是，它不等于理论上的边缘性。当我们面对复杂的公共关系实际环境时，不仅需要公共关系的专业常识，还需要与公共关系相关的其他学科的实用知识和技能。只有这样，才能备足应付实际事务的本领和技巧。

第一，作为一门边缘学科，公共关系与种类繁多的其他学科有着密不可分的关系。它们彼此交叉、相互弥补、前后渗透。可以这样说，公共关系是以多门学科为基础而发展起来的一门社会科学。与众多学科的交相呼应，既是公共关系理论的结构特点，也是公共关系实务的支撑点。例如，行为学、社会学、心理学、传播学、市场学、管理学、营销学、广告学、新闻学等，它们与公共关系学联系密切，学习或研究这些学科的理论和方法，便可以在公共关系的领域内产生“综合”的整体效果。

第二，尽管公共关系与其他众多学科有着密不可分的关系，但是，当我们研究公共关系时，又必须着力解决公共关系学与其他学科之间模糊不清的关系问题。比如，公共关系和行为科学关系密切，但公共关系不是探索人类行为的整体规律，而是集中研究现代社会组织运用传播手段去协调处理各种特定公众关系时的行为规律。又如，公共关系和市场营销学同是新兴学科，但公共关系只和营销组合诸因素中的促销因素有关，也就是说，公共关系不能替代营销学。而作为企业的促销行为，公共关系则是重要的手段之一。再如，公共关系三要素之一是传播，但是不等于说公共关系的传播因素中就囊括了传播学中的全部内涵；同样，公共关系是一项管理艺术，也不等于公共关系主要研究管理学的内容，等等。

二、公共关系与庸俗关系的区别

所谓庸俗关系，是指双方是以钱权交易或以损公肥私、损害社会、公众或国家利益为前提的“合作关系”，它污染了社会风气，毒害了人们心灵，它的目的、手段、方法与公共关系有着本质的区别。

公共关系与庸俗关系，二者均涉及“关系”，往往容易被人们混为一谈。误认为请客送礼拉关系、给回扣等就是公共关系的全部要义，不知道有“公关”这门科学。这种情况并不奇怪。例如，你要问韩国人“什么是公共关系”，他也许要笑，因为在韩语中，“公关”一词是指“要回避的东西必须回避，要知道的事情必须知道”。韩国人常把“公关”看作“为重要人物组织鸡尾酒会和欺骗新闻记者的术语”。

随着公共关系向我国内地的传入，公共关系庸俗化的现象也日益增多。在一些大型公司和跨国公司里，公共关系人员地位高，公共关系工作计划周密，效果良好。而另外一些自称为公关人员的人，则主要从事行贿、送礼等，致使“公关”一词很臭。人们常常认为公共关系和拉关系是一回事，认为公共关系实务人员都是搞不正之风的人，而且把公共关系和所谓“关系学”扯在一起，混淆了公共关系的真实概念。至今，对公共关系缺乏认识和了解乃至误会重重的，仍大有人在。这些现象对于公共关系在我国的传播和应用极为不利，必须予以澄清。

公共关系与庸俗关系两者的概念是完全不同的，性质是截然相反的，毫无共同之处。我们可以从以下几个方面加以区别。

（一）两者性质完全相反

庸俗关系是社会上的不正之风，是违法乱纪，违背社会公德的行为，是一种丑恶肮脏的社会现象。而公共关系则是高尚的社会职业，是促进社会发展的公益事业，二者水火不容。

（二）两者产生的社会基础不同

公共关系产生于商品经济高度发达，民主政治取代封建专制，科学技术特别是大众传播技术高度发展的社会基础之上。由于商品经济的高度发展，市场竞争日益激烈，传统的卖方市场逐步转化为买方市场，消费者成为市场的主导，迫使企业从只注重产品而忽视市场的状态中转向树名牌，求信誉，多交友，少树敌，塑造企业形象方向发展。

庸俗关系是封闭、落后的自然经济的产物。在封闭、落后的社会里，信息闭塞，权力集中，缺乏民主，一些人利用各种关系搞“钱权交易”、“权权交易”等，不惜损害国家、集体和他人利益，不惜损害公众利益。

（三）两者的目的不同

公共关系活动的目的是沟通社会组织与广大公众之间的关系，为社会组织在公众中树立良好信誉，求得社会组织自身利益与公众利益的协调发展。公共关系所考虑的是本组织的长远目标，一个社会组织若想长远地生存下去，必须树立起能让社会接受和喜爱的形象，以争取社会的长期支持，为了这一目的，公共关系实务的短期任务必须遵守争取长期社会效益的原则，以公平、公开的方式进行竞争，争取社会公众的了解和支持。

而庸俗关系的目的是损公肥私，损人利己，是为了个人的利益、小团体的利益，不惜损害他人利益和社会利益。这种只顾短期利益，不惜采用不正当手段去拉关系的做法，在短期内有可能见效，但是必然损害组织的形象，是不利于组织的长远发展的。

（四）两者的活动方式不同

公共关系工作是在“说真话”、“尊重事实真相”的基础上光明磊落地进行沟通，其目的在于获得社会公众的信誉。所以，公关工作是以传播为手段，通过大众传播媒介广为传播。可以说，公共关系的特点是“怕人不知道”，因而要大张旗鼓地进行宣传。公共关系活动不但已经发展出了一系列得到社会认可的专门活动方式，而且是由一些受过专业培训的人员利用现代传播工具进行的工作。因此，公关实务是在公共关系理论的指导下，运用一整套科学的工作方法进行的管理工作。

相反，庸俗关系的活动方式，往往是一种私下交易，通过损害国家、集体和他人的利益而使个人捞到好处。搞庸俗关系的人往往活动极其隐秘，偷偷摸摸，“天知、地知、你知、我知”，鬼鬼祟祟，是一种见不得人的幕后交易。它永远不可能发展出自己的系统理论和公认的科学工作方法，它只能是一种腐蚀社会的不良风气。

（五）两者所产生的实际效果不同

公共关系运用光明正大的手段，以符合法律和社会道德的方式开展活动，以社会组织自身利益与公众利益的共同实现为目的，其活动结果有助于社会组织与公众之间建立长期的互相合作关系，有助于社会的协调发展，有助于实现社会组织自身利益，也有助于维护社会公众利益。

而庸俗关系则是运用不光彩的手段，以损害他人与集体利益的方式，谋求一己之私利，或谋求小团体之私利，其结果使国家和集体利益受到损害，使他人生活被破坏，腐蚀了人们的灵魂，败坏了社会风气，最终搞庸俗关系的人也会受到应有的惩罚，因为他们的活动是不符合法律，不符合社会公德的，而且他们之间的是一种互相利用的关系，一旦危及自身利益的时候，又会互相出卖，到头来只会害人又害己。

三、公共关系与宣传的区别

公共关系活动需要进行大量的宣传工作，它需要借助新闻媒介和印刷刊物、小册子、简报等，将本组织的情况向外传播，以引起公众的关注和支持。

宣传通常是指对公众说明解释，使公众相信并跟着行动。公共关系虽由报刊的宣传而产生发展起来，但作为一门完整的学科，宣传并不能代表公共关系的全部内容。公共关系需要宣传，但不等于宣传。宣传只是公关工作的一个内容，公关工作的内容是多方面的，不能只将公关工作归结为宣传。

公共关系与宣传的差异主要有以下三点：

第一，公共关系活动的对象是有关公众，而宣传的对象是广大群众；宣传是由权威部门进行的，带有某种强制性，而公共关系的宣传是由社会组织进行的，不带有强制性，公众可以自由选择。

第二，宣传是一种单向的传播，被宣传者只能对宣传者所进行的劝说加以服从，或接受宣传者所传递的思想。而公共关系是双向的沟通，既有向外的信息传递，也有向内的信息输入和反馈，是通过传播的手段使公众和组织相互沟通的一种活动，它强调的是主客体之间双向的信息交流。

第三，宣传一般是报喜不报忧，只说好的，不说坏的，夸张渲染，文过饰非。而公共关系则是尊重事实，讲真话，既报喜又报忧。例如，美国约翰逊联营公司生产的一种药品发生被人有意污染的情况，为了保护消费者的利益，该公司不惜花费大量资金，通过各种传播媒介，宣布将回收市场上所有的这种药品，以免造成更大危害。这一公关活动，为企业树立了良好的形象，受到了公众的普遍赞誉。

四、公共关系与广告的区别

公共关系的任务是要树立组织的良好形象。在宣传企业、塑造企业形象方面，公共关系同广告有类似之处。所有组织都需要进行公共关系活动，但不是所有组织都需要做广告。如公安、交通等部门并不需要做广告，但需要运用公共关系的传播手段，让公众了解、支持他们的工作。

广告与公共关系是有区别的，广告只是公共关系工作中常使用的传播手段之一。两者的区别主要有以下几点。

（一）目标不同

广告一般限于某种特定的产品或劳务，是向消费者传递信息的手段，是促销的主要方法之一。而公共关系是为了树立整个组织的良好形象，它比广告的影响范围更广，综合性更强。

（二）传播原则不同

广告为了取得效果，可以用艺术夸张的手法，广告信息传播的首要原则是“引人注目”，通过醒目的广告内容与色彩，激起人们对某种产品或服务的购买欲望。而公共关系活动必须恰如其分，真实地反映情况，客观地进行宣传。

（三）传播周期不同

广告往往集中在一个时期，集中宣传某种产品或服务，季节性、阶段性很明显，因此广告传播周期是短暂的。公共关系的任务是要树立起整个组织的信誉和形象，这需要组织全面的、长期的努力，绝不能急功近利。因此，公共关系的传播周期比较长；广告的目的是获取最大的利润，广告的费用要用版面或时间来计算。但公共关系活动并不能只注重眼前利益，要从长远着眼，其费用也不能用简单的方法计算。

（四）效果不同

广告的效果可以通过产品的销量来衡量，其效果是直接的、可测的，并且，广告影响了某种产品的销售，因而相对整个组织来说，其效果又是局部的、战术性的。公共关系则是要给组织、公众、社会带来全面的效益，这是一笔无形的财富，因而，公共关系的效果是全局的、战略性的，也是不可测量的。

五、公共关系与推销的区别

有些企业把公关部门当作推销部门来使用，把公关等同于促销，以销售额的多少来衡量公关工作成效的大小，把销售量作为衡量公关工作成效的标准。这样就混淆了公关与推销二者的概念，其错误在于：

第一，公共关系工作的成效体现在许多方面，其中包括了促使产品销量增加的任务。但是，促销并不是公关工作的主要任务或唯一目标。公共关系工作的主要任务是在社会组织与公众之间建立良好的关系，塑造组织的良好形象。组织形象好了，销售量自然会上升。但必须明确，塑造良好形象才是公关工作的目标，而销售量的上升是这种目标实现后带来的结果，两者是不能混淆的。

第二，销售量的增减是由多种因素造成的，公共关系只是这些因素中的一种，不能将二者等同起来。一种产品的销售情况不仅受到国际和国内政治、经济、文化等方面的影响，而且还受到市场、竞争对手、产品花色品种等多方面的影响。

六、公共关系与交际的区别与联系

由于人们对公共关系还不太了解，在实际生活中，往往容易产生某种误解，把公关活动视为交际应酬，打通各种关节，以为由一些公关先生、公关小姐组织一些舞会、酒会、招待会，微笑服务或热情待客就是公共关系工作了。其实不然，公共关系工作确实离不开交际。例如，代表本组织接待、宴请合作单位代表、出席合作伙伴的庆典活动、双方互访，等等。有些活动还需要有礼仪小姐出面，例如剪彩仪式、庆典活动等。但是，这些交际活动是公共关系工作的一些具体内容，并不能与公共关系等同起来。

公共关系与交际的区别和联系可以概括为以下四点：

第一，交际是公共关系活动的内容之一，公共关系活动需要进行社会交往。

第二，人际交往是增进友谊，互通信息，交流思想，联络感情，改善关系的最为有效的方式之一。其形式多种多样，如交谈、访问、座谈会、联谊会、舞会、郊游、赠送纪念品等，都是表达感情，增进友谊，加强联系的方式。所以，人际交往是公共关系工作的重要内容，没有人际交往，公共关系工作将是残缺不全的。

第三，并不是所有的交际都属于公共关系工作的范畴。公共关系需要交往，但不等于说所有的交际都是公共关系活动的组成部分。这是因为，交际有一部分属于纯私人性质，与组织的公关活动没有直接关系。例如，公关人员的一些私人交往、个人恋爱、婚姻等，都不属于公共关系范畴。

第四，交际是公共关系活动的重要内容之一，但不能将二者等同起来，混为一谈。公共关系工作包括的内容十分丰富，主要有调查、策划、实施和评估四项内容，交际只是公共关系方案实施过程中所要运用的手段之一。因此，二者不能够等同。

复习思考题

1. 用身边的实例说明哪些是公共关系，哪些不是公共关系？
2. 公众有哪几种不同的分类方式，学校作为公关主体都有哪些公众？
3. 什么是传播？公共关系传播的特点有哪些？
4. 试分析公共关系与宣传、广告及人际关系之间的联系与区别。
5. 举例说明公共关系与庸俗关系有何不同。

课堂讨论题

请联系实际，分组讨论：作为秘书人员学习一些公共关系知识有何必要性。

第二章

公共关系的沿革

引例：《战国策》中的《触龙说赵太后》说：赵太后刚执政，秦国派兵猛攻赵国。赵求救于齐。齐国要赵太后的幼子长安君为人质方肯出兵助赵解秦兵之围。赵太后爱子心切，不肯以长安君为质。大臣们极力劝说，引得赵太后大发雷霆，并要当面羞辱来劝说的人。左师触龙却以委婉的言辞，指出了真正的利害关系，劝服了太后。触龙认为，真正的爱子并非给他以尊贵的地位，分封他肥沃的土地，多给他宝贵的财宝，而是应该使他为国建功立业，才能自立。这使赵太后心悦诚服，派长安君质于齐。

这一事例说明了我国古代的政治家已懂得，统治者必须加强与人民的联系，为国家建立功业才能树立良好的形象，以取得人民的信任和支持，才能治国平天下，体现了我国先贤强烈的公关宣传意识。公共关系作为一种思想和手段，在我国自古有之。

公共关系作为一种客观存在的社会关系和社会现象有其久远的历史。不过，作为一种专门化的社会职业，形成一门较为系统和完善的学科体系，却不过近百年的时间。我们追溯公共关系的源流，了解其发生与发展的历史过程，把握国内外公共关系的现状，剖析公共关系形成和发展的诸多社会历史条件，对全面、准确和科学地把握公共关系的思想与理论，有效地开展秘书公关工作，具有重要意义。

第一节　公共关系的前史

虽然公共关系作为一种客观状态，或者说类似现代意义的“准公关”思想和“类公关”实践活动早已存在。但是作为一种职业和一门学科的现代公共关系是19世纪末20世纪初才产生和发展起来的。在此之前，人们没有也不可能系统认识和把握这种客观的、尚待进一步发展的公共关系状态及其变化的一般规律，因而人类早期还没有严格意义上的公共关系思想和活动，只是在人们的各种社会活动中表现出一定的公共关系意识和趋向。它可以是公共关系的前史。它为现代公共关系思想的产生奠定了坚实的基础，并为现代公共关系事业的发展创造了必要的社会历史条件。

一、公共关系产生的一般社会历史条件

公共关系作为人们相互交往与沟通的有效手段之一，它的形成和发展是基于早期人类特定的社会历史阶段。

在人类的远古时代，原始先民为了生存，不得不结成一定规模和形式的社会群体，否则，他们就无法适应那种对他们来说十分恶劣的生存环境。这时，人们需要共同劳动、共同生活，彼此之间不仅要在思想上和情感上相互沟通，而且还必须在意志和行动上相互协调一致，必然要求思想互动、情感互动和行为互动。比如打猎，在当时的条件下就必须是集体活动，一起挖陷阱，一起哄撵野兽，才有可能打到猎物，共同分享。这说明，原始先民在其劳动过程中，他们的行为具有一定的目的性、自觉性、协调性和一致性，因此形成的这种原始的协作关系既是人类各种社会关系赖以发生、发展的社会基础，又可以说是公共关系得以形成和进一步发展的必要社会条件。

伴随着生产力的发展，社会分工不断出现，商品交换开始形成，与此相适应的经济活动中的古代的公共关系意识、思想以及活动本身和活动的技巧与方法必然也得以产生并发展。

由于人们开始从事不同的社会劳动，承担不同的社会角色或职能，参与不同的社会团体或组织，使得人们失去原始状态下进行思想、情感相互交流与协调的天然条件和机会，也使得人们之间相互沟通与协调的愿望更加迫切和必要。这样一来，社会的正常运转就有赖于人们在思想、情感、意志和行为上更加广泛而深刻地交流、沟通与协调，要求社会组织和群体之间的交流与沟通在思想、行为和方法手段上具有更加明确的自觉性、目的性、计划性、针对性和

有效性。这是早期的“准公关”思想意识、活动和行为得以迅速丰富、完善和发展的基础条件。

人类进入阶级社会以后，统治阶级或集团为了达到一定的政治目的，他们在对人民进行高压统治的同时，也会视情况不同而在不同程度上自觉地运用各种手段和方法来“取信于民”，以求得人民最大限度的“理解”、“信任”和“支持”。这样，在当时的政治生活中，类似于公共关系活动并带有某种公共关系意识的政治活动以及与此相应的各种交往、沟通、传播、游说的“准公关”方法、手段和技巧就得到较为集中的发展和体现。

总之，公共关系的萌芽和产生，有赖于社会生产力的进步以及社会的政治、经济和各种社会关系与思想文化等条件的不断形成和发展。随着这些社会条件的不断发展和成熟，公共关系作为一种思想、观念或者人们的一种行为方式和技巧，在人类历史的不同时期或发展阶段都得到了不同程度的发展，从而为现代公共关系的产生和发展打下了坚实的基础。

二、人类早期的公共关系思想与实践

虽然“公共关系”这一名词在 20 世纪 80 年代才正式传入中国大陆，但它作为人类的一种实践活动，或者在人们行为中曾经出现过的类似公共关系的思想和现象，却早已有之。早在 2 300 年前，古希腊著名学者亚里士多德就出版了《修辞学》一书，书中详细地阐述了修辞的艺术，即如何运用语言来影响听众的思想和行为，并强调指出传播者的可信性，认为要使用感情影响听众。为此，西方的公共关系学界认为，《修辞学》是世界上最早问世的公共关系学的理论书籍。

在古罗马的中世纪的著作中，就曾创造了“公众赞成”、“公众反对”等专用名词，当时的古罗马帝国就有“公众的声音就是上帝的声音”的说法。据记载，古罗马的独裁统治者儒略·恺撒就是一位沟通技巧的精通者。面对即将来临的战争，他通过散发各种传单来开展大规模的宣传活动，以便获得民众的支持。他为了标榜和宣传自己，甚至还专门写了一本记载他功绩的纪实性著作——《高卢战记》。因而，这本书曾被西方一些公共关系专家称为“第一流的公共关系著作”。

在我国，也有许多的典型公关事例。春秋战国时期，由于诸侯之间不断发生兼并战争，各个统治集团为了巩固政权，争当霸主，纷纷雇用“谋士”，他们四处游说，宣传各自的主张。这些专司游说宣传职责的“谋士”就扮演着“公共关系人员”的角色。他们的主要职责就是树立各国君主的形象，协调各诸侯国之间的关系，为其主谋求本国军事和政治的发展和壮大。比如，战国时洛阳人苏秦周游列国，宣传自己政治上的“合纵”主张，使当时的赵、齐、楚、魏、韩、燕六国结成同盟。而魏国人张仪则凭借自己的雄辩口才，宣传自己的“连横”主张，对东方六国采取各个击破的政策，瓦解了六国“合纵”的政治军事同盟。无疑，苏秦和张仪的游说、宣传、劝说和协调、沟通工作，就极具现代公共关系意味。

我国历史上张骞出使西域、郑和七下西洋也在世界公共关系史上占有十分重要的地位。

汉代张骞出使西域，这可以说是中国古代一次规模宏大、富有成效且意义深远的国际公共关系活动，开辟了中西文化交流的新纪元。

郑和七次远航下西洋，历时28年，途经30余国。每到一地都以瓷器、丝绸等物品与当地的产品进行交换，并与亚非各国加强了经济和文化上的联系与交流。

孔子在《论语》中说：“有朋自远方来，不亦乐乎!”孔子以交友为乐；孟子说：“天时不如地利，地利不如人和。”孟子把追求“人和”，创造一个良好的人际环境与组织环境放在首要地位，同现代公共关系活动遵循的基本原则和追求的美好目标相一致。正因为如此，有的人把公共关系称为一种追求“人和”的艺术。这些都体现了我国古代先民们在日常交往中的公共关系意识和思想。

纵观人类早期的“公共关系”思想和实践，反映了两个基本特点：

首先，从自觉程度来看，人类早期所进行的各种交流、沟通、协调活动带有明显的自发性和盲目性。

其次，从其发挥作用的社会领域和范围来看，由于当时社会生产力低下，经济落后，人们的经济关系简单，因此，公共关系活动主要发生在政治领域，带有强烈的政治色彩和伦理色彩。只有随着生产力的发展和社会文化的进步，公共关系思想和活动才能逐渐得到丰富和发展，其社会作用才日益彰显。

第二节　现代公共关系的产生与发展

一、现代公共关系产生与发展的历史阶段

公共关系作为一门科学，一种新型的职业，是社会政治、经济以及科学技术发展到一定阶段的产物。19世纪末20世纪初，现代公共关系发端于美国。它的发展大致经历了四个阶段。

(一) 反公共关系时期（巴纳姆时期）

时间：19世纪30年代

代表人物：费尼斯·巴纳姆（Phineas T. Barnum）

特点：以宣传自己为目的，不惜愚弄公众

19 世纪 30 年代，美国报刊史上出现了大量印发通俗化报刊（一便士一份）的“便士报”运动。当时，不少企业雇用专门人员炮制煽动性新闻，为自己作夸大和虚假的宣传。这一时期最有代表性的报刊代表人费尼斯·巴纳姆因制造舆论宣传、推动马戏演出，创造了很好的“票房”业绩而闻名于世。他制造了这样一个“神话”：马戏团里有一位黑人女奴海斯，已经 160 岁，曾在 100 年前养育过美国第一位总统乔治·华盛顿，此消息一出，立刻引发轰动。于是，人们抱着好奇心纷纷买票，涌向马戏团一探究竟，结果马戏团的票房收入猛增。海斯死后经解剖确认不过 80 岁，当这种骗局被揭穿之后，报刊宣传活动就受到了人们的批评。

尽管这种报刊宣传活动在促进公共关系发展成为一种有组织的活动方面具有积极意义，但从本质上看，这种宣传对公众的利益全然不顾，不择手段地制造神话，欺骗公众，这在根本上与公共关系的宗旨背道而驰。因此，有人称这一时期为“公众受愚弄的时期”、“反公共关系的时期”。

1882 年，美国律师、文官制度倡导者多尔曼·伊顿（D. Eaton）在耶鲁大学法学院发表了题为《公共关系与法律职业的责任》的演讲。在这篇演讲中，他首次使用了“公共关系”这一概念。1897 年，美国铁路协会编的《铁路文献年鉴》也第一次正式使用了“公共关系”这一名词。

总之，这一时期的公共关系活动已带有一定的组织性和较为明确的目的性。这表明，公共关系已经不再局限于政治活动和思想宣传活动，而是开始与“谋利”紧密地结合在一起，为公共关系在其后的迅速发展奠定了基础。

（二）公共关系职业化时期（艾维·李时期）

时间：20 世纪初

代表人物：艾维·李（Ivy. Lee）

特点：“讲真话”、“公众必须被告知”

19 世纪末，美国已进入垄断资本主义时期，各企业为攫取最大利润，他们无视民众利益和最起码的社会道德，不顾一切地积累财富。他们对内残酷地剥削工人，对外封锁消息，这就激起了民众的不满和一些年轻的、富有正义感的记者的不平，整个社会的阶级矛盾日益激化，终于爆发了长达 10 年之久的，以揭露工商企业的丑闻和阴暗面为主题的新闻揭丑运动，史称“扒粪运动”。在近 10 年的时间里，各种报纸杂志上发表的此类文章达 2 000 多篇，从而使许多大企业家和资本家声名狼藉。垄断财团最初试图使用高压手段来平息舆论，他们对新闻界进行恫吓，提出要起诉，说新闻界犯了诽谤罪。继而，又以不在参与揭丑运动的报刊上刊登广告相威胁。当这些都未奏效时，他们又变换

手法，以贿赂为武器。一些大财团和大公司公开雇用记者创办自己的报刊，仿效 19 世纪报刊宣传活动的手法，杜撰有利于工商巨子们的耸人听闻的神话和“新闻”，遮掩自己公司和企业中出现的种种问题。结果适得其反，公众对垄断财团的敌意反而与日俱增，于是，以“说真话”“讲实情”来获得公众信任的主张被提了出来，并越来越得到工商界一些开明人士的赞同。艾维·李就是“说真话”的主要代表人物。

艾维·李曾是《纽约日报》、《纽约时报》和《纽约世界报》的记者。他审时度势，针对巴纳姆式宣传活动的局限性，提出了“说真话”的宣传思想。他认为，一个企业、一个组织要获得良好的声誉，不是依靠向公众封锁消息或者以欺骗来愚弄公众，而是必须把真实情况披露于世，把与公众利益相关的所有情况都告诉公众，以此来争取公众对组织的信任。一旦披露真情确实对组织不利的话，那就应该调整公司或组织的行为，而不是去极力掩盖真实情况。所以，企业要想建立良好的社会舆论、协调好各方面的关系，创造最佳的生存发展环境，就必须讲真话，把真相告诉公众，如果真相披露对企业（组织）不利，就应当调整其自身行为。

1903 年，美国著名记者艾维·李在美国开办了一家宣传顾问事务所，标志着现代公共关系的问世。因此，公关学界称其为“世界公关第一人”。

1906 年，他又向新闻界发表了阐述其活动宗旨的《原则宣言》。他指出：“我们的责任，是代表企业单位及公众组织，就公众关心并与公众利益相关的问题，向新闻界和公众提供迅速而真实的消息。”在实际工作中，他践行了自己的主张。他在洛克菲勒财团面临公共关系极端恶化而声名狼藉时，为其提供了成功的公共关系咨询，建议洛克菲勒财团邀请劳工领袖协商解决劳资纠纷，广泛进行慈善捐赠，改变自己在公众心目中的不良形象；他在处理宾夕法尼亚州铁路公司发生的人员伤亡事故时，果断采取公布事故真相，向死难者家属提供赔偿、为受伤者支付治疗费、向社会各方诚恳道歉等措施，取得了良好的效果。从此，他成为著名的公共关系专家，被人们誉为“现代公共关系之父”。

当然，艾维·李的公共关系工作还有很多局限性。他从未进行过公众舆论的科学调查，而只是凭经验、凭直觉来进行工作，因此，他的工作被人称之为有艺术而无科学的公共关系。尽管如此，他在公共关系发展史上仍占据着重要的地位。

（三）公共关系科学化时期（伯内斯时期）

时间：20 世纪初至 20 世纪 50 年代

代表人物：爱德华·伯内斯（Edward Bernays）

特点：投公众所好

艾维·李是现代公共关系的创始人，但是他没有提出系统而科学的公共关系理论。真正为公共关系奠定理论基础，使现代公共关系科学化的，是另一位现代公共关系的先驱，美国著名的公共关系顾问爱德华·伯内斯。

爱德华·伯内斯原籍奥地利，1891 年生于维也纳，自幼随父母移居美国纽约，一生致力于公共关系理论研究。

伯内斯曾受聘于美国福特汽车公司，担任该公司的公共关系经理。第一次世界大战期间，他又在威尔逊总统成立的官方公共关系机构“克里尔委员会”担任委员，专门负责向国外的新闻媒介提供有关美国参战情况的背景和解释性材料。第一次世界大战结束后，他和夫人在纽约开办了公共关系公司。

1923 年，他出版了论述公共关系理论的著作《舆论明鉴》，成为公共关系学的第一部经典性著作。同年，他在纽约大学首次讲授公共关系课程。

1925 年，他完成了教科书《公共关系学》的写作。

1928 年，他写作了《舆论》，从而使公共关系的基本理论和方法成为一个较为完整的体系，对公共关系科学化具有里程碑意义，他在《舆论明鉴》一书中第一次提出了“公共关系咨询”的概念，并对它的作用作了详细的解释，明确指出了公共关系的重要职责之一是要向组织提供政策咨询，而不是仅仅向社会进行宣传。他 1924 年在美国的《芝加哥论坛报》上发表社论强调指出：公共关系已成为一种专门职业，它既是一种管理艺术，也是一门科学，社会各界都必须重视公共关系。因此，有人认为，这一社论的发表既是公共关系科学化的标志，也是现代公共关系理论和实践系统化的标志。

（四）公共关系现代时期

时间：20 世纪 50 年代后

代表人物：斯科特·卡特利普、艾伦·森特

标志：双向对称的公共关系模式问世

到了 20 世纪 50 年代，公共关系的实践和理论研究都有了一个全新的发展。1955 年，国际公共关系协会（简称 IPRA）在英国伦敦成立，现总部有会员1 100多人，遍布欧、美、亚、非各大洲 100 多个国家和地区。国际公关协会的诞生，标志着公共关系作为一门世界性的行业而独立存在。这一时期，以美国的斯科特·卡特利普、艾伦·森特为代表的一大批公共关系专家对公共关系理论的进一步完善做出了突出的贡献，把公共关系这门学科推向了一个新的历史发展阶段。

1952 年，卡特利普和森特合著的《有效公共关系》是这一时期出现的一部集公共关系理论研究成果之大成的代表作，有“公关圣经”之称。卡特利普和森特在书中首次完整地概括和描述的公共关系“四步工作法”，现已为广大

公共关系理论和实践工作者认可和接受。

格鲁尼格是另一位美国公关界的大师级人物，是研究公共关系学和传播学的著名学者。1984 年出版的《公共关系管理》是他的代表作。在该书中，他提出了公共关系实践的“双向对称型模式”，该模式强调对话，注重坦诚、完整、准确的双向交流，目的是促进相互理解，其传播性质属双向性的，且在组织和公众之间的传播效果是平衡的。双向对称型模式的提出，展示了公共关系实践发展的方向，这一模式真正体现了公共关系的本质。

与此同时，公共关系的实务活动在全世界不同国家和地区也得到了迅速的发展。各种公共关系协会、顾问公司如雨后春笋般地蓬勃成长起来。各国公共关系事业的不断发展，也促进了国际公共关系事业的繁荣。

随着公关事业的发展，公共关系也逐渐引进和运用了最新的科学技术手段，在工作方法上有了新的变化。大型电子计算机、通信卫星等，都为公共关系工作提供了现代化的有效手段和方法。公共关系理论也开始吸收传播学、行为科学和心理学等学科的知识，研究公众心理和公众舆论，策划公共关系工程，协调组织的内外部关系，使公共关系日益发挥出更加重要的社会作用。随着公共关系向纵深发展，社会不仅对公共关系人员数量的需求急剧增加，而且对其专业水平和素质的要求也越来越高。公共关系教育事业也有了蓬勃发展。迄今为止，全美已有 300 多所大学开设公共关系课程，其中有几十所大学培养具有博士、硕士、学士学位的公共关系专业人才。

二、现代公共关系产生与发展的基本条件

现代公共关系的产生和蓬勃发展不是偶然的，是与当代的社会政治、经济、文化、科学技术等社会条件息息相关的。为了全面而深刻地把握和理解现代公共关系的精髓，我们有必要联系社会历史条件进行具体分析。

（一）公共关系产生与发展的社会经济条件

市场经济的出现是公共关系产生与发展的社会经济条件。在市场经济条件下，整个生产活动都是社会化的，只有通过商品交换，人们生产的产品和劳动才能得到社会承认。于是，无论是个人或者社会组织，只有通过努力才能得到社会的认可和支持，特别是激烈的市场竞争使企业（社会组织）认识到：组织的生存发展需要有一种良好的社会关系和条件来保护或者改善与公众之间的关系，需要一种良好的公共关系作为保障。企业和社会组织只有通过各种有效手段在公众中树立自己良好的形象，赢得广大公众的信任和支持，从而最大限度地争取广大消费者和社会公众的理解、信任、支持与合作，才能在日益激烈的竞争中立于不败之地。为适应这种需要，公共关系应运而生，旨在为各种社会组织与公众通过沟通与交流来建立相互信任、相互合作的良好关系，建立一种

社会“保健”机制和活动系统。

（二）公共关系产生与发展的社会政治条件

社会政治生活的民主化为公共关系科学的产生与发展创造了适宜的条件，是公共关系赖以产生和发展的政治条件。从封建社会进入资本主义社会是人类社会民主化进程中的一个重要里程碑。资产阶级民主政治固然有其虚伪性和欺骗性的一面，但它相对于封建专制却是一次深刻的历史进步。封建社会的经济基础决定了封建社会“专制独裁”的政治特点，君主是当然的统治者，老百姓只是任人宰割的“草民”，在这样的政治条件下，根本不可能产生尊重民意、关注民众利益的公共关系的思想。资产阶级民主政治的建立，破除了君主主权神圣不可侵犯的信条，把政府的合法性奠定在公民认可的基础之上，从而迫使统治者不得不注重自己的施政方针被公众信任和支持的程度，改善与公众的关系。为此，政府和社会组织就必须及时了解舆情民意，根据民意来制定或调整自己的内外政策，并通过各种传播媒介向公众宣传、解释政策和争取公众的理解和支持来维持国家机器的正常运转。

（三）公共关系产生与发展的物质技术条件

在科学技术不发达、传播手段和通信技术落后的条件下，开展以大众传播媒介为基本手段的公共关系活动是基本不可能的。20 世纪初，科学技术有了长足的进步，不仅为现代公共关系的产生和发展提供了物质技术保障，而且也为公共关系科学的发展展示了广阔的前景。

在农业社会，由于生产规模小，人们几乎处在一种封闭、半封闭的与世隔绝的自然状态之中，同时，落后的自然经济本质上不需要人与人之间的广泛沟通与联系，加之当时落后的交通工具和信息传播手段的限制，因而人们没有也不可能产生广泛而深刻的社会联系和交往。在工业社会中，商品经济日益发达，科学技术日新月异，促进了运输和信息传播手段的飞速发展，从火车、汽车、飞机、人造卫星的出现到电报、电话、广播、电视以及光纤通信、电子计算机等技术的相继推广和应用，使人们相互之间广泛而深刻的社会交往不仅是必要的，而且也是可能的。于是，运用现代化的传播手段通过对内协调，对外宣传，扩大本组织或企业的社会影响，提高组织的认知度、美誉度与和谐度，完善组织在公众心目中的形象的公共关系活动和理论得以迅猛发展。

三、现代公共关系发展的基本趋势

进入二十世纪七八十年代，随着各国政治、经济的飞速发展，政治及文化生活一体化程度的不断提高，公共关系的作用日益突显，公共关系呈现如下几种趋势：

（一）公共关系职业化程度不断提高

以 1903 年艾维·李创办世界上第一个公共关系事务所为标志，诞生了世界上第一个职业公关人以来，由于公共关系在社会各个领域中发挥的重要作用日益突显，并逐渐从其他经营管理职能和行业中分化出来，作为一种全新而独特的社会职业，越来越受到人们的尊重和向往。在美国，公共关系从业人员的数量从1950年到1985年增长了6.5倍，达15万人之多，其职业地位被人们形象地称为“金领”阶层，这表明公共关系职业已成为具有社会公认的实践技术、技巧和范围的独立领域，因而越来越成为一种不可缺少的独立的职业，成为社会组织必不可少的重要职能部门。

（二）公共关系国际化趋势的日益增强

现代社会的政治、经济和科学文化一体化的大趋势，必然要求不同的国家和民族不断加强相互之间在政治、经济和文化等各个领域中的沟通与合作，因此，公共关系在各种国际事务中发挥着越来越重要的作用，世界各国都普遍对公共关系给予了高度的重视。国际性的公共关系公司和国际性的公共关系协会纷纷建立，国际公共关系业务往来也日益增多，这就促进了国际公共关系事业的强劲发展。

（三）公共关系手段的现代化

公共关系作为以广泛传播、沟通为主要手段的行业，随着现代社会科学技术的发展，其工作手段也不断现代化。现代公共关系人员的公关信息采集、形象设计与展示、信息传播与沟通、大型公关活动的组织运作都用上了电子技术、通信卫星、国际互联网等现代化的装备，从而大大提高了工作的科学性和有效性。

（四）公共关系的管理功能多元化

从公共关系的形成发展历史来看，它最先在经济领域发挥其重要的管理功能。但是，随着公共关系自身的发展以及社会对其客观需求的不断增长，现在它已在越来越多的社会组织中发挥其广泛而具体的管理作用。现代公关活动不仅有企业公共关系和服务行业公共关系，而且政府公共关系、宗教公共关系、科技公共关系、教育公共关系以及国际公共关系等都得到了广泛的发展。这些不仅增强了公共关系工作的针对性和有效性，延展了公共关系的服务领域，而且也使公共关系在整个社会中发挥的作用愈加普遍和广泛。

（五）公共关系理论的科学化和系统化进一步加强

自从伯内斯开辟公共关系的理论化和科学化道路以来，在半个多世纪的历史发展过程中，公共关系理论已日臻成熟和完善。随着人类科学的进步，特别是各门具体社会科学和人文科学的相关知识和理论的发展，为公共关系理论奠定了坚实的理论基础，使公共关系理论在吸收其他各门具体科学成果的基础上逐渐实现自身的科学化，逐渐形成一个较为完整的理论体系。

第三节　公共关系在中国

世界公共关系已经走过了一百年的历程，中国的公共关系也伴随着中国的改革开放经历了二十多个春秋。20 世纪 80 年代，现代公共关系理念随外国投资、人才技术、管理制度的引进，由南到北，由深圳、珠海、汕头、厦门四大经济特区逐步影响到中国东部沿海城市，一些合资企业尤其是中外合资酒店率先导入公共关系职能，在企业内部设立公共关系部门。由此，掀起了中国公共关系事业发展的第一个浪潮。追溯中国公共关系走过的历程，从无到有，经历风雨，公共关系经历了由“热”到“冷”再到有序发展的一个艰难曲折的发展历程，逐步被中国社会所接受和认可，并在 20 世纪末形成一个新兴的专业服务市场。进入 21 世纪以来，公共关系作为一种管理职能，在树立组织形象、促进产品销售、协调利益关系、建立和谐环境等方面的积极作用越来越受到各类组织的关注和认可。北京申办 2008 年奥运会、上海申办 2010 年世博会、中国抗击非典危机、中法文化年等一系列重要活动，为公共关系提供了极好的舞台，通过这些事件的传播和教育，公共关系在我国开始被普通百姓所认识，公共关系终于在我国成为一种职业并逐步成为一个行业，现已步入发展时期。

但是，公共关系在中国的进一步发展还面临着诸多矛盾和问题。要使公共关系在当代中国社会的政治、经济和文化生活中发挥其特有的功能，使之成为促进两个文明建设的健康力量，就必须在全面了解中国公共关系现状的基础上，正视各种矛盾，解决各种问题，排除各种干扰和束缚，必须在系统掌握和借鉴国外公共关系理论与研究成果的基础上，从中国的具体实际出发，大力开拓中国的公共关系事业，建立适合我国政治、经济和人们思想文化心理的公共关系理论。

一、公共关系在中国的传播与发展

20 世纪 60 年代，现代公共关系开始传入台湾、香港地区，并得到较快的发展，特别是在香港地区，首先是一些跨国公司在那里设立的分公司内部建起了公共关系部，聘用受过专业训练的公共关系人员从事公共关系工作，使得公共关系一开始就具有较高的发展水平。此后，各类型的企业、酒店和宾馆也都纷纷设立了自己的公共关系机构，公共关系从业人员日渐增多，公共关系人员的教育、培训以及公共关系的理论研究水平也不断得到提高，为公共关系传入内地创造了良好的条件。

1981 年，深圳竹园宾馆设立公共关系部，标志着公共关系在中国内地登陆。由于东南沿海地区经济比较发达，加之它又是我国对外开放的窗口和门户，所以公共关系在我国的传播与发展也就呈现出由南向北和由东向西的发展格局。合资的宾馆、饭店出于工作的需要，在改革开放的前沿阵地率先依照国外现代企业的模式设立了公共关系机构，开办起公共关系业务，因而我国当代的公共关系最初发端于沿海地区的宾馆、饭店和旅游业。因此，从一定意义上说，开创我国当代公共关系事业的排头兵是国内一批具有较高管理和经营水平的宾馆和饭店。这些宾馆和饭店卓有成效的公共关系活动，对企业的生存和发展起到了巨大的促进作用。

1984 年，广州白云山制药厂设立公共关系部，率先在国营企业建立了专门的公关部门。1984 年底，《经济日报》发表了题为《如虎添翼——记广州白云山制药厂的公共关系工作》的通讯，并配发社论《认真研究社会主义公共关系》，这是我国全国性媒介首次发表有关公共关系的专题社论和通讯报道。在此之后，中央电视台、中央人民广播电台、《人民日报》、《光明日报》以及全国不少地方的新闻媒介，都以不同形式介绍、报道和评论了我国公共关系事业的发展。这些报道和评论阐述了公共关系在当代中国兴起与发展的必然性和紧迫性，分析了我国新兴的公共关系事业发展中存在的问题，对扩大公共关系的社会影响和推动公共关系的发展产生了积极作用。

20 世纪 80 年代中期，一些著名的国际公关公司基于全球业务发展的战略考虑，率先尝试进入中国市场，带来了新闻代理、企业策划、产品推广等专业化公共关系服务。这期间，国内一批有识之士投身于公共关系知识传播和实践探索，诞生了中国第一代公共关系职业人员。1984 年 10 月，美国伟达公关顾问公司在北京设立办事处；1985 年，第一家合资公关公司——中法公关公司在北京成立；1986 年，第一家本土公关公司——中国环球公关公司成立。

与此同时，国内公共关系学术团体纷纷成立。1986 年 1 月，中山大学在广州成立了中国第一个公共关系研究会。1986 年 11 月，第一家公共关系协会——上海市公共关系协会成立。1987 年 5 月，第一家全国性组织——中国公共关系协会在北京宣告成立。1991 年 4 月，中国国际公共关系协会也在北京诞生。它的成立预示着中国公共关系事业开始走向一个崭新的发展阶段。此后，各省及各大中城市也相继成立了公共关系学术团体。这些学术团体为社会提供公共关系咨询和服务，培养公共关系人才，开展公共关系理论研究以及介绍公共关系知识和发展动态，在我国公共关系知识广泛传播工程中起着重要作用。2003 年 12 月，经中国国际公共关系协会公关公司工作委员会提议，12

月 20 日被正式确定为中国公关从业人员的节日并举办相应纪念庆祝活动。庆祝活动的内容涉及公共关系知识传播、年度十大公关事件评选和庆祝晚会，极大地向社会传播了公共关系的职业价值，产生了较好的社会影响和行业凝聚力。

随着现代公共关系理念的引入，也诞生了各类公共关系专业媒体，这些媒体包括《公共关系导报》（青岛）、《公共关系报》（杭州）、《公共关系》杂志（西安）、《公关世界》杂志（石家庄）等正式出版物，也包括《公关与营销》杂志、《上海公关》杂志等一大批内部出版物。1998 年，中国公关网（www. chinapr. com. cn）建立。2005 年 2 月，由新闻出版总署批准、中华人民共和国外交部主管、中国国际公共关系协会主办的面向海内外公开发行、国内唯一的公共关系专业期刊——《国际公关》杂志正式创刊。这些媒体在传播公共关系知识、引导公共关系理念、交流公共关系经验、探讨公共关系理论以及推动公共关系市场发展等方面发挥了非常积极的作用。

公共关系实务的蓬勃发展，客观上也对公共关系工作人员的素质和水平提出了更高要求，所以从 20 世纪 80 年代起，我国的公共关系的教育和培训工作开始起步，并逐渐向规范化和系统化的正规教育过渡。在公共关系传入的初期，主要采取短期培训的方式，使很多工作人员了解和把握了公共关系的基本知识和精神。深圳市总工会于 1985 年 1 月最先创办了公共关系培训班，开我国公共关系培训事业之先河；北京大学研究生院于 1985 年 6 月率先举办公共关系讲座，为公共关系的及时传播和普及做出了重要贡献。在此基础上，深圳大学举办的公共关系专业函授、中国公共关系专业委员会举办的公共关系函授、兰州大学举办的新闻与公共关系专业函授和夜大学设立的公共关系专业以及其他地区和单位举办的各种专业函授教育，都是紧密结合中国公共关系的特点及发展需要开展的行之有效的教育。1985 年始，公共关系学被正式列入我国大学课程。此后，深圳大学、复旦大学、中山大学、杭州大学、国际关系学院、南京大学、兰州大学等百余所大学相继开设了公共关系课程，有的还创办了专科公共关系专业和本科公共关系（方向）专业。1994 年底，国家教委正式审定批准中山大学创办我国第一个本科公共关系专业，标志着我国的公共关系教育事业现正朝着正规化、高层次的方向健康发展。

总之，随着改革开放的不断深入，我国的公共关系事业无论在实践活动方面、理论研究方面还是公共关系从业人员素质的提高方面，都取得了重大进展。公共关系不仅开始从服务行业进入了各种形式的企业和经济实体，而且也逐渐扩展到其他各种社会行业，各种社会团体、科研机构、机关、学校乃至军队和党政部门，都越来越重视并运用公共关系手段来保障和促进自身的发展，公共关系在我国社会生活中发挥着越来越大的作用。

二、中国公共关系前瞻

从公共关系进入中国至今，中国公共关系的发展经历了从最初的“公关热”到被人们误解、不屑陷入“低谷”，再到世纪之交公关界展开大讨论，直至今天面向世界寻求国际化的发展道路，历经磨难而又勇往直前。中国公共关系在21世纪的国际化发展趋势越来越明显。

（一）中国公共关系的理念国际化

有人说，21世纪的焦点在中国。确实，中国改革开放三十年，在政治、经济、科技、文化和综合实力等各方面取得了令世界瞩目的巨大成就。中国与世界各国之间的交往、联系不断增加。无论是政府间还是企业间，沟通、协调，谋求“多赢”，共同发展被放到了第一位。这对中国的公共关系事业发展提出了更高、更为迫切的要求，也给中国特色的公共关系事业带来了前所未有的发展良机。而中国特色的公共关系的发展从根本上取决于公共关系理念的发展。中国早期的“公关热”曾在社会上引起了巨大的波澜。然而，中国公共关系的先驱们在议论声中，对中国特色的公共关系也一直进行着大胆的探索和深刻的反思，不断地矫正着中国公共关系的理念和行为。一大批公共关系的学者和专家在大量引入外国资料的同时，用本国的语言和方式向人们展示着真正的公共关系，而公共关系在实践中的运用更使人们不断地了解了其真正的含义。公共关系民族化发展使人们逐渐接受并认可了公共关系存在的巨大作用和意义，公共关系的意识也逐渐由企业到政府和其他社会组织，并逐步普及到每个公民的生活之中。2008年北京成功地举办了奥运会，受到世界各国的高度评价和赞誉；2008年11月14日，第十八届世界公共关系大会在北京人民大会堂隆重开幕。全国人大副委员长韩启德、何鲁丽，外交部、商务部、国务院新闻办等中国政府有关方面负责人以及来自全球50多个国家和地区的700多名正式代表出席了大会开幕式。2010年将在中国举办“上海世博会”，这将是注册类世界博览会首次在发展中国家举行，体现了国际社会对中国改革开放道路的支持和信任，也体现了世界人民对中国未来发展的瞩目和期盼。这一系列重大国际性活动将极大地推动中国社会融入国际大家庭，同时也为公共关系服务提供了极好的舞台和巨大的商机。所有这些都表明，公共关系在国家、社会生活中的广泛运用，使公共关系理念不断得到加强，中国的公共关系视野已经辐射到了世界，而与国际的沟通联系又使这种理念向国际化发展。理念上的转变标志着中国公共关系在本质上与国际接轨。

（二）中国公共关系的技术、手段国际化

从20世纪90年代起，随着中国经济与科学技术的发展，与世界各国的联系日益增多，国际常用的公共关系技术和方法逐渐传入中国，并被吸收消化，

使公共关系成为一项科学性和技术性、系统性、实践性极强的工作。中国公共关系技术与方法也日趋国际化。电子技术、通信卫星等现代化大众传播媒介和信息传播手段在公共关系事业中都得到了广泛的运用，公共关系从业人员运用电子技术进行资料储存、分析调查、市场和环境预测等工作，从而大大提高了公共关系工作的科学性和有效性。

（三）中国公共关系职业化程度日益提高，与国际接轨

公共关系引入中国之初，早期不成熟的公共关系操作也极易遭到人们表面化、片面化误解。几乎没人认为公共关系也是一门科学和正当的职业。在历经了“美女公关”、“点子公关”、“单一的营销公关”之后，中国的公共关系步入了规范化、系统化、全球化的良性发展轨道，人们对公共关系随意地、片面地理解逐渐改变，公共关系终于得到了“正本清源”。20 世纪 90 年代中期，国家劳动人事部确立公共关系作为全国劳动人事职业序列，并且设立了公共关系师的考评，这标志着公共关系被纳入国家人事规范之内。1999 年，由中国国际公共关系协会（CIPRA）牵头组织起草的《公关员国家职业标准》通过国家鉴定，第一次将公关从业人员统称为“公关员”。1999 年 5 月，《中华人民共和国职业分类大典》正式将“公关员”作为一门新职业列入大典，标志着国家正式承认“公共关系”这一职业。

2004 年 6 月 22 日，由中国国际公共关系协会公关公司工作委员会起草的《公关咨询业服务规范》（指导意见）正式颁布实施。它的颁布预示着我国的公关咨询业有了行业服务标准，对于规范公关服务市场和从业人员行为以及促进行业的持续、健康发展具有重大的历史意义。

2006 年 9 月 3 日，中国国际公共关系协会公关公司工作委员会 2006 年度第二次全体会议审议通过《行业自律公约》。该准则涉及信息传播、客户关系、媒介关系、商业保密、同业竞争、人才流动、共同利益等七项行业基本原则，较原则地规定了各专业机构在业务发展中应该遵循的原则，该准则以公约形式来保证和促进行业的可持续健康发展。

据中国国际公共关系协会最新调查显示：2007 年中国内地公共关系服务市场（不包括港澳台地区）继续保持快速增长，整个行业服务年营业总额超过 108 亿元人民币，比上年度增长了 35%。公共关系公司数量超过3 000家，从业人数超过数万人，北京、上海、广州、成都四个地区市场占全国市场份额的 70%。耐用消费品（汽车、家电）、IT（包括计算机软硬件及其外部设备）、通信（包括手机等通信类产品）、快速消费品、医疗保健等领域为当前主要服务领域。

21 世纪的中国面临着机遇与挑战。可以说，中国公共关系业迎来了最佳的战略发展机遇。刚刚发展起来的中国公共关系事业，面对的是激烈的国际竞争，对于在中国内地只有20多年历史的一个学科来说，要建设既适合中国国情又有国际化特征的公共关系体系，是一项十分艰巨也十分激动人心的事业。展望未来，随着中国经济市场化深入发展、与全球经济的融合以及中国社会变革的不断深入，公共关系服务将深入到社会的方方面面，中国公共关系市场也必将进入全面发展阶段。

复习思考题

1. 从公关的起源和历史发展的角度说明公关不等于“公关小姐”。

2. 现代公共关系的发展经历了哪几个历史时期？各个历史时期的主要特点是什么？

3. 现代公共关系兴起的主要原因是什么？

4. 简述中国公共关系的发展历程。

第三章

公共关系的职能、作用和原则

引例：2003 年春夏之交，一场突如其来的“非典”打乱了我们生活、工作的原有秩序，每个人、每个组织都面临着生命的威胁和突发事件的挑战。某组织加强了非典管理，进行了全员的防“非典”宣传，每天进公司员工都要测试体温，每天消毒，发放防护口罩，来访者一律在门口接待，保证了生产秩序的正常运转。但是销售部出了问题，业务员都不愿意出差了，理由是业务单位不接见，一时间，签单、回款工作陷于停顿。总经理办公室就这一问题迅速召开会议，向领导提交了一份报告：

第一，与销售部门一起，给相关业务单位致电，出差联系业务能否在对方厂区门口办公，保证业务员严格遵守对方的“防非典”工作的相关规定。协调双方业务按计划进行，并向对方联系人赠送防“非典”物品。

第二，规定出差人员回来不准回家，公司出资让业务员在宾馆下榻，进行两周的体温检测、观察，没有任何“非典”症状的才可回家。

第三，推出一项特别奖金：“非典”期间出差增加出差补助，凡因“非典”出差致病或患“非典”的员工，公司均一次性补助 2 万元。

第四，发出致业务员家属的一封信，对家属进行此项措施的宣传解释工作。此举推出，获得了单位、本公司业务员及家属的良好反响，保障了“非典”时期公司业务工作的顺畅进行，保证了业务单位和本公司员工的利益，创造了“非典”期间业务不淡的佳绩。

这是一个典型的内部公关案例。公司办公室人员运用公关协调的方法，在兼顾组织、业务单位、员工及家属利益的前提下，采用了电话沟通、赠送防“非典”用品、阐明维护双方组织利益的观点，使业务不中断。通过调整出差补助、对“非典”致病人员一次性重金补偿、出差人员回来后先住宾馆及致员工家属的一封信的公关协调方式，照顾了公司和个人利益。这一系列充满人文关怀的运作，获得了员工及家属的理解和支持，同组织一起抗击“非典”，渡过难关，保证了企业的正常运转。

我们将公共关系界定为“一个社会组织为取得与其特定公众的双向沟通和精诚合作而进行的遵循一定行为规范和准则的传播活动”。我们将根据上述定义对公共关系的职能进行描述和讨论。

由于对公共关系的职能描述在很大程度上受制于对公共关系的总体界定，因此，有什么样的公关定义，就有什么样的公关职能，根据我们做出的公关定义，公共关系具有采集信息、提供咨询、参与决策、指导“全员公关”和策划专题活动等项职能。

第一节　公共关系的职能

一、采集信息的职能

所谓信息，最简单的定义是“消息”，是“生活主体同外部客体之间有关情况的消息”。信息论中对信息的解释是：“用符号传送的报道，报道的内容是接收符号者预先不知道的。”

公共关系按其活动的程序而言，一般是以信息的采集开始的。有三类信息是应当特别注意采集的，它们是组织形象信息、产品形象信息、组织运行状态及其发展趋势信息。

（一）组织形象信息

这是指公众对社会组织在运行中所显示的行为特征和精神面貌所产生的印象和评价。公共关系工作的一个重要目标是建立社会组织的良好形象，因此了解社会组织在公众中的形象是公共关系活动的基本内容之一，组织形象信息的采集是公共关系活动过程的重要的环节。组织形象信息一般包括以下一些具体内容。

1. 公众对于组织领导机构的评价

如领导能力、创新意识、办事效率、用人眼光、威望与可信任度及机构的完善程度、设置的合理程度等。由于领导机构是社会组织的指挥中心，因此对领导机构的评价往往在一定程度上反映了人们对整个社会组织形象的评价态度。

2. 公众对于组织管理水平的评价

如决策是否合乎社会实际情况、生产节奏是否紧凑、内部分工是否合理、对市场变化的反应是否灵敏等。由于组织管理水平直接影响到产品的质量和社会组织的竞争力，因此这类信息表明的是公众对社会组织形象的基本态度。

3. 公众对于组织内部一般工作人员的评价

如他们的工作能力、职业水准、文化程度整体水平如何等。由于社会组织的运行必须由他们来具体作业，对他们的评价就构成了社会对整个社会组织形象评价的一个方面。

应当提醒注意的是，这里所说的“公众”，不仅仅指外部公众，它也包括组织的内部公众。

（二）组织产品形象信息

这方面的信息一般包括消费公众对产品（或服务）的价格、性能、质量和用途等主要指标的印象和评价，同时也包括对产品的优点和缺点两个方面的反映和建议。向市场提供产品或服务是社会组织实现运行目标的最基本方式，也是组织与消费公众之间发生关系的最根本的原因，产品形象与社会组织生存、发展直接相关，因此公共关系必须特别注意这一方面信息的采集。

（三）社会环境信息

社会环境信息包括政府决策信息、社会环境信息以及与组织有关的其他组织的信息。信息的采集应当而且必须通过多种渠道和运用各种传播媒介来进行。首先应当重视消费公众的舆论，其次是新闻媒介和公众人物或意见领袖的反映，政府有关部门和上级主管部门以及同行的意见也十分重要。此外，内部公众的各种反映同样必须认真听取。只有这样，采集的信息才是比较全面的。同时，对于一个负责任的公共关系人员来说，不仅要收集公众对社会组织的赞誉信息，更要注意捕捉各类公众意见哪怕是刻薄的批评意见，尤其要重视公众对社会组织的各种切中要害的中肯建议。

二、提供咨询的职能

提供咨询，指的是专业人员如何就某个问题向决策层提供情况说明和参考意见。秘书公关咨询建议，则是指秘书人员向组织领导提供有关社会组织形象和公众动向方面的情况说明和参考意见。为了完成提供咨询建议的任务，秘书人员必须对采集来的信息进行整理、选择、分类、归档等处理工作，建立信息库，这样，在提供咨询建议时就能做到条理分明、有理有据。可以说，信息的处理既是信息收集的结尾工作，又是提供咨询建议的前期准备。秘书人员常提供三类咨询建议。

（一）提供关于组织形象评估的咨询

这类咨询主要提供社会组织与公众关系状态的一般情况说明，如内部员工的归属感、组织在社会上的口碑、消费公众对组织产品的反映、新闻媒介对组织的社会舆论、同行们对组织的评估等。根据不同的需要，这类咨询可以是定期的，也可以是不定期的，目的是要让组织的领导及时了解和掌握公众的一般情况，以便适时调节组织的运行机制，为实现组织目标创造有利条件。因此，这类咨询是任何初具规模的公共关系职业班子的经常性工作。

（二）提供关于公众心理、行为变化和发展趋势的咨询

这类咨询是将在长期观察和积累的基础上形成的对公众心理和行为的变化和趋势的分析意见，结合组织的中、长期规划，向决策层所作的通报和建议。关于公众的一般情况咨询，主要是对公众现状的分析和说明。但是社会环境处于不断变化之中，公众的心理和行为状态也会随之发生变化。公众的心理和行为变化对于组织的运行可以构成不同程度的影响，如果公众的心理和行为已经发生重大变化时，社会组织仍照旧运行，那就会给组织与公众的双向沟通和合作关系造成负面影响，从而妨碍组织目标的完成。因此，秘书人员必须在对公众信息的长期收集和积累的基础上，对公众的心理和行为变化及时进行分析和做出预测，并向组织的决策层报告。这类咨询常能有效地为社会组织中、长期战略规划的制定和变更提供重要根据。

（三）提供关于本组织方针政策的咨询

公关咨询对组织的参谋作用主要表现在为组织制定方针、政策提供咨询建议。这种咨询不同于技术、财务、人事等专业角度，而是从公众的角度去评价组织的方针政策的制约因素和公众影响效果，努力使组织的方针政策与公众利益和环境因素相容，使组织的各项方针政策既可以反映组织自身的发展要求，又可以反映公众的需要，从而为组织的方针政策的贯彻和实施提供有力的保障。

三、参与决策的职能

决策，通俗地说是指如何确定社会组织运行的具体目标及实现目标的方法和步骤。决策是社会组织对自身条件和外界环境经过缜密考虑比较之后所做出的决定性选择。由于社会组织的自身条件和外界环境都包含了公众这一因素，因此，在组织的决策过程中，公共关系人员的参与是理所当然的。他们不仅要参与，并且应该保持相对独立的地位。他们参与决策的职能主要表现在以下三个方面。

（一）站在公众立场上审视决策问题

组织的决策者常常面临社会组织的客观现状与多种选择目标之间的矛盾。无论在哪个社会组织中，处在不同地位的人都是从不同的立场上去寻找问题的答案的。无疑，从各种不同的立场或角度、从不同的方面去进行决策都是无可非议的，但站在公众立场上去寻找决策途径，往往能使问题表现得更加明显和直观，而且这种独特的“公众立场”是任何别的观察视角所不能替代的。一家企业如果从与自身组织目标直接相关的消费公众的角度来思考问题，那么往往更容易找到问题的本源和解决方法。如当企业面临着如何开拓新产品、是否要转产等决策问题时，那么它必须首先考虑它的消费公众的特定需要。显然，一个企业只有把握好了“公众立场”，才能做出适应公众需要的市场决策。公共关系人员正是这种能站在公众立场上审视组织决策问题的专业人员。

（二）从公众利益出发确保决策的公正

社会组织在决策过程中，如果没有一定的约束，就容易产生只顾自身利益而忽视公众利益的片面性倾向，这在目光比较短浅的组织决策层中表现得尤为突出。社会组织应当建立相应的约束机制，以便保证决策的公正性。约束可以来自两个方面：外部约束（如社会舆论）和内部约束。公共关系人员参与决策是一种内部约束。他们可以从公众利益出发，向决策层传递公众的呼声和意愿，从组织的内部确保决策的公正。

公共关系要求本社会组织在决策中必须考虑公众利益，必须在决策方案中反映公众的利益和需求，从而有效地避免只顾自身利益的片面性倾向。社会组织如果缺乏公共关系职能部门提供的内部约束，而社会舆论等外部约束因素又暂时未能发挥作用时，它就很难确保不犯只顾自身利益的片面性决策的错误。事实上，国内外不少企业都犯过这样的错误。其结果一方面损害了公众利益，一方面又阻碍了组织自身的发展。公共关系人员参与决策，对决策层是一种约束，而有了这种约束，组织决策的总体公正性也能在很大程度上得到保障。可以毫不夸张地说，在现代社会中，公共关系参与决策是社会组织生存和发展的重要条件。

（三）在决策中确立公共关系目标

社会组织的决策是根据社会组织各部门自身任务和组织总任务的规定来确定的。公共关系人员参与决策时，应努力争取在各种决策方案中时时不忘公共关系的一个战略目标，那就是如何建立自身组织的良好形象。对一个职业公共关系人员来说，只有融入了这一战略目标的决策方案，才是真正完整的方案。只有这样，公共关系目标才能进入组织决策方案，社会组织的总目标才能与公共关系的目标紧密相连，公共关系职能部门的工作也才能比较容易地与其他职能部门协调一致。同时，公共关系也只有在决策方案中形成了自己的具体工作目标及具体的完成措施，才能从整体上真正体现出它的意义。

四、协调沟通的职能

社会组织的决策方案一经确立，就进入了运行阶段。在运行中，社会组织必然要同现实环境的各种因素发生关系并产生矛盾，社会组织与这些因素之间的矛盾之大小、摩擦之多寡，在很大程度上决定着社会组织的运行是否顺畅，因而也在很大程度上决定着社会组织预定目标是否能顺利实现。

协调沟通是为了避免、减少、化解组织内部公众间的摩擦和外部公众间的冲突，实现内外环境和谐，从而获得组织生存和发展的最佳环境，保证组织目标的实现。

根据最基本的矛盾法则，摩擦是必然的，顺畅是相对的，因此在社会组织运行中协调各种关系、沟通各种信息以减少同现实环境的摩擦就成了公共关系的又一专门职能。它一般包括内外两个方面。

（一）组织内部的协调沟通

在社会组织内部有各种各样的关系，粗略地说无非是纵向的上下级关系和横向的平级关系两大类。公共关系首先应该努力协调好上下级关系。任何社会组织的上下级关系结构都是上小下大的金字塔形式，下级总占据多数，如上下级关系不协调，就会产生组织重心不稳的现象，而重心不稳，运行顺畅就无从谈起。因此，公共关系在这里必须发挥承上启下的作用。一方面，公共关系工作人员要经常向领导者反映下级员工的情绪、意见和要求，并提出如何根据下级员工的实际情况调动他们积极性的建议，可使上级领导不断地了解和把握下级员工的状态，及时地调整自己与下级员工之间的关系；另一方面，公共关系工作人员要积极做好上情下达的工作，要及时向员工介绍传达组织的目标和管理方针政策。解释领导层的意见和决定，消除可能产生的误会，使上级领导的意图和组织的现状、发展方向能随时为下级员工所知晓和理解，从而能使他们自觉地与上级领导搞好配合。

一个初具规模的组织，总是由若干个职能部门所组成的，如生产部门、销售部门、人事部门等。各部门的关系配合是否默契，对于它们的工作效率具有极大的影响。而有时各部门的配合缺乏默契，往往是由信息不够畅通引起的。虽然协调各部门的关系并不是公共关系专业人员的工作重心所在，但如果是由于信息沟通不够畅通造成了部门之间的矛盾，那么公共关系工作人员完全有责任去配合领导者协调各部门的关系。当然他们要做的主要是传播沟通信息的工作，这种工作也并不只是在矛盾产生时才做的，它是一种经常性的工作，在平时就必须加强各部门之间的信息联系，使各部门能在相互了解的基础上协同工作。

（二）组织与外部的协调沟通

这是公共关系最经常的工作内容。社会组织在其运行中，要与许多外部因素发生关系，并与各种公众发生联系。根据对公众的横向分类，在一般情况下，公共关系的外部协调工作要把与组织目标直接相关的公众作为协调沟通的重点，因为这类公众作为组织产品或服务的消费者，最有权对社会组织及其产品或服务做出评价。协调沟通的方式是多种多样的，其中最根本的一种是反馈调节，即根据反馈信息来调整组织的运行。在与外部沟通协调时，应把握以下几个方面的内容：第一，处理好各类直接的业务往来关系；第二，处理好与政府各有关职能管理部门和权力制约部门的关系；第三，建立和发展各种非业务性社会关系。

公共关系的协调沟通工作主要是靠传播信息来沟通双方的关系和情感，以建立相互信任、相互合作的关系。在社会组织运行中，由于各种关系状态的差异，公共关系要沟通协调的重点和运用方法也有所不同。

1. 当双方关系处于和谐状态时

双方关系和谐时，沟通的重点就应当是通过不断传播组织方面的业绩来保持和强化公众心目中已经树立的良好形象。美国的南地公司（位于得克萨斯州达拉斯市）曾是全美第六大零售商，在社会上有良好的形象。该公司为了保持和强化这种良好形象，又开展了一项说服自己顾客，特别是青少年改掉酗酒陋习的社会活动，这一社会活动通过各种传播媒介的宣传，为南地公司赢得了进一步的声誉。有着良好声誉的公司一般有着比较良好的公众关系，如果保持和强化自身良好形象的运动开展得法，往往能够事半功倍。不少声誉卓著的社会组织都深谙此道，常常开展诸如周年纪念等活动来强化自己在公众心目中的地位。

2. 当双方关系处于不和谐状态时

双方关系不和谐时，沟通的基点应该首先解剖组织自身，反省自己的所作所为，然后才是客观地分析关系状态，并提出改进关系状态的具体意见和措施。双方关系之所以会产生不和，常有内外两方面的原因。内部原因可能是由于组织自身工作没有做好，损害了公众利益，这当然首先要自责，然后根据关系状态的现状，改进自身的运行机制，同时把自己的改进情况尽快向公众做出通报，以期扭转被动局面；外部原因可能是由于公众的误解或他人的陷害而造成了对组织形象的损害，即便如此，社会组织也应当首先自问哪些工作还有疏漏，然后在弥补疏漏的前提下向公众进行必要的解释，以澄清误会，或对他人的有意陷害加以揭露。

3. 当双方关系处于不明状态时

此时沟通的原则首先是用善意的态度来表达自己的明确主张，竭力使公众消除紧张或戒备等逆向性心理因素，为双方的信息交流创造正常、平衡的心理条件。这样，就可以避免发生误会和产生偏见。在此基础上，还应当把双方关系格局中含有的双方的利益关系交代清楚，使公众对关系状态的实质及趋势有个“预存立场”，心中有底，这样便可减少关系发生后的摩擦。在这种关系状态下，作为公共关系主体的社会组织，一要向公众（客体）交心，二要向他们交底，努力使他们明了双方关系状况，以利关系的建立和发展。

协调沟通是公共关系最根本的职责，公共关系的其他职能说到底是为了更好地进行协调沟通而衍生的。我们要反复强调的是，社会组织的形象主要是在协调沟通中建立和发展起来的。

五、指导全员公关的职能

首先要指出的是，“全员公关”中的“全员”二字，不仅指公众中每个可能与组织发生直接或间接联系的人，而且包括组织内部的每个成员。只有这样来理解“全员公关”，一个组织的公共关系才能真正落到实处。从社会关系的角度看，社会组织的运行就是与方方面面的人发生关系的过程。人对运行中的社会组织的价值取向，在很大程度上取决于人自身需求的满足与否和满足程度。可见，人的自身需求的满足与否和满足程度具有改变关系状态的效能。一般来说，人的需求满足得好一些，关系状态就好一些，不然就很难形成良好的关系状态，有时甚至连关系的维持都难以获得。因此，如何使社会组织在其运行的日常细节中考虑到公众中的每个个人和组织中的每个成员的需求，以便取得全员公关的最佳状态，就成了公共关系专业人员的又一职能。

指导全员公关的职能，就是把不断满足人的各种需求渗透落实到组织运行的每个环节、每个阶段、每个细节中去。其主要内容是：第一，教育引导组织成员认识公关的重要性和觉悟；第二，培养组织成员的向心力和凝聚力；第三，对组织成员进行公关业务教育培训。

在这里，我们仅就公共关系人员应该如何使社会组织的日常行为规范化、礼貌化，并遵守谅解原则作些阐述。

（一）规范化

公共关系从业人员要根据社会组织的特点，制定出一套待人接物的标准程序，包括有问必答、上门有人接待、办事注重效率等，不管客人是谁，不管谁来接待，无一例外。只有这样，才能为各种关系的正常建立和发展提供制度保证。组织行为规范化实际上是组织根据公共关系的要求，每个员工为满足公众中每个个人的需要而建立的一种制度。必须指出的是，这种制度首先关照的是组织自己的员工，首先要问一问他们的个人需要是否得到满足。只有自己员工的需求首先得到满足了，公众中每个个人的需求才能得到满足。努力求得人的需求的双向满足，应该成为公共关系工作人员指导全员公关的最高原则。也只有这样，组织日常行为的“规范化”才能真正“化”起来。

（二）礼貌化

在人际交往中，以礼待人是对对方尊重的表现，这就是说，要满足人的被尊重的需要。礼让是获得人与人相互理解、相互尊重的前提。因此，要使人的各种需要得到满足，光有规范化的标准程序还不够，还必须辅之以礼待人的要求。这是常识，但就是因为是常识，才常常被人忽视。需要指出的是，这里说的以礼待人，不仅是对公众中的每个个人而言，而且包含了组织员工自身。只有组织内部领导与员工之间、员工与员工之间养成了礼貌待人的风气，组织才能自觉做到对公众中每个个人的以礼相待。这就是说，只有有了组织内部的礼貌化，才能有组织对外的礼貌化。礼貌化，既要施惠于公众，又要施惠于员工，这样一来，员工心情舒畅，公众中本来不太注重礼貌的人也会自然而然变得彬彬有礼了。

（三）遵守谅解原则

社会组织在运行过程中要同形形色色的公众发生关系，公众中有的个人通情达理，有些个人则可能蛮不讲理。尽管关系状态不一，关系双方角色地位不同，但从满足人的需要考虑，我们应该把日常发生的小摩擦看成生活的佐料和有趣成分，以谅解的态度来看待和解决各种各样的摩擦。在这方面，各种社会组织都有许多有益的经验，所谓“顾客是上帝”、“顾客总是对的”这些一度被当作格言来对待的道理至今仍然有警示作用。

这里说的规范化、礼貌化和遵守谅解原则，只是点到了全员公关的表层结构上的几个方面。对全员公关理念深层内核的认识近年来有了新的推进，特别是在整合传播的全新公关理念中，全员公关占了极为重要的地位。

第二节　公共关系的作用

从我们上一节的阐述中，不难看出，公共关系的职能指的是公共关系机构或从业人员的职责与功能。现在我们要讨论的“公共关系的作用”，指的是公共关系机构或从业人员在具体履行职责和功能的过程中所产生的影响和效用。如果说我们对公共关系职能的设定和划分带有少许“主观”色彩的话，那么这里所说的影响和效用就是一种“客观”的结果了。对应于上一节对公共关系职能的阐释，我们将公共关系的作用依次归纳为监测作用、凝聚作用、调节作用和应变作用。

一、监测作用

公共关系的监测作用是通过信息的采集、处理和反馈来发挥的，其实质是对信息资源的一种有利合理的运用。我们正处于一个信息量急剧膨胀的“后信息”时代。为了生存和发展，任何一个社会组织必须学会对信息资源的有利合理的运用。公共关系工作正是同信息资源打交道的工作，而公共关系监测作用的发挥就是通过对信息资源的有利合理运用来实现的。所谓公共关系的监测作用，就是在对信息资源筛选的基础上，对公共关系主体和客体的行为或态度实行监视和监测所获得的一种结果。简而言之，公共关系的监测作用体现在对内监测和对外监测两个方面。

（一）对内监测作用

对内监测是对主体即社会组织自身而言的，它是通过不断的信息采集、处理和反馈，通过对社会组织内部和外部的各种细微变化的把握，来对组织运行状态和组织目标实现的可行性进行监测的。

对内监测需要采集和处理社会组织内部的和外部公众两个方面的信息，如果只注意收集内部信息，忽视外部信息，那么，公共关系至多只能发挥其监视组织自身运行状态的作用，而不能起到预测它运行的发展趋势和各种目标实现的可能性的作用；反过来，如果只注意收集外部信息而不顾内部信息，那么，公共关系的对内监测作用就更无法发挥。只有同时注意了内外两个方面的信息收集和处理，公共关系的对内监测作用才能充分发挥。

公共关系的对内监测作用是通过控制论的反馈原理来实现的。所谓反馈，就是把系统的输出通过一定的通道再返回输入终端，从而对系统的输入和再次输出施加影响的作用过程。公共关系的监测发挥的是社会组织的反馈功能。公共关系工作人员把采集掌握的最新信息，源源不断地输送到决策层那里，以使组织做出相应的回应，采取必要的措施，让组织的运行与公众的要求一致起来，以减少公众信息的输入对社会组织信息输出的负面影响，使社会组织的运行持续在相对平衡的过程中，最终保证了组织目标的实现。

举例来说，一家工厂生产了一种产销不对路的产品或有质量问题的产品，引起了公众对组织的不良评价，秘书公关人员一旦获得这一信息，立即向决策层报告，企业领导根据这一“输入”的信息，及时做出调整或改进，这样，工厂重新“输出”的产品就变成产销对路或质量良好的了。这就是公共关系对内发挥监测作用的过程。信息反馈过程往往不是一次性的，它通常要经过多次反复才能使输入与输出达到相对平衡状态。同样，公共关系对社会组织的某一行为的监测也不是一次就能完成的，它也要经过从信息采集、信息反馈到输出更新这样的多次反复过程。

（二）对外监测作用

所谓对外监测，是对公共关系的客体即公众对社会组织的行为或态度的监测。这种监测必须通过各种信息传播媒介，及时掌握与自身组织有关的各种信息及其走向，以监视和预测公众的态度及其行为变化趋势。这种监测的目的是使社会组织在自身运行过程中，能及时拿出应变对策，以防当公众意向发生变化时出现“心中无数”、“束手无策”的尴尬局面。公共关系的对外监测作用，犹如战斗未发生前的哨兵，要监视环境中的一草一木，预测“敌人”的行动方向。公共关系当然不能把公众比为“敌人”，但它的“哨兵”作用是一样的。

社会组织的“哨兵”要监测的范围可能很广，但不能因此而忽视了重点监测目标。这个重点监测目标就是大众传播媒介。大众传播媒介传播的信息不但影响大，而且是一切社会组织都可以共享的信息资源。同时，从信息沟通的意义上来说，大众传播媒介已成为组织与社会、组织与组织之间联系的主要桥梁。因此，公共关系特别要监测大众传播媒介传播的信息，不但要注意当前与社会组织直接有关的信息，也要注意今后可能会对社会组织产生影响的信息。这些年来，媒体大量报道企业如何充分发挥公共关系的哨兵作用、如何通过对大众传播媒介监测而及时获取各类经济和社会消费趋势信息、如何由此增进效益并提高知名度。这说明了公共关系的对外监测作用变得越来越重要了。

二、凝聚作用

公共关系的凝聚作用是对组织内部而言的。公共关系是一门“内求团结、外求发展”的艺术，因此，它必然有凝聚作用。

社会组织无一例外都是由人构成的，人的能动作用对社会组织来说始终存在着正反两方面的效能，从正面来说，正是社会组织成员的能动作用，组织才能保持活力，运行才能正常发展，离开了人的能动性，组织就会失去活力，变得空有其名了。但同时，正因为社会组织成员都是具有能动性的人，所以它们也可能内耗不断，甚至四分五裂，这就是人的能动性对社会组织含有的潜在负面影响。公共关系的凝聚作用就在于它能使这种潜在负面影响向正面效能转化，从而使得组织内部上下一心，团结一致，为社会组织的正常运行扫除内部障碍。

社会组织内部成员关系的维系，常常是由经济因素决定的，但又并不仅仅受制于经济因素，它还常常依赖于相互之间的情感沟通和心理认同，有时甚至要依靠带强制性的行政命令。公共关系凝聚作用的发挥既不靠行政命令，也不靠经济奖励，它通过信息交流、人际互动来沟通社会组织成员的心理情感，从而使他们团结起来，同心协力地为实现组织的各项目标而工作。因此，公共关系的凝聚方法常常更具有持久性。

公共关系的凝聚作用与通常意义上的思想政治工作既有相通之处，也有自己的特点。一般来说，思想政治工作和公共关系都是以信息作为交流手段，通过“动之以情，晓之以理”的方法来协调组织内部成员的关系，达到团结一致的目的。但是，思想政治工作政治性较强，因而它的立足点也比较高，它注重提高人们的思想认识和社会历史责任感。相比之下，公共关系的着眼层次要低一些，但也更具体一些，它常把工作的重点落在情感的沟通上，落在组织成员对组织的权利和义务的强调上。可以说，具有中国特色的思想政治工作与公共关系的凝聚作用有着一种相辅相成的关系，所以有保险的公共关系从业人员常常把它们结合起来。有人认为，现在思想政治工作效果不好，应用公共关系活动来替代它，这是一种认识模糊的表现。事实上，它们两者各有自己的工作重点，是不能互相取代的。

三、调节作用

对于任何社会组织来说，确立正确的组织目标是首要的，但光有目标还不够，组织还必须通过正确无误的运行来实现目标。由于公共关系强调直接渗透介入到组织运行的每个过程、每个环节中去，因此它不但能在宏观上实现对组织的调节，并且在微观上也能表现出经常性的调节作用。这种调节作用具体来说表现在下面两个方面：

首先是对各种日常摩擦的调节。任何社会组织在其运行过程中都必然会产生各种摩擦，公共关系的调节作用具有减小这类摩擦系数的成效，能直接减少和避免矛盾的发生，达到防患于未然的效果。又如，上一节所述公共关系提倡的组织行为的规范化、礼貌化，也具有减少和避免内部摩擦发生的调节作用。

公共关系的这种调节功能不仅表现在预先调节上，也可以体现在摩擦或纠纷发生之后。就是说，它能防止矛盾的扩大，最大限度地减少摩擦或纠纷给组织带来的危害。当摩擦或纠纷发生后，公共关系从业人员并不去一味地为自己的组织作辩护，更不是去压服公众，而主要是通过各类传播活动来争取公众的谅解。事实上，也只有在公关意识指导下采取的行动和措施，才是妥善解决矛盾的办法。当摩擦或纠纷发生时，公共关系要求组织成员首先虚心地听取公众的意见，然后在查清事实的基础上，与公众交流彼此的看法，以达成谅解，最后再了解公众对摩擦或纠纷及处理措施的反馈，并把这种反馈信息反映给组织的决策层，还可向决策层提供改进社会组织运行状况的建议，以免摩擦和纠纷的再度发生。

四、应变作用

由于社会组织是在复杂的现实环境中运行的，即使是专门以了解信息、传递信息和发布信息为主要任务的公共关系部门，也不能对组织运行中可能发生的情况做出完全准确的预见。因此，社会组织在其运行中就不可能保证自身形象永不受损，也不可能保证自身与公众的关系始终处于最佳状态。当组织形象受到损害时，组织与公众关系遭到破坏时，如何进行弥补？这时，公共关系又表现出自己特殊的应变和抵御作用。社会组织的形象受到损害，或组织与公众关系出现问题通常有两种原因，公共关系也具有应变和抵御两种作用。

（一）社会组织因自身原因形象受损或与公众的关系出现问题

为改变此种不良状况，公共关系就要发挥其应变作用。当社会组织形象受损或与公众的关系出现问题时，公共关系职能部门应首先假定公众是对的。换句话说，在事实真相查清之前，不可让公众先担起责任来，这样在今后的工作中才不至于处于被动状态。“假定”一旦被确认为事实，即公众果然是对的，社会组织形象受损或与公众关系不佳确系组织自身原因引致，那么公共关系部门就应及时做出反应，以改变社会组织的运行状况来改善组织形象。公共关系职能部门是社会组织的“信息窗口”，常常最了解组织形象受损或组织与公众关系不佳的原因，对如何改变组织运行状况也最有发言权。一个明智的领导会特别重视公共关系部门的意见的，同时公共关系专业人员也应该主动、经常地向决策层提供咨询建议，以充分发挥自己的应变作用。

（二）社会组织因外部原因形象受损或与公众的关系出现问题

为改变此种不利于组织的状况，公共关系就要发挥其抵御作用。社会组织形象受损，常常是由组织外部的原因引起的，如假冒商品的出现、公众中以讹传讹的现象，等等。当有确凿证据证明社会组织形象受损或与公众关系不佳的责任不在自身，而源于组织外部的因素时，公共关系职能部门就应发挥它应有的抵御作用。公共关系的这种抵御作用并不是通过行政、法律等刚性手段来实行的，而主要是采用柔性的信息传播手段来发挥的。例如，当市场上出现了假冒商品，企业就可以用大众传播媒介来加以揭露，以引起公众的注意。又如，当社会组织与某协作单位之间发生法人关系纠纷并查明主要责任在对方时，就可以由公共关系工作人员或领导出面主动要求交换意见，以寻求解决纠纷、重新修好的途径。由于公共关系活动采取的是各种柔性手段，所以在其发挥抵御作用时，往往能避免采用刚性手段时无路可退的缺点。用柔性手段常常既能让问题得到合情合理的解决，又不留后遗症。当然，在公共关系的协调失败后，社会组织也可以诉诸行政、法律等刚性手段来解决问题，以起到强制抵御的作用。

第三节 公共关系的原则

公共关系的原则就是指公共关系的行为规范和准则。公共关系须遵循哪些原则，首先要看公共关系的目标和任务是什么。如前所述，“公共关系是一个社会组织为取得与其特定公众的双向沟通和精诚合作而进行的遵循一定行为规范和准则的传播活动”。既然公共关系是一个社会组织为取得“与其特定公众的双向沟通和精诚合作”而进行的传播活动，那么，公共关系的行为就应该充分尊重公众的意见和建议，注意保护特定公众的利益；但是，因为公共关系是“社会组织”的行为，所以又应该在不损害社会公众利益的前提下，维护自身组织的利益，从而实现组织与特定公众的双赢；因为是一种传播活动，所以，还应该遵守传播的一般准则和有关的法律法规；因为是社会组织为了谋求发展所采取的对变化着的环境的主动应对策略，所以，又要发挥主观能动性，不断开创公共关系工作的新局面。以下分别从上述四个方面对公共关系的原则进行探讨。

一、以事实为依据

公共关系作为一种传播活动，必须遵循实事求是的原则。一个合格的秘书公共关系职业人员必须把握好三个原则，第一是先有客观事实、后有公共关系的原则，第二是必须全面、深入地掌握事实的原则；第三是必须实事求是地传播事实的原则。实事求是原则，是公共关系的一棵常青树。

（一）先有客观事实，后有公共关系

任何社会组织总是与公众及整体环境处于不断地互动之中，双方总存在着平衡或不太平衡、协调或不太协调的关系。公共关系的任务无非是变不平衡为比较平衡一些，变不协调为比较协调一些。一个基本常识是，总是先有不平衡、不协调的事实，然后才有变不平衡为平衡、变不协调为协调的公共关系。用哲学语言来说，事实是第一性的，公共关系是第二性的，即先有第一性的事实，后有第二性的公共关系。如果把两者的关系颠倒过来了，那么公共关系就变成无本之木、无源之水了，就变成了公共关系人员可以任意勾画的水中月、梦中花了，尽管华美无比，但只是虚幻一时。

公共关系是应用性、实践性很强的一门学科。尽管公共关系十分讲究传播艺术、沟通技巧，但它的开展只能以事实为基础，只能以科学地调查研究、以对事实的掌握为基本条件。一个富有经验的公共关系职业人员首先考虑的不是

传播艺术或沟通技巧，而是对事实的及时占有和准确把握。他必须通过各种办法收集关于公众情况的事实，掌握关于组织与社会整体环境互动情况的事实，对各方存在的不平衡、不协调的种种事实可以做到了如指掌、如数家珍。只有到了对事实有如此把握的时候，才能开始思考传播艺术和沟通技巧。

事实常常呈现混乱无序的状态，叫人找不到头绪、摸不到要领。这时就要求公共关系人员仍然不忘事实的重要，同时需要做一番去伪存真、去粗取精、由表及里的筛选工作。例如某铁路分局获知旅客对其所属几列客车有意见，但不知到底是什么意见。他们通过信息汇总后，就将公众意见归纳为三条，一是经常晚点，二是不讲卫生，三是开水供应不够。之后，他们的公共关系工作人员便有针对性地在报纸上作公开检查，同时召开旅客代表座谈会，并及时地加强了车上的服务工作，做到勤打扫、勤送开水。如此一来，他们在旅客中的形象得到了改善，许多旅客反而交口称赞这几列客车了。

再比如，某一化工厂在某一社区，因其生产导致了当地水质污染，从而引起当地居民不满，并强烈要求其搬迁。面对这一局面，该化工厂为维护其生存发展，立即成立一个专门工作班子来处理此事，他们首先从组织自身开始了解事实真相，然后一方面向群众作解释、道不是，以平息其怨气；另一方面听取群众意见，从公众那里弄清客观要求是什么，再尽力采取必要的治理措施。该化工厂就是这样在对事实准确把握的基础上，对症下药地开展了公共关系工作，获得了良好的公关效果。

（二）必须全面、深入地掌握事实

由于事实是公共关系活动的前提和基础，秘书公共关系人员要掌握事实的重要性就不言而喻了，但对事实如何来掌握呢？我们认为，既要全面，又要深入。对事实的把握只有做到了全面和深入，公共关系活动才能得到全面、深入地开展。在这里，全面、深入掌握事实无非有“全面”和“深入”这两层意思。

所谓全面掌握事实，指的是对事实掌握的宽广度。所谓深入掌握事实，指的是对事实掌握的充分度。如某厂家不久前向市场推出了一种家电新产品——洗碗机，但一段时间过去后，此产品销路却不怎么好，完全出乎该厂对市场的预料。原因究竟在哪儿呢？厂方将这一探寻任务交给了公共关系工作人员。为找出原因，他们开始了调查，但这种调查不能在小范围内进行，也不能只限于单方面的调查。具体地说，调查不仅要在本地，而且也应在该厂产品已打入的外地展开；不但要调查有关商店的反映，也应重视对消费者的调查，对消费者的调查也应有宽广的覆盖面，其中要包括工人、农民、知识分子、机关干部及其他阶层的用户。另外，调查问题也应较宽、较广，具体包括调查市场与消费者对产品的性能、使用方法、价格、造型、色彩等多方面的意见。不难想象，该厂公共关系部门如果能如此全面地进行调查、掌握事实，那他们应该能够找到产品滞销的原因。

总而言之，事实不但在本体上决定了公共关系的开展，而且对事实把握得是否准确也决定了公共关系的开展水平。

（三）必须实事求是地传播事实

公共关系是一个信息传播和沟通的过程，一方面将组织的信息向公众进行传播，另一方面将公众的信息反馈给组织，以获得双方的相互了解、相互适应。传播信息这一工作本身并不难，难的是如何实事求是地传播信息。公共关系人员必须遵循的又一个基本原则就是实事求是地传播事实。

是否实事求是地传播事实，与组织和公众皆有利害关系。每一个事实的功用都不外乎三种情况：一是对双方都有利，二是对双方都无利，三是对一方有利而对另一方无利。如是第一种情况，那实事求是地传播事实就不是难事了，比如，某市某百年老饭店在获知上级主管部门同意该店恢复老招牌及传统莱肴的信息后，当然会如实而又及时地将该事实传播出去。但如碰到第二、第三种情况，传播者就势必会权衡利弊、考虑取舍，从而可能影响到信息的真实传播。然而，从职业道德角度来看，为了对社会、公众以及自身负责，应该而且必须实事求是地传播信息。秘书公关人员必须牢记，信息传播的前提不仅看其是否符合各家的利益，而且要看是否有助于人们了解事实真相。因此，即使某一事实的传播会引起对自身利益的损害，那也必须顺应天时、地利、人和，实事求是地予以传播。

需要指出的是，我们强调在信息传播时应遵循实事求是的原则，并不是要人们机械地、照抄照搬地执行，而是可以灵活、辩证地去掌握它、贯彻它。实事求是地传播事实也有技巧可言，在不违反实事求是这一原则的前提下，传播时可以在不同的时间、地点采取不同的渠道、方式，运用不同的传播人、态度、语言、口气。若运用得法，传播不利的事实未必会引出不利的结果来，有时还可能获得公众或社会的谅解和同情，出现变坏事为好事的转机。就第二种情况来说，如果某一信息的如实传播对双方利益皆有损害，那么应该怎样遵循实事求是这一原则呢？以广州某报纸为例，鉴于市场纸价、采编费用、图文稿酬与印刷厂工价均大幅度提高的事实，该报纸从2000年起需要提价。这一信息的传播对双方皆不利，报纸提价一方面会导致发行量下降，对经济效益多有不利，另一方面要增加读者的经济负担，对其日常开支有负面影响。毫无疑问，如果只是简单地宣布何时提价、提多少价，其结果必然不是一个皆大欢喜的场面。但这家报纸遵照实事求是的原则，历数提价的真实原因，坦承自己在前一段时期为争取不提价所做的努力及为此而造成的经济损失，最后除了道出提价是出于不得已之外，还说在提价后一定会在原有质量的基础上再接再厉、改善服务、回报读者（如新辟栏目、增加版面等）。由于该报纸实事求是地传播了事实，使自己的提价之举获得了广大读者的理解。事后统计，尽管订数较以前还是有所下降，但仍超过了预先估计。更重要的是，该报纸在读者中保持了原有的美好形象。

就第三种情况来说，信息传播者应如何实事求是地处理对一方有利而对另一方无利的事实呢？我们仍以商品提价为例。某食品厂得到上级通知，自2月1日起，凡使用糖、蛋为原料的食品均需提价。当时该厂仓库还储存不少原价购进的食糖和鸡蛋，另外还有不少待运出厂的这类食品，如到时按新价销售，该厂无形中会增加很多意外收入。该厂实事求是地向公众传播了这一不利于公众利益的信息。它在市报、省报上登了一则启事，文中明确告诉人们该厂将奉上级通知自2月1日起提高某几种食品价格，同时又说明已生产好的若干食品仍维持原价，售完为止；用原价购进的糖、蛋为原料加工的食品，其价格不提或少提。该厂在传播不利于公众一方的事实时，不但没有违背实事求是的原则，而且借传播这一信息的机会成功地塑造了自己在公众中的形象，不但获得了公众的信赖，而且提高了自身的经济效益。

二、以满足公众需求为出发点

按照现代行为科学的基本观点，人的任何行为的产生皆出于他的个体需求。人的需求可以划分成不同层次，由低层次向高层次递进，而高层次的需求以低层次的满足为前提。人是公共关系的工作对象，故人的需求以及与此相关的人的态度、情感、认识等因素当然也应纳入公共关系的研究范围之内。换言之，公共关系要使其工作对象——公众在信息传播中产生合作行为，那就必须把满足人的需求作为一个基本准则。

人的需求是无限的、多样的，既有物质需求，又有精神需求；既有一般需求，又有特殊需求；而且，随着环境及自身情况的改变，人的需求同样也会随之变化。公共关系活动的开展应以满足公众需求为出发点，特别应立足于满足公众的各种心理需求。

（一）满足公众的知晓心理需求

人们除了有衣、食、住、行这四项基本的物质生活需求以外，还有各种心理或精神需求，而知晓需求又是其中的初级层次和首要表现。所谓知晓需求，就是人们了解周围事物真相的需求。从古到今，无论什么人，只要他心理健康，无不有探求其周围事物真相的愿望，这可以说是一种本能。

一般来说，人们的知晓需求皆表现为意欲真实、客观、公正地了解事物真相。这一点正好与公共关系所主张的“为取得与其特定公众的双向沟通和精诚合作而进行的遵循一定行为规范和准则的传播活动”基本一致。从科学经营角度来看，尽可能满足公众的知晓心理需求是十分有益于组织的。因为组织将有关事物的真相传播给公众，不但可以满足公众的知晓心理需求，而且能够增加公众对组织的信赖度和亲近感，从而促使他们成为组织长期、稳定的公众（具体为顾客、旅客、乘客、观众等）。有的人也许认为，如将不利于组织的有关事件真相披露出去，以迎合公众的知晓心理需求，那是家丑外扬、拆自己的台，甚至有少数人还认为，如将低劣商品作为正品推销出去，可以直接增加本组织经济效益。其实，这些看法是错误的。如果从长远的角度看问题，将于己不利的事物真相公之于众，不但不会影响自身经济效益，反而会增进公众对组织的理解，从而引起他们的消费行为，而靠欺骗、蒙混公众的手段推销伪劣商品的组织，可能一时得逞，但长此以往，最终会搬起石头砸自己的脚，最终会受到公众舆论的谴责，甚至会造成难以弥补的损失。

组织在开展公共关系活动时，应充分考虑如何切实地满足公众的知晓心理需求，力争做到“百问不厌、有问必答”，而且是如实传播，实事求是。这样做的结果往往能得到公众的赞誉和尊重。例如，某服装厂将一批积压已久的服装上市销售，价格削减为原价的一半，顾客不知内情，看见价格低便怀疑其质地有问题，接待人员详细地解答了他们的疑问，指出质地确属优良，降价原因是式样已趋陈旧，更因需要资金进口设备。经过如此推心置腹的解释，顾客心中疑团顿消，信赖感大增，许多喜欢传统样式的顾客纷纷购买，使得积压服装提前畅销一空。假如接待人员面对顾客的询问时不愿吐露事情真相，支支吾吾，含糊其辞，那结果也就可想而知了。

（二）尊重公众独立自主的人格需求

一般来说，任何一个正常人都有独立自主的意识与需求，随着社会的日益进步，人们在社会交往中普遍希望受到他人尊重，在待人接物时也往往会表现出明显的独立性和自主性。公众的这种人格需求，不仅在较正式的场合中能表现出来，而且还会表现在社会交往的各种细枝末节中。

公共关系活动是专门代表组织与其公众打交道的一项工作，秘书公关人员要与各种各样具体的人打交道。因此，从本组织的形象与效益出发，也出于职业道德和对公众负责的考虑，他们在工作中理应满足公众独立自主的人格需求。一般来说，从总体上尊重公众的人格要求较容易做到，比如提出“顾客至上”之类的广告口号就是一种方式，但难的是如何在日常的琐碎接待和交往中满足他们的独立自主的人格需求。秘书公关人员应该严格按照职业操作规范行事，时时以满足公众独立自主的人格需求为准绳，把工作落实到组织与公众发生交往的每一个细小环节中。

在代表组织与公众打交道的过程中，对满足公众独立自主的人格需求的工作做得过细与否，将直接影响到效果的好坏。包括职业公关人员在内的组织员工如果能时时处处为公众着想，注意以礼待人、一视同仁，又能虚心征求与听取公众的意见，尊重公众的选择及风俗习惯，不强人所难，不夺人所好，那么他们必将获得公众的赞誉，组织形象也一定会在公众心目中获得肯定和提高。反之，如果你盛气凌人，挖苦奚落，视某些方言、习俗、职业为下等，直接侵犯公众人格，这样不仅犯了职业道德之大忌，而且也给自己代表的组织形象泼了墨、涂了黑。

（三）满足公众不断转移、升华的精神需求

与人们对物质产品有不断提高的需求一样，随着社会文明的不断进步，人们还会不断在心理上向更高层次的需求转移或升华。

与有形的物质需求不同，精神需求一般比较抽象，难以捉摸，比如精神上的享受欲、轻松欲、探险欲、好胜欲、表现欲、好奇欲及各种审美情趣等，都没有一个具体的定形或定量标准。然而，作为专门代表组织与公众打交道的公共关系部门又必须去专门了解它、研究它，否则，其工作就无法顺利开展，效果也不可能很好。其实，只要科学地对待它，认真地加以分析、研究，我们还是能找到打开迷宫的钥匙的。首先，我们可以分析出公众中的精神需求是积极的、符合伦理道德的，还是消极的、违反伦理道德的。如属前者，我们就予以满足；若属后者，则予以劝阻和引导。当然，判别时应掌握好界限、分寸，切不可任意上纲上线。其次，我们还应衡量公众有关精神需求的强弱程度和迫切程度，在文化上是属于高层次的，还是低层次的，以便在实施时因人而异，区别对待。最后，我们在了解、把握了精神需求的特点之后，应有针对性地采取适宜的方式予以满足，这样既可满足公众的精神需求，又能提高组织效益，在客观上为社会做了好事。

精神需求比物质需求更为高级。当人们的精神需求一旦获得满足后，其精神面貌往往会产生质的变化。这种质的变化会对人的行为表现起着积极的、富于生气的影响和作用。我们平常说的“意气风发”、“精神振奋”，都是人们在获得精神需求满足后才出现的。试问：某人如积极报名参加某项竞赛，却受到人们的冷淡、拒绝，他会神采飞扬吗？所以，当公众有了精神需求的转移、升华时，秘书等公共关系人员一般应倾向于理解、合作、支持。正如上面所说，在了解、把握了有关精神需求的特点之后，应有针对性地采取适宜的方式予以满足。以满足组织内部公众的精神需求来说，如果某些人有好胜心或表现欲，那么就可因势利导，组织开展一些体育比赛或文艺表演，以满足他们的好胜心和表现欲；若某个科室想组织一次集体探险旅游，那么就可联合其他部门来一次过瘾的探险旅游活动；如果哪个部门想举办一次交谊舞会，那么大家来跳一跳、唱一唱，等等。只要有益于公众的身心健康、有益于激发更大的工作热情，又不危及他人安全或损害他人利益，那么公关从业人员就应该想方设法地协助组织的管理层或职能部门，尽可能去满足公众的精神需求。

三、以和谐为基调

协调内外公众的关系，使组织和各类公众的关系处于动态平衡状态是组织公关的重要职能。因此，组织公关工作的核心和基调就是运用公关协调的手段，不断维护和保持这种关系的和谐。

（一）努力打造内部和谐

内部公关工作是公共关系的起点。努力协调领导关系、员工关系、内部公众的关系，达到内求团结，有助于提高组织凝聚力，增强组织活力，降低、消除内耗，提高工作效率。

案例 3—1

20 世纪 90 年代初的时候，某单位效益不佳，各个科室安不上电话，为了便于办公室与各部门之间沟通，办公室申请上级领导批准为各科室安上对讲机。这样办公室打开开关就可以与各科室直接通话，各科室有急事也可按对讲“叫铃”与办公室或其他科室通话，当然，这种装置也有监听功能。此举确实方便了单位内的信息沟通工作，但时间一长就引起了各科室人员的纷纷议论：这对讲机分明就是在各科室里安的窃听器，领导把各科室对讲开关一打开，我们每天谁都说什么了，领导不就全听到了吗？此举造成了各科室人员与办公室及领导之间的矛盾冲突，怎么办？

我们用公关理论来看，可以这样来协调：首先要明确，这是一个典型的内部公关的问题，置之不理或处理不好，就会造成干群关系紧张，好事变坏事，影响组织的人际关系氛围和工作的顺畅运行。处理起来可分以下几步实施：

（1）开展调查。通过访谈法或问卷调查法，搞清楚究竟是哪部分人有意见，都有什么意见，安装对讲机的利弊如何；赞成的和反对的比例如何。

（2）广泛沟通。召开各部门负责人和职工代表的扩大会议，讲明安装对讲机的意义，公布调查结果，充分沟通。

（3）改进工作。制定对讲机的使用规定，办公室由专人负责对讲机操作；一旦发现有人“监听”，并对当事人造成不良后果的，按规定严肃处理。

（4）公布于众。以全体会议或内部文件的方式，把此事处理结果公布于众，借机加强内部公关协调的教育，倡导“小事哲学”，细化管理工作，维护安定、和谐的工作氛围。

（二）全力构建外部和谐

外部公关是组织公关工作的重点，是组织公共关系最经常的工作内容。组织通过连续的各种公关运作，顺畅社区关系、政府关系、同行关系、媒介关系、消费者关系等，维护组织各类外部公众的关系和谐，获得他们的理解、赞赏、辅助和支持，从而达到塑造组织良好形象的公关目的。

（1）当组织与外部关系处于和谐状态时，要注意保持沟通，重点就是通过不断传播组织方面的业绩来保持和强化公众心目中已经树立的良好形象。

（2）当双方关系处于不和谐状态时，组织应积极进行调整分析，找出不和谐的病症所在，制定改进工作措施和扭转不和谐局面的公关措施，争取相关人员的理解和支持，以达到外部和谐的状态。

案例3—2

一名大学生在企业打工，在发传单、贴广告时遇到了麻烦——宣传品被城建局市容监察大队人员没收，说乱发、乱贴广告，影响市容，破坏环境，还责令老板写检查，并警告说态度不好要罚款——宣传没搞成，还惹出了乱子。事情反馈到了办公室，办公室秘书人员经过调查了解情况后，向老板建议搞一次别开生面的公关活动。两天后的上午，老板带领全体员工高举企业标志和“关爱市容、保护环境”的大幅标语，带着一面绣有“环保卫士”四个大字的锦旗，敲锣打鼓，向城建局进发。他们为过失向社会公开道歉，并向有关部门表达敬意。一路上，许多市民驻足观看，有些人还尾随队伍之后。到了城建局，局领导早已等候在门口，电视台记者也闻讯赶到。老板公开向公众道歉并向城建局敬献了锦旗。整个过程都被记者录下，上了新闻。这是一次典型的外部公关活动，办公室秘书人员运用公关手段使坏事变成了好事。他们不仅免遭处罚，而且赢得了有关方面和广大市民的好感，树立了企业对社会负责的良好形象，扩大了企业的影响。

四、以塑造形象为目的

公共关系活动执意追求良好的公共关系状态，而这种良好的公共关系状态又具体表现为一个组织机构在社会公众心目中享有良好的信誉和形象。组织形象是公共关系的核心，是贯穿公共关系理论与运作的一条主线。一般的公共关系定义都指出：公共关系是社会组织为了塑造自身良好形象，通过运用各种传播、沟通手段来影响公众，协调与公众的关系，增进自身效益和社会效益的一门科学与艺术。因此，组织的公共关系活动必须坚持以塑造、维护组织形象为目的。

良好的社会形象是组织无形的资产，有了良好的社会形象，就会赢得理想的社会舆论，从而为社会各界加强对本组织的了解、信任、好感与合作打下基础。组织在社会公众中信誉卓著，形象美好，就能因此而吸引更多的公众，招揽优秀的人才，增强组织的凝聚力，增强员工的向心力、归属感和自豪感，能较容易地吸引投资和争取各种渠道的资源，受到公众的赞誉，使组织在激烈的社会竞争中兴旺发达，立于不败之地。

五、以政策法律为准绳

公关讲求标新立异，公关创意可以天马行空，只有这样才能达到意想不到的公关效果，制造轰动效应。但是，再大胆的设想、再好的公关创意，也不能偏离国家政策，不能违背国家法律法规。秘书公关工作人员在公关活动策划阶段就必须了解国家相关政策，熟悉相关法律法规，可以就某项公关活动请教法律部门，也可以聘请法律顾问。组织的公关活动一定要以政策、法律为准绳，以免给组织造成经济损失和不良法律后果，损害组织形象。

案例 3—3

1997 年，全国开展了“消除不良文化影响”的活动，餐饮娱乐业首当其冲。不合乎健康、积极文化影响的企业被纷纷曝光摘牌。某市一家叫“帝苑”的中外合资餐饮娱乐城，自开业就一直是生意红火，但社会公众也颇有微词，消费高、秩序乱、媒体关系紧张，店名也显然不合时宜，怎么办？一个公关课题摆在了企业面前。企业管理层经过反复研究，决定以异词为契机搞一次公关活动，矫正形象，顺畅关系，制造新闻，正面传播自己。为此，策划了一个更名仪式，把“帝苑”更名为“五洲”，请来了全市各大媒体的记者，举行了“帝苑成过去，五洲赢未来”的更名仪式。此举受到市文化局等相关部门和新闻单位的高度重视和好评，各家媒体都做了大篇幅的报道，使该企业的形象有了大幅度的提升。

六、以创新为灵魂

一切事物都在发展变化之中，没有变化，发展也就无从谈起。公共关系是一个崭新的事业，是植根于现代社会文明的基础之上的。然而，现代社会绝不会停滞不前，它仍在发生日新月异的变化，各种高科技的发展运用，已影响到我们社会生活的方方面面。毫无疑问，为了适应这种不断发展变化的社会，公共关系出于自身的发展需求，公关观念、内容、方法、创意也必须不断创新，方能保持勃勃生机。正是出于这样的一个认识，我们才明确提出不断创新是公共关系的灵魂这个理念。它同样是公共关系的一个重要原则。

2000 年 6 月 30 日，美国《科学》杂志出版，江泽民同志在为这期杂志撰写的社论中说："中国将致力于建设国家创新体系、通过营造良好的环境，推进知识创新、技术创新和体制创新，提高全社会创新意识和国家创新能力，这是中国实现跨世纪发展的必由之路。"在这段话中，江泽民连着说了六个"创新"，这无疑为中国在新时期的发展指明了方向。公共关系作为一项社会分工，它的发展理应遵循这个大方向，这是毫无疑义的。但就公共关系本身工作特点而言，它的创新应围绕观念创新、方法创新及内容创新做文章，但在根本的目的性方面，两者是一致的。

（一）观念的创新是决定性的创新

人们常说"四个现代化，关键是观念现代化"，又说"改革，改革，首先是观念改革"。这确实很有道理，也符合客观实际。试想，如果不是邓小平断然摆脱"以阶级斗争为纲"的旧思维，而代之"以经济建设为中心"的新观念，我们国家能发生这么大的变化吗？事实上，公共关系能在中国兴起、发展，本身就是人们观念创新的产物。当然，公共关系的继续发展，仍取决于人们的观念不断创新。没有创新，公共关系也就失去生命力了。公共关系如何体现观念上的创新，这是一个较大的课题，但完全可以集中到一点讲，那就是公共关系的开展一定要顺应历史发展潮流，要分析新情况、研究新形势、解决新问题。

世界经济一体化、网络经济等新情况的出现，都促使公共关系部门必须实行观念创新，以寻求新的发展，否则，观念滞后、保守，势必会造成一步被动、步步被动的不利局面。

（二）方法创新是提高工作效率的保证

做任何事情都要讲究方法，有了好的方法，就能事半功倍，反之就会事倍功半。公共关系是一项新型的事业，要与各种各样的人打交道，其工作自然也就更要重视方法问题。因此，为了提高公共关系的工作效率，其工作方法的不断创新，也就意义重大了。

公共关系工作方法的创新，主要应立足于这样一个基点，那就是充分发挥人的主观能动性，有效利用现代科学技术及产品。只有如此，才能在工作方法上不断创新，切实提高工作效率。这一认识与古人所说的"眉头一皱，计上心头"及"工欲善其事，必先利其器"在道理上是一致的。

公共关系的重点是传播信息，沟通组织与公众之间的联系，塑造组织的良好形象。信息的传播与沟通，追求的是快捷、灵通、有效，但如果仅仅停留在只是简单地利用大众媒介，那就很难达到最佳效果。作为公众，他们对待与自己相关的信息，自然也期望先睹为快、先听为喜。所以，公共关系部门就应主动地利用一切可以利用的传播工具及技术，如电话、传真机、光盘、互联网、电影、电视、录像等，以最大限度地提高工作效率。只要充分发挥有关人员的主观能动性，并有效运用管理学、心理学、传播学、社会学等方面的知识，工作方法就能不断创新，从而为公共关系工作的开展创造一个又一个新天地。

（三）内容创新是公共关系的活力所在

公共关系工作面对的是各种各样的公众，而随着社会的不断进步，公众的情况又会发生相应的变化。毫无疑问，适应这种变化，不断地调整或变更有关工作项目的内容，也是公共关系工作如何开展的一个重要课题。

按照以往的经验，公共关系工作的开展一般都是搞接待、开座谈会、发新闻之类。这本身当然没有错，但问题是这种类似"老三篇"的工作内容或项目，已不大容易得到公众的热情配合，人们对它的兴趣已不是很高了。同样的道理，流于形式的所谓公益活动，一般都是出点钱了事，也很难取得有效的成果。此外，一成不变的服务项目或内容，也同样吊不起公众胃口。在这些方面，其实还大有文章可做，关键是要精心策划出富有新意的工作内容与项目，不断地激发公众的兴趣与热情，从而使公共关系工作做得有声有色。

如何在工作内容上推陈出新，关键在于要适合时代的变化，要研究公众不断变化的各种消费或服务需求。毫无疑问，从自身组织利益出发，组织的公共关系部门理应不断设计推出新的经营项目或服务内容。近几年来，曾在我国公共关系实践和理论领域发挥过先驱作用的城市，如上海、深圳、北京、广州等，又连出新招，先后开设了各种特色经营店，如陶吧、玩具吧、球迷吧等，受到许多有兴趣的公众的欢迎。如一些爱好手工制作陶器的人，可以在陶吧过把瘾，还可以将自己制作的器皿买下，留作纪念；又如一些饭店根据不少市民过年亲人团聚不想自己做饭而想上酒家聚餐的需求，推出了"年饭送全家福照片"这一新的公关营销活动，深受大众欢迎。

复习思考题

1. 举例说明公共关系的职能。
2. 公共关系的作用有哪些？
3. 开展公共关系活动应遵循哪些原则？

第四章

秘书公关类型

引例：某饭店经营特色鲜明，装修豪华时尚，一开业就吸引了众多食客，生意日渐火爆。但随之而来的却是一系列问题，如客户投诉、反映上菜速度慢，有些服务生对本店特色菜一无所知，与后厨经常发生矛盾，而餐厅经理和厨师长之间也常有冲突。为此，总经理指示秘书办公室对这些事进行调查处理。

秘书办公室经过内部员工调查，发现了餐厅与后厨之间的许多问题：餐厅服务生抱怨员工伙食太差，还经常在员工餐中发现头发，烟头之类的东西；厨师的伙食要比他们的员工餐好得多。本店特色菜很多，但厨师也不认真向服务员说明，反而说服务员无知，态度也不好；厨师抱怨服务生总是在“催菜”，客人多忙不过来时，上菜慢应该由服务员给客人解释，当有客户对菜品挑毛病时，服务员不做任何解释工作，就直接退回后厨。这种种原因，反映出两个部门间的冲突已是由来已久。针对这些情况，办公室采取了一系列针对性措施：一是请专家对员工进行素质培训，重点讲解团队精神、人际沟通、全员营销的相关知识；二是创刊《员工之家》内部刊物，员工在刊物上发表意见，摆出问题，形成正式的沟通渠道；三是组织厨师长定期对服务员进行菜品知识的培训；四是严格管理，规定厨师和服务生一起用餐，统一标准；五是明确二线为一线服务的方针，后厨应为一线服务员服务，服务员工作由客户评价，厨师工作由服务员根据顾客反映来评价。

通过三个多月持续不断地协调运作，终于使两个部门关系顺畅、和谐了起来，保障了饭店的良性发展。

这是典型的内部公关成功的案例。这家饭店的秘书办公室是负责任的，内部公关工作也是妥当的。他们把协调矛盾当作一个系统工程来对待，并不是头痛医头，脚痛医脚，机械地去当救火队，而是针对造成问题的种种原因，采取了多项举措，消除各种矛盾。

公共关系的类型，按照公共关系活动的主体身份、工作对象、功能体现进行划分，可分为主体或部门公共关系、对象公共关系和功能公共关系三大类。对公共关系活动进行分类考察，有助于我们从公共关系的主体即社会组织、公共关系的客体即公众、公共关系的过程即信息传播三种角度把握公共关系的工作目标，制订相应的工作计划，并采取合适的传播策略和方法。

第一节　主体或部门公共关系

在公共关系的一系列活动中，真正扮演主角、起主导作用的是各个主体社会组织或部门，而公众则是其工作活动的客体或对象。由于主体或部门间各有差异，他们各自的公共关系工作内容和方式也会有所差异。因此，不同的主体或部门的秘书公关侧重点也有所不同。我们有必要按主体身份的不同，对几种不同的、较有代表性的公共关系分别加以阐述，并对其公共关系工作实务的特色进行分析。

一、企业公共关系

所谓企业公共关系，就是以企业为主体的公共关系。企业是当今世界公共关系实务运用得最广泛、最经常的组织，企业公共关系也是当今公共关系研究成果最多的领域。中国现代公共关系的实践，最早也是从企业起步的，在目前及今后相当长的一段时间内，企业公共关系仍将是理论研究的重点和实践发展最快的一种类型。

企业公共关系活动的核心是在公众中树立起良好的形象，以利于社会组织获得与公众一致的共同利益。这一点是所有组织公共关系的共性，与一般公共关系并无二致。但企业公共关系的工作目标又有其自身特点，企业一般是围绕以下三个方面来开展它们的公共关系活动的。

（一）把树立形象的任务渗透到企业管理中

现代管理学理论认为，现代企业的运行实质上是管理者对人流、物流、资金流、信息流进行综合调节控制的过程。公共关系工作从企业管理角度看，实际上是对信息流进行综合调节控制的一个职能分工部门。树立企业的良好形象，首先就是要在信息的流动或运动中，将所要传达的形象信息（含产品形象、企业自身形象）通过各种传播手段传递出去，并对所有涉及企业形象问题的信息流通环节进行严格把关。

（二）广结人缘

企业要在社会中生存发展，除了要有良好的形象外，还要有一个尽可能广泛的横向联系网，以争取尽可能多的支持与帮助。树立形象好比是确立一个中心，广结人缘则是将大家的视线都吸引到这个中心上来。广结人缘既是树立形象的基础，又能使企业的良好形象通过广泛的横向联系网辐射出去。

（三）开拓市场

企业的中心任务是通过向社会提供产品和服务，取得更大的经济效益，但要达到这样的目的，就必须维护和开拓市场。因此，企业在致力于开发产品的同时，需投入人力和财力进行市场营销和策划。这主要包括市场教育、二次（售后）服务、消费咨询、社会培训等公共关系活动。但这些活动大多由企业的市场营销负责操作，它的公共关系部门应在整合协调的原则下做好自己分内的信息沟通和传播工作，未必直接参与产品销售。企业公共关系的作用主要是争取和吸引稳定的消费公众和保证本企业的市场占有率稳步上升。

二、商业公共关系和服务业公共关系

商业公共关系、服务业公共关系就是以商业、服务业为主体的公共关系。严格地说，商业与服务业两者有区别，前者是向消费市场提供物质商品，后者以提供劳力或技艺服务来满足顾客需要。但两者又有共性，往往都是以工作人员与顾客的直接接触来开展活动的，常常是你中有我，我中有你。基于自身特点，商业和服务业有以下三项公共关系任务。

（一）帮助管理层和员工确立优质服务、顾客至上的原则

具体来说，商业和服务业的公共关系部门首先要使每一位工作人员都明白：自己所在组织的经济效益只有通过最大限度地满足顾客需要才能取得，而这种满足在很大程度上取决于组织成员日常的面对面服务经营水平；其次是提醒各职能管理部门千方百计地扩大货源，增加花色品种，保证商品采购的质量，提供种种便利措施（如送货上门、免费安装、包教包会、包退包换等），以吸引顾客不断光顾。

（二）抓住有利时机，开展宣传攻势

商业、服务业的工作是以直接满足消费公众的各种需求为中心展开的，但社会公众的消费需求有着很强的季节性和周期性，因此，如何利用各种时机来

及时开展宣传攻势，就成为商业、服务业公共关系的又一重要内容。纵观各类消费市场，商业和服务业部门还总把推出新项目、新的促销计划作为重点来宣传。这说明抓住时机开展宣传在商业公共关系和服务业公共关系中是一项重要活动。

(三) 捕捉市场信息，率先占领市场

此处所说的市场，既可泛指社会消费公众的消费能力、消费水平、消费质量、消费后备力的总和，又可指某个特定行业在某个特定地区的特定消费群体和消费能力。由于商业、服务业的生存发展与社会公众的消费状态密切相关，因此，捕捉任何一种足以引起市场变化的公众消费倾向的信息就成为商业、服务业公共关系中的又一工作内容。从某种意义上说，这方面的工作效果较易体现，但也最难挖掘，它需要长期地实践与科学系统地分析才能为成功奠定基础。

三、金融业公共关系

金融业公共关系就是以金融业为主体的公共关系。金融业，即经营货币资金融通的行业，具体包括与货币的发行、流通、回笼业务有关的银行及与其关系密切的证券公司、信托投资公司、信用社等。鉴于银行最具有代表性，我们就以银行为例来做讨论。

在计划经济体制下，我国实行单一银行制度，银行业由中国人民银行一统天下。改革开放，特别是近十多年来，情况有了许多变化，例如，四大专业银行以外的股份制商业银行有所发展，从事存贷业务的信用社等非银行金融机构也艰难地保持自己的业务，但到目前为止，四家国有商业银行（中国工商银行、中国银行、中国农业银行、中国建设银行）在整个银行体系中仍然占据着垄断地位，其市场份额仍然占绝大部分。此外，四家国有商业银行在结算业务、外汇业务等方面也占有垄断优势。金融业的这种垄断优势，为它带来了比其他社会行业更高的经济收入与社会地位。也正因为如此，我们认为，金融业公共关系的立足点就应更高，它不仅应在吸储社会游资、发放社会贷款、参与社会投资等方面发挥自身的独特作用，还应将参与社会诚信建设、塑造良好的服务窗口形象、赢得广泛的社会信任作为其工作的重点与目标。

随着经济改革的深化，中国的四大国有商业银行的改革也进入了实质启动阶段。中国加入 WTO 之后，大批境外银行纷纷进入中国开展业务，国内银行之间和国内银行与国际银行之间的业务竞争将更趋激烈，这种情况也势必会促使中国金融业制定高屋建瓴的公共关系策略，开展国际一流水平的公共关系活动。

有鉴于此，金融业公共关系应重视以下几方面的工作：

（1）及时公布一切允许公开的金融信息。这类信息主要有汇率、利率、有关金融的政策、法规等。

（2）尊重客户，为客户提供优质服务。这方面值得做的工作有很多，但主要有为客户做好参谋，提供好的投资及贷款方式，为客户理好财、用好财，并尽可能简化有关手续。

（3）做好金融宣传工作。可利用橱窗、手册之类，及时而有效地宣传新的服务项目、使用方法、申办手续等。

（4）切实执行金融法规，保护人民财产。不能搞违规的人情贷款、领导贷款，堵住骗贷、骗汇及任何形式的金融犯罪，严防人民财产流失。

四、政府公共关系

政府公共关系是以各级政府为主体、以广大内外公众为客体的一种特殊的公共关系类型。政府公共关系活动是指政府为了更好地管理社会事务、争取公众对政府工作的理解和支持而塑造良好的形象，同时运用传播手段与社会公众建立、协调、改善关系的政府行为。

政府公关的特殊性主要表现在以下两个方面。

（一）构成要素的性质特殊

政府公共关系主体具有层次性、权威性和唯一性，可分为中央政府和地方政府。公关客体具有广泛性、复杂性和相对性，可分为外部公众、内部公众和辖区公众。政府掌握着大量的传播工具，政府与辖区公众之间具有上级与下级的严密组织关系，因此，政府公关的传播条件具有主动灵活、覆盖宽广等综合优势。

（二）公关的目标任务特殊

政府公关的主要目标是提高政府的美誉度。我国政府公关的宗旨是全心全意为人民服务，通过广泛周到的社会服务满足公众不断提高的物质期待和精神需求，树立“廉洁、勤政、务实、高效”的政府形象。

政府的职能是对国家各个方面的事务进行指导、管理、协调、监督、保卫、服务。由于权力在实行过程中对当事人必然带有权威性、不可更移性、强制性的特点，因此，在政府公共关系中如何体现“公众利益第一”的观念就成为首要目标。这方面的具体工作有以下四个方面：

（1）认真倾听公众呼声。其目的是借以了解公众对政府的印象、评价和期待，并以此作为施政参考。

（2）为公众办实事、谋实利。这主要指提高政府的管理效益，真正造福于人民、造福于社会。

（3）发挥新闻媒介的作用。一方面扩大对政府方针、政策的宣传，另一方面加强"舆论监督"的作用。

(4) 开辟政府与民众之间的多种联系渠道。如定期召开"新闻发布会"、设立"市长信箱"和"专线电话"、"首长接待日"等联系形式，以尽可能地加强与公众的联系，树立良好形象。

在后信息社会，信息爆炸性激增已经成为包括政府工作人员在内的所有公众必须关注的现象，这就使政府机构越来越多地担负起信息总汇的角色。如何有效地收集、处理、存储、传播信息就成为政府公共关系的重要目标。这方面的具体工作有以下两方面：

(1) 主动地、有计划地收集信息。这包括广泛地开展各种类型的国情民意社会调查，充分掌握各种最新资料；设立专门的调查统计机构，使信息收集、整理工作做到部门化、专业化、定期化、科学定量化。

(2) 及时、公开地传播信息。这指的是尽快通过各种信息传播媒介（报刊、电台、电视、网络、公告等）和渠道（新闻发布会、记者招待会、人民代表咨询或座谈会等）向社会各界公众公开发布，并不断向新闻媒介提供社会公众关注的舆论材料。

政府工作人员代表国家行使权力，他们的素质、效率、作风都会直接关系到政事的成败，也直接代表着政府形象。因此，把政府工作人员的有关情况公开化是政府公共关系的又一个任务。其具体内容包括：定期公布政府工作人员的政绩，对其中升迁、罢黜者要向社会公众交代理由，干部的述职报告应由社会公众代表签署意见；政府工作人员所享有的经济待遇、福利标准以及家庭情况除涉及法律规定的隐私范围外，都应让社会各界知晓，其个人情况的"透明度"应高于社会一般公众；尽可能向社会公众介绍担任要职的政府工作人员的背景情况（如家庭籍贯、文化程度、学术成果、工作业绩等)。其意义有二，一可让公众产生亲近感，有利于融洽干群关系；二可扩大本人知名度，使其工作开展有较好的公众基础。

自 20 世纪 90 年代以来，我国各级政府开展公共关系活动的自觉性大为提高，并在以下方面取得了令人瞩目的进展："重视民意、广泛沟通，体现公众至上；惩治腐败、依法治国，塑造廉洁形象；多办实事、兑现承诺，树立公仆形象；宣传模范、弘扬英雄，展示政府正义形象；全面发挥公关功能，建设地区形象；监测趋势，协调关系，促进经济发展等。

除以上几点外，近几年我国政府的公关实践在促进国家统一、保持大局稳定、拓展国际影响、搞活国有企业、调整政府机构、分流机关干部、组建创新体系、安置下岗职工、实施科教兴国战略、启动希望工程、抗御特大自然灾害和公共卫生危机等方面也都取得了明显成效。

根据目前全国政治、经济、文化的发展进程，政府部门可以从以下五个方面来加强和改进自己的公关工作。

（1）培养全员公关特别是领导公关意识，积极探索具有中国特色的政府公关理论体系，有效地指导行政公关实践。

（2）以现有的“新闻发言人”制度为基础，内设精简高效的公关机构，将分散的公关职能汇集起来，有计划、有步骤、积极主动地开展公关活动。

（3）指导公关人员全力做好公关交际、公关写作、公关调查、公关策划、公关接待、公关谈判、公关传播等公关工作。

（4）以社会主义公关职业道德为基础，在发展政府公关事业的同时，建立和完善有利于促进社会主义市场经济发展，符合社会主义精神文明、政治文明的政府公关职业道德规范。

政府公关作为一种特殊类型的公共关系，必将在加强社会主义民主与法制建设、发展社会主义市场经济、实现新形势下的政府宏观调控职能和服务职能、构建和谐社会等方面发挥巨大而持久的推动作用。

五、事业、团体公共关系

事业组织是指为适应社会需要而由国家提供资金设立的专门性机构，如学校、博物馆、图书馆等。团体组织是指具有共同利益或背景的人们为实现某种社会理想而自愿结合形成的非营利性组织，如专业学术团体、少数民族团体、宗教团体、残疾人团体、妇女团体等。这两者在“非营利性”上是一致的，故列入一类论述。事业、团体组织由于自身的特点，其公共关系工作除了具有一般公共关系的共性任务（如建立自身良好形象、扩大社会影响）之外，还要突出以下公关工作。

（一）要树立高于一般社会认识水平和道德水准的组织形象

此类社会组织的公关形象建设必须体现下列特点：

第一，组织担当的崇高社会道义责任；第二，组织为社会作贡献的献身精神；第三，组织成员有较高的文化知识水平和社会公德规范。

（二）在社会舆论形式中，保持和发挥自身的独特优势作用

事业、团体组织在社会利益关系格局中处于较超脱的地位，故它们对社会各种问题的看法会受到社会各个方面的重视，并成为社会舆论的主要倾向。因此，事业、团体组织公共关系可以在两方面显示作用。一是通过参政议政来显示自身价值，争取社会各界的理解与承认，二是以身作则，在社会各界公众中带头建立一种良好的社会行为作风，并对不良风气勇于抨击。

（三）积极参与和组织各种社会活动

这类社会活动主要围绕某个公益目标进行，参加原则是自愿、平等，而且又没有什么功利色彩，所以公众对此有着普遍接受的心理基础。事业、团体组

织一般财力有限，在活动中主要起领导、发起组织、联络的作用。这类活动既可使广大社会公众受益，又可扩大组织自身的影响，而且组织还能在与社会各界公众的沟通中得到帮助和支持。

六、社会公众人物的公共关系

社会公众人物也称社会性个人。他们与一般个人的不同，主要在于他们有较高的社会知名度，是广受公众关注的人物。社会公众人物以社会明星或社会热点人物（如影星、歌星、球星、畅销书作家、探险家、重大事件主角等）为代表，而不少高级政客（如议员、政府内阁成员等）及社会活动家（如慈善家、热心社会公众事务的活动家等）也属此列。

由于以上这类人物社会身份特殊，社会声誉高，社会影响大，他们的一言一行、一举一动往往很自然地广受媒体及公众的关注，因此，公众对他们的期望也就比一般人要高。公众不仅期待他们在所属职业领域中表现优异、出类拔萃，而且对他们的待人处世也提出了更高的道德要求。从社会公众人物自身出发，为了促进自己在事业上进一步发展，为了延续、扩大、提高自己的知名度，他们也有必要、有目的地去争取更多的公众与舆论的支持。正是在此基础上，社会公众人物有意识地去主动开展公共关系活动，就成为理所当然的一件工作了。

在西方国家，社会公众人物公共关系活动的开展已经由来已久，美国影坛著名童星秀兰·邓波儿当年以天真活泼、淘气可爱的银幕形象风靡世界，征服了亿万影迷的心，成年以后，她一方面仍从事演艺活动，另一方面则有效地利用了自己创造的社会声誉与形象，成功地充当了民间亲善与和平使节的角色，受到所到国家与地区人民广泛而热烈的欢迎。此外，拳王阿里、篮球巨星乔丹等，都以各自不同的方式，成功地开展了公共关系活动，赢得了广大公众的青睐。在我国，随着改革开放的深入，社会公众人物的公共关系活动也有所开展，并取得了一定成绩。

与其他主体公共关系相比，社会公众人物有着自身的特殊性，他们在具体开展自身的公共关系活动时，应经常告诫自己做好以下几点。

（一）要多参加社会公益活动

社会公众人物不仅仍要做好本职工作，在可能的情况下，还应争取多参加一些社会公益活动，如扶助孤老事业、挽救失足青年、资助失学儿童等，他们的社会声望将有助于社会公益活动的推进。

（二）要严格要求自己，时时注意维护自己的形象

社会公众人物应该十分珍惜自己的名望，不要娇惯自己，更不可自恃特殊而骄横跋扈，切忌闹出罢演、漏税、做假广告之类的风波，而要时时刻刻做遵纪守法的楷模、待人接物的表率。

（三）要善于与媒体打交道

社会公众人物的成功离不开媒体的宣传以至炒作，但弄得不好，媒体也可能搞得社会公众人物灰头土脸、名誉扫地。2000 年 8 月，美国共和党总统候选人小布什在一次集会上悄悄骂了某记者一句，结果遭到媒体铺天盖地的批评，民意支持率也骤然下降。因此，在尊重事实、恪守新闻规范的前提下，社会公众人物应积极配合媒体的采访、报道，以更好地传播有关信息及塑造美好形象。

第二节　对象公共关系

对象公共关系主要是按照公众的横向划分，进一步分别论述各类公共关系的特点和具体工作内容。一般来说，有多少类公众就有多少类对象公共关系，但由于各类公众对象间往往有较多相似成分，所以我们拟从大处着眼，将对象公共关系划为以下主要大类。

一、员工关系

任何组织因其性质不同，其所面临的公众对象也不同，但有一个共同点，即每个组织都有自己的员工。因为员工是组织的细胞，组织的目标只有通过他们的合理分工并各尽其责才能实现，所谓“内求团结”方能“外求发展”的道理就在这里。所谓只有做到了“员工第一”，才能真正做到“顾客第一”，也是这个道理。另外，每个员工对外都直接代表着组织的形象，不论是从事外部事务工作的，还是承担内部分工任务的，都是如此。鉴于这一点，员工关系不仅是一个组织全员公关的基础，而且也是对象公共关系中最基本、最重要的一类。良好的员工关系是组织开展其他方面的公共关系必须具有的保证。

员工公共关系的基本任务有两个，第一是培养员工对本组织的认同感、归属感（或称向心力、凝聚力）；第二是创造和谐融洽的人事环境。要圆满完成这两项任务，可从以下四个方面着手。

（一）了解员工，承认和尊重员工的个人价值

这也是现代管理学中的一个核心理念。当前，我国的组织在这方面的主要做法是密切干群关系、完善奖励制度、提高工作条件、管好用好个人档案等。

（二）在组织领导与基层群众间建立体制化的联系渠道

具体做法包括：定期召开对话会、重视员工合理化建议、发挥各类自控传播媒介（如本单位报纸、刊物、电台等）的作用、定期进行专题性的民意测验等。

（三）对员工进行多种能力培训，开发潜力资源

对员工的能力培训不仅要有业务性的课题，也要兼顾非业务性的内容，并可采取内部与外部、长期与短期、脱产与不脱产等多种形式，以全面提高员工素质，发挥其工作积极性。

（四）组织各种联谊、福利活动

诸如文艺演出、体育比赛、舞会、旅游、参观等，以联络感情、调节精神。此外，组织的公共关系部门应时常提醒管理高层关心员工的家庭生活，及时为他们排忧解难，协助有关部门落实组织对员工的各种福利承诺，使他们专心工作而无后顾之忧。

二、消费者关系

消费者关系是组织外部公共关系中最重要的一类。因为，一方面，组织自身目标的最终实现与否就直接取决于它与消费者的关系如何处理；另一方面，对组织外部公共关系来说，消费者也是与组织关系最为广泛和密切的一类公众，他们不但分布广（如城市与乡村、国内与国外）、种类多（如工人与农民、妇女与儿童），而且往往表现为具体的人与人之间的直接互动，如销售与购买、服务与服务消费等。此外，消费者关系并不局限于生产或推销生活资料的组织，也包括生产或推销生产资料（如钢材、矿石、木材）以及精神产品（如书籍、报刊或非物化的服务项目，如导游、表演）的组织。也就是说，一切生产或推销物质和精神产品供社会消费的组织，都有着消费者关系。

“顾客总是正确的”，这一句口号可看作是组织处理与消费者关系的一般原则，它不但概括了组织与消费者关系状态的最佳境界，而且直接反映了组织在处理、调节与消费者关系时应该持有的基本态度。事实也如此，本着对公众负责的精神以及维护与发展自身利益的目的，组织应主动调节好与消费者之间的关系，具体做法有以下四条。

（一）根据消费者特点，协助职能部门制定合适的优质服务程序，创造最佳的消费环境

比如，服装就不同于食品、书籍、家电等其他消费品，应该制定相应的服务措施，可设立男女各式服装专柜、代人剪裁、定制特型服装等，布置模特儿、穿衣镜、试衣间等设施，为消费者选购服装创造相宜的服务环境。

（二）以消费品为桥梁，配合营销部门与消费者建立长期而稳定的关系，开发消费者所蕴藏的消费潜力

以出版社、书店为例，将书籍卖出去并不是与购书者关系的终结，而是这种关系的建立和发展的开始。书商可用面对面的小型座谈会或不见面的互联网，获取读者对图书出版、发行和销售工作的看法，并以之作为今后如何优化出版选题、扩大发行、改变图书上柜品种的参考。

（三）为保障消费者权利而制定具体的维护措施，其原则内容主要有安全、陈述、选择、知晓四个方面

以食品为例，组织应对消费者的卫生健康负责，允许消费者陈述其对消费品的意见，保证消费者有选择消费品的自由，消费者有了解（知晓）有关商品的性能、使用、保管等情况的权利。一个组织只有把握好了上述四个原则，才有可能搞好消费者关系。公关人员的工作就是配合管理层和职能部门，想方设法把这些原则落到实处。

（四）想消费者所想，急消费者所急，配合和协助职能部门不断开发适应消费者需要的新产品或服务方式

随着社会整体消费水平、消费品位、消费期待的不断提高，消费者对各种消费品无论从品种、款式上，还是性能、内容上，都会产生新的需求和愿望。这种需求和愿望可以变为无限商机，变为扩大和深化消费者关系的极佳机会。

三、政府关系

政府不仅是公共关系的主体，而且无一例外的又是公共关系的对象。政府在公共关系中“主”、“客”角色互换后，其公关行为也应作相应的调整。将政府当作一种特殊的公众来看待，是公共关系实践与理论的一大发展。国外公共关系已在这方面积累了不少经验，我国则处于起步阶段。用历史发展的眼光来看，今后我国这方面的工作一定会开展得更广泛、更深入。我们将结合国外经验与国内实际，对政府作为公共关系的对象与“主体”地位相悖的这一特点，概括地作些阐述。

这里所说的政府含有不同层次，从纵向说有中央政府与各级地方政府，就横向看有承担各种不同职能的政府部门，有立法部门、司法部门和执法部门，还有工商管理、税务管理、土地管理、司法管理部门等。众所周知，政府是对社会进行统一管理的权力机构，没有它的有效管理，社会的整体运行就无法正常进行。组织是社会整体运行的一部分，当然免不了要与政府发生关系。由于政府与组织之间是一种管理与被管理的关系，所以这也就决定了组织对政府关系的基本特点与原则。

（一）自觉接受政府的管理和指导，恪守政府有关政策法令

组织在具体的运行过程中，应妥善处理国家利益与组织利益的关系，切实按有关规定上缴税额，及时、全面、准确地掌握与研究政府所颁发的有关政策、法令内容，注意按照其内容变化相应调整本组织的决策方向及实施计划。

（二）主动给政府部门提供信息

尽管组织属政府管辖，但政府为管理社会而制定的政策皆根据所掌握的基层情况而定。组织如在提供信息方面主动做好沟通工作，那就能促使政府所制定的政策法令更加客观、合理，并有利于组织。

（三）积极向政府部门就其政策和工作提出合理化建议，主动配合政府工作人员搞好公众服务、亲民施政，协助改善政府在社会公众心目中的形象和美誉度

从表面上看，上述基本特点和原则似乎都在说如何接受政府管理、如何帮助政府做好上下疏通的工作。其实，这正是搞好政府关系的要旨和诀窍。一个组织能如此支持政府，配合政府部门的工作，努力改善政府关系，必然会得到政府重视与支持。

四、媒介关系

媒介是英语“media”的汉译，一般指社会上的新闻传播机构或工具，其中包括报纸、杂志、书刊、广播、电视、通讯社、互联网站等。在社会分工中，新闻传播媒介是专门从事向社会公众传播新闻和各种信息的。就新闻、传播媒介作为组织的外部公共关系公众而言，它一方面是组织的公共关系对象——公众，另一方面又负有将组织的有关信息扩散、传播出去的社会责任。由于新闻传播媒介具有的信息传播功能直接关系到组织的信息扩散及它在公众舆论中的形象，所以媒介关系就很自然地在组织外部公共关系事务中占据重要的地位。组织的公共关系活动离不开传播媒介，正因为如此，组织对媒介关系的成功与否也就主要取决于以下两点。

（一）组织的公共关系从业人员是否熟悉、了解新闻传播活动的特点和规律以及新闻传播媒介机构的工作方式

这一点对组织与新闻媒介搞好关系至关重要，如果公关从业人员对此了如指掌、稔熟于心，就能运用新闻媒介开展更有效的工作。这样的公关人员能主动为新闻传播媒介提供有价值的新闻线索，能不失时机地召开记者招待会或新闻发布会，能积极提供方便以配合新闻媒介人员的工作，也只有这样，才能争取到新闻传播媒介对组织的支持。此外，有经验的公关人员在广告设计上、自身宣传文章的措辞把握上，也常虚心听取媒介朋友的意见，以便用最佳的宣传内容与形式，通过最佳的传播载体，获得最佳的宣传效果。

（二）组织能否正确对待新闻媒介关于本组织信息的传播

这有两方面的含义，一是如何对待有利于本组织的信息传播（如表扬性报道），二是怎样看待不利于本组织的信息传播（如批评性报道）。总的来说，组织的正确态度应该是主动提供客观、公正、全面的事实，包括媒介人员可能误解或不甚掌握的事实，态度恳切地、实事求是地把事情的缘由和来龙去脉交代清楚。在此前提下，对有利的报道应保持冷静、谦虚，将其作为本组织继续发展的动力与契机，切忌头脑发热，忘乎所以；对不利的传播应持“有则改之、无则加勉”的态度，正视舆论，尊重新闻、传播媒介，并及时、主动地将组织的最新发展情况或补救措施提供给有关人员，以获得媒介的理解和支持。

五、社区关系

社区是社会学上的一个概念，意为具有社会功能的一定地理区域，如乡镇、街道居住小区或小区群等，是人们共同拥有的生存空间。任何一个社会组织的存在都离不开一个具体的社区，也必然要与社区公众发生这样或那样的联系。对社区关系处理的好坏，将直接影响到组织在相关社区的生存、发展和它的整体形象。

在一个社区内，组织常常是颇具人力、物力和财力的社会成员。许多组织的社区关系重点应着眼于尽可能满足该社区对它的基本要求。这方面的工作具体包括四个方面。

第一，组织应尽可能避免或减少自身活动对社区其他公众正常活动的影响。例如生产性组织应该努力做好废水、废烟、废气的“三废”控制与治理，努力减少噪声，注意安全生产，为自己树立一个有责任感的社区成员的形象。

第二，组织的经济、文化、科研等活动应先立足于本社区，在可能的情况下应视当地公众为最基本、最直接的顾客，了解其动向与需求变化，尽可能予以满足。大量实例证明，立足本地常是一个组织向区域、全国以至世界市场拓展的前提与基础。

第三，尽可能将组织内部非生产性、专业性的文化、福利设施向社会开放，使社区公众都能分享。同时，适当安排社区内公众参观本组织，以使他们对组织的性质、活动有更深了解，便于维护长期和谐的关系，得到公众的理解与支持。

第四，积极承担社区内的公共事务或公益活动。比如捐助或修建公共设施（如公园、道路、风雨亭、室内菜场、图书馆等）、维护社区治安、出资组织或赞助文艺表演或体育竞赛、提供义务性的专业服务、兴办第三产业等。这不但能施惠社区公众，而且大大有助于提高本组织的美誉度，塑造本组织的良好形象。

六、股东关系

股东关系就是组织与投资者的关系，多存在于营利性组织（如股份公司、合资企业等），但事业团体组织（如博物馆、科技工作者协会等）与赞助者、基金会的关系也可归入这一类。股东关系在西方国家公共关系中是一热门课题，因为他们的股份公司或股份企业普遍存在。随着20世纪80年代中后期国内改革的深入，特别是1992年春天邓小平南行之后，上百家股份公司的股票在上海、深圳两地的证券交易所上市，股东关系已日益受到有关方面的重视。

股东是股份公司的财政支持者，它为组织的发展提供了重要的经济基础。股东关系的基本目的就是稳定已有的股东队伍，吸引潜在的投资者。根据这一要求，在处理股东关系时应注意以下要点。

（一）尊重股东的主人翁意识

股东一旦投资，就意味着其利益与组织休戚相关，便很自然地萌发出主人翁意识。在涉及股金运用和组织发展的问题上，应让股东享有决策层享有的知晓权利。平时也应建立经常的信息通报制度，让股东充分了解、关心组织运营及业绩情况。

（二）吸收和激励股东参与组织经营活动

组织应积极鼓励股东献计献策，并激发股东身体力行，既做公司产品或服务的消费者，又做它的宣传者和推销者。

（三）保证股东应有的经济权益

这里包含两个意图，一是及时地发放真实的股金红利或增配股，二是切实保障股东享有退还或转让股金的权利。如果能切实做好以上三个方面的工作，那么组织就能较好地搞好股东关系。

七、竞争对手关系

竞争对手关系常常又是同行关系。一般来说，同一种行业所面临的原料、市场、技术、设备、信息等情况基本是一致的，彼此间有着密切相关的利害关系，相互间很自然地会形成一种竞争关系。过去中国有句俗语叫“同行是冤家”，典型地概括了这一现象在历史上的表现特点。

社会上同行间的竞争法则与自然界一样，也是“优胜劣汰”、“适者生存”，这就使得同行关系显得比其他对象公共关系更为复杂一些。在有些地区和行业，同行关系常表现为你死我活的竞争，有时为了压住对手或击垮对手，同行间还不惜采取尔虞我诈、钩心斗角的不当手段。这方面的事例，古今中外比比皆是，举不胜举。小说《东风化雨》中对英商邓禄普洋行如何不择手段打击上海某华商橡胶厂作了典型描述，而当代美国“柯达”与日本“富士”彩色胶卷间的竞争，更为许多人所了解。我国的出口贸易在有些行业也经常出现“大鱼吃小鱼、小鱼吃虾米”的残酷现象。其实，同行在很多情况下是没有根本的利害冲突的，他们的利益可以是相通的，所以如何处理好与竞争对手的关系，如何把这种关系首先作为伙伴关系来处理，是有着战略意义的。

考虑到我国正在不断完善社会主义市场经济的具体国情，组织在处理同行竞争关系时应遵循以下原则。

（一）应切实把握正确的竞争目的

同行间竞争的最终目的应该是你追我赶，友谊竞赛，以谋求相互促进、共同发展。尽管彼此间竞争都是为了提高各自的经济效益，但他们的基本目的仍是为社会多做贡献。因此，应在竞争中牢牢把握正确的利益方向，而不能单从本位主义或小集团的利益出发，倾轧对手，搞垮同行。

（二）竞争的手段应光明正大

我国同行组织间的竞争绝不能违背社会公德，采取尔虞我诈、互挖墙脚、损人利己的伎俩，这种竞争即使取胜也是不光彩的。应该提倡以科学经营管理、改进技术设备、提高产品或服务质量等正当方式展开竞争，从而能使胜者心地坦然而成为表率，败者心悦诚服而奋起直追。

（三）竞争不忘协作交流

同行间虽是竞争对手，但由于彼此根本利益一致、最终目的一致，竞争对手同时又是伙伴关系。双方完全可以在共同目的的基础上，既竞争，又合作，可以相互交流技术成果与经验，可以支援人力与财力，可以共同研究解决专业难点等。从表面上看，这与竞争毫不相干，其实这是另一种意义的竞争，或者可说是提高了竞争的层次，因为能主动协作交流的一方最起码在形象、精神竞争上占了上风。

八、国际公共关系

运用公共关系的意识与原理来处理国际的交往，这还是一个尚有许多潜力可挖的公共关系领域，这一关系的宏观层次与国与国的外交关系相通。1987年11月，当时的苏联政府就成功地进行了一次国际公共关系活动，其对象是美国。当时，美苏正要缔结中导条约，苏联政府为在美国树立良好形象，争取公众舆论，首先派出一批由科学家、艺术家、宇航员、学者组成的先遣队，到美国后立即积极开展公共关系活动，无论是召开记者招待会、参观、访问，还是在与美国各方人士的接触中，皆表明和平愿望，宣传改革。在戈尔巴乔夫偕夫人抵美后，又利用接受采访、参观市容、接见儿童等各种场合继续有目的、有中心地宣传其和平主张及改革方针。这次国际公共关系活动非常成功，正如法新社 1987 年 11 月 30 日电讯所指出：戈尔巴乔夫已成了美国的超级明星。人们认为他是一位把精力集中在公开性、改革和和平问题上的年轻有为、先进的领导人。国际公共关系的这一宏观层次当然是值得重视的，我们在这里着重论述的是它的中间层次——也就是一般社会组织与外国公众之间的国际公共关系。

随着全球经济一体化趋势愈演愈烈，世界各国及地区都不可避免地卷入了国际市场的旋涡。一方面跨国公司从数量到经营范围都发展得非常迅猛，另一方面对外贸易及服务活动也成为每一个国家及地区国民经济的一个重要组成部分。在这一形势的推动下，国际公共关系活动势必成为有关组织跨国经济业务的主要活动。国际公共关系活动大致可分为两种情况：一是在本国境内与外国组织及公众打交道，比如某饭店经理要接待国外的客人来店食宿；二是在外国境内与外国组织与公众发生关系，例如某企业产品打入了某国市场，并且在该国建立分厂以进一步开展生产、经营活动。由于国际公共关系的最大特点是与国外组织及公众打交道，因此其活动的开展除了应遵循一般的公共关系活动原则外，还应在对自身特点及我国实际情况进行研究的基础上，制定出有针对性的应对措施。

第一，应树立组织的稳定形象，建立国际交往的牢固信誉。从事国际公共关系的专业人员应重视稳定、长期、成熟的规则，循序渐进，切忌大起大落、一日三变。他们必须明白，与他们打交道的都是国外组织、国外公众，自身组织形象稳固与否及信誉好坏对自己扩大国际影响与开拓国外市场均有直接关系。

第二，组织在确定工作目标与行动时，要充分考虑到国外公众的政治、经济、文化、风俗、习惯、历史等背景因素。一般原则是“入乡随俗”，因人、因地而异，不能“强人所难”，以自己的好恶为取舍标准。例如，受欧美青年女子青睐的时髦服装很难在阿拉伯国家打开销路，为东南亚国家人民喜爱的“白象”商标就不受英国人欢迎（因“白象”英文为 white elephant，有“笨重无用之物”的意思），如此等等，都值得有关人员重视。

第三，组织在开展有关活动的过程中，既要使自身的行为符合公认的国际规范和礼仪，又要保持自己的个性，不违背本国的国家利益，做到不卑不亢。比如一些在外国人看来属于正常的娱乐方式或表演项目，像人兽决斗、脱衣舞之类，我国的有关组织就不能迎合、迁就。

第四，为了吸引更多的国外公众来国内或将产品打入国际市场，需要长期而又广泛地开展宣传及联谊活动。考虑到国外公众的生活习惯和审美品位，其形式与内容还应丰富多彩。相比之下，用于国际公共关系的这类经费开支常常要高于其他对象公共关系。

第三节　功能公共关系

所谓功能公共关系，是以公共关系在组织运行中所发挥的功能性作用为标准而加以划分的，它渗透、贯穿于前文所述主体公共关系与对象公共关系活动之中。按其功用为标准来划分，这一类公共关系大致可分为四种：日常事务型公共关系、宣传型公共关系、征询性公共关系和矫正型公共关系。

一、日常事务型公共关系

这类公共关系是指在组织的日常运行中始终如一地贯彻公共关系工作目标，努力树立形象、争取公众、扩大影响。具体要求组织的每个成员在日常运行的各个环节、各个渠道都要时时注意形象问题，处处给人留下好感，从而在内外公众中都留下好的印象。例如一个皮鞋厂，它为了争取公众、建立声誉，就应该从原材料采购、商品生产、产品包装、销售批发等各方面都严格把关，保证质量、合理定价、优质服务；同时对本厂职工的劳动保护、生活福利、医疗保健、家属问题等事务也无微不至地予以关怀。长此以往，通过一系列日常事务的运作，就会不知不觉地达到公共关系工作的目标，赢得公众的信任，扩大本企业的名声，从而促进生产。由此可见，日常事务性公共关系与上一章提到的全员公关有着唇齿相依的紧密关联 。

日常事务型公共关系工作的要点不仅在于组织各项工作的文明化和制度化，而且要时时关注其落实情况。首先，它要求一个组织在管理思想上应树立文明经营的理念，在生产上不偷工减料，不弄虚作假；在销售上礼貌待人，货真价实，童叟无欺；即使与公众发生矛盾，也应本着严于律己、宽以待人的精神妥善地予以处理；无论内外公众，都应以诚相待，以情为重，不作损人利己之举。

其次，组织对所属各部门、各工种等都必须制定合理、全面的相应规章制度。一方面要使这些制度条款化、公开化，认真加以宣传，严格予以贯彻；另一方面要经常性地进行监督，检查具体的执行情况，绝不能让它成为一纸空文，并且要辅之必要的奖惩手段。

此外，组织的日常事务要真正落到实处，要确实能起到于细微处见精神的效果。这就要求组织在考虑进行这一系列日常事务时，应听取群众意见，进行调查研究，所做事情能做到点子上，并真正与公众的“痛痒”相关，而不是脱离实际、好高骛远。如果能严格地按照此规范去做，这一组织的事务性公共关系工作就肯定会获得成功。

二、宣传型公共关系

这一类公共关系主要是指组织以各种新闻传播媒介为工具，围绕某个特定的主题向公众有意识地传送有关信息，有目的地向有关公众介绍自身、宣传自身，从而创造于己有利的社会舆论环境。

宣传型公共关系活动当然离不开媒介，所运用的媒介粗略地说有三种：一是新闻媒介，如报纸、杂志、电台、电视台、新闻网站等；二是广告媒介，如路牌广告、车船广告、印刷广告、幻灯广告、网络广告等；三是自控媒介，如各种宣传资料、具有独立域名的网站、产品目录、定期定向散发的贺信或贺卡、自办的广播站、黑板报及厂报以及精心准备的演讲报告会、订货会或展销会等。由于各种媒介的性能效果、费用开支各不相同，所以在具体选择时必须考虑到以下两个因素。

（一）明确公关公众

组织的宣传型公共关系所面对的公众亦不外乎内部与外部两大类公众。就内部公众而言，事情相对比较好办，通常只需要运用自控媒介就可以进行有效的宣传。对外部公众的处理就比较复杂一些，需要因时、因地、因人而异，必须选择适当的传播媒介。本地人就利用本地报纸、电台、电视台，外地人就运用外地或全国性的报纸、电台、电视台，要是具体的妇女、老人、学生等类型，那就需要有针对性地选择具有更佳宣传效果的传播媒介了，如专门面向他们发行的报纸、刊物就是值得考虑的。

（二）选好公关宣传主题

宣传型公共关系常常围绕组织庆典、产品发布、社会赞助等事件铺设主题，巧妙展开，达到自己的宣传目的。由于宣传时主题不同，组织在具体选择传播媒介时就应该十分注重针对性，以求获得既经济又实惠的效果。组织可以通过巧借新闻或制造新闻的方式吸引大众媒体报道和社会关注，从而达到宣传组织的目的。

在宣传型公共关系工作过程中，必须注意贯彻下面四项公关宣传原则：一是宣传的主题及目的要明确、突出；二是宣传的事实或信息应客观、真实；三是宣传的程序安排必须合理、稳妥；四是宣传的语言和文字要适度、中肯。如能切实贯彻了以上四个宣传原则，宣传型公共关系也就有望获得成功。

三、矫正型公共关系

矫正型公共关系也可称为补救型公共关系。它指的是在组织形象受到损害时，如何着手采取各项有效措施，做好善后或修正工作以挽回声誉、重建形象的种种专门活动。

矫正型公共关系的工作程序主要由以下三个步骤构成。

（一）查明事实真相及问题的症结

当一个组织形象受到损害时，公共关系部门应立即派人向有关部门、地区、公众了解有关事件的来龙去脉和前因后果，并迅速协同有关部门分析事故原因，找出主要责任者。

（二）制定积极有效的措施或主动采取行动

在找到组织形象受损的原因或责任者以后，不要怨天尤人，听之任之，也不必束手无策、手忙脚乱，必须立刻会同有关部门或人员制定出对症下药的补救措施，或者迅速诚恳地表明自己的态度，及时安抚有关人员，争取谅解与合作。

（三）调查、检验事后的影响

对有关损害组织形象的事件处理、解决后，公共关系部门还应对这次矫正、补救工作的效果进行检验，反思原有的问题是否彻底解决了，公众对组织的印象是否改变了，组织的不利局面是否好转了，这样不仅能使自己对工作的效果做到心中有数，又可为今后如何处理这类事件总结经验教训。

矫正型公共关系面对的工作主要有两类：一类是组织形象受损的原因是组织自身造成的，责任主要在组织这一方面，比如因产品质量下降、服务不周、工作失误、环境污染等问题而引起公众对组织的不满。对这种因组织自身原因造成的公众关系失调，组织及其公共关系部门应主动出面承担责任，向有关公众赔礼道歉，甚至可通过新闻媒介公开认错，同时表明自己已经或将要采取的补救措施，以争取尽可能平息风波，使组织形象受损的程度与范围控制在最低程度。另外，公共关系部门还可在组织的支持下，主动地、有意识地以这次事件为契机，积极地利用新闻媒介展开宣传，公开表明自己知错改错的诚意。公布自己积极补救的措施，并用补救后的事实及公众的正面反应来证实自己的转变，将坏事转变成好事，改善和提高自己的美誉度。

第二类是由于公众的误解或少数人蓄意制造事端而引起的组织形象受损。在这种情况下，组织及公共关系部门千万不能得理不饶人。一味指责公众或他人，那样不但会将事情越闹越僵，而且有可能更加损害组织在公众中的声誉。因为对于更多的不明真相的公众来说，他们直接感受到的是组织的无礼和无端指责，而未能了解事情的真正起因或肇事者。正确的态度是，为了尽快平息风波，改善组织在公众中的形象，应迅速将已查明的真相公之于众，消除公众的误会，同时也表明自己工作的某些不周到之处，请求公众谅解，并进一步表露本组织对公众的诚恳态度与合作精神。这样做的结果，不但可以消除公众的误会，显示自己的清白，而且能够进一步完善组织的形象，争取公众舆论向正面转化。

四、征询型公共关系

征询型公共关系主要就是向组织的决策高层和管理职能部门提供征询或咨询，其中包括对市场、社会情况及公众意向等信息的收集、整理与研究。由于这类公共关系活动的功能主要在于为组织经营管理提供科学依据，倡导、设计适宜和超前的经营管理理念、策略和方法，并对组织内外环境进行监视、分析和预测，及时向决策高层提供应对方法、建议。随着现代组织的决策向科学化、专业化方向发展，征询型公共关系在组织与社会中的影响及地位也日益重要。

这一类公共关系工作的开展主要有两种形式。一种是隶属于组织内的，它理所当然地为本组织服务，一方面收集与本组织发展相关的一切信息，对之进行研究、分析，形成结论或预测设想，另一方面向组织决策提供有关资料或数据，将他们的意见或设想提供给组织作参考。一般来说，各个组织都有必要安排人员开展这方面的工作，或专办，或兼办。

另一种形式是独立于任何组织之外的、专门性的咨询公司或机构。由于它们不属于任何组织，所以其工作范围就比较广泛，可以为许多组织提供咨询服务，而且，其所能提供的信息、策略等也是多方面的，甚至是全方位的。这一点当然与它们是独立的、专业化的咨询机构分不开，因为提供高质量的咨询内容及项目就是其经营目的。美国的兰德公司是这方面的一个典型。“兰德”的英文名称“Rand”是研究与发展（Research and Development）的缩写，从词义上看，就知道该公司是专门为人们研究有关信息，提供咨询以促进发展的一个机构。该公司工作人员有千名左右，其中约一半为专家、学者，其具体业务范围已拓展到外交、城市管理、能源、教育、保健、环境保护等多个方面。

征询型公共关系的工作手段主要有舆论调查、民意测验、市场综合分析等，其工作过程包括全面、科学地收集与征求信息，并对这些信息进行深入分析和研究，最后向有关组织提供咨询，以提高其工作效率，使其在竞争激烈的市场环境中求得生存和发展。由于了解公众舆论及环境情报是征询型公共关系工作的起点或基础，所以为了做好这项工作，除了应采取以上所述的工作手段外，还应考虑具体用于了解民意及社会现象的调查方法，其中包括鼓励合理化建议、举办征求所需信息比赛、开展征文、征求产品设计意向、有奖测验等。另外，还应提倡开办为公众提供的咨询服务，如有关商品使用、保养、维修知识的咨询，交通运输部门应设立旅客问询处，制定公众来信来访制度、设立相应的接待机构等，作好组织与社会公众之间的中介与桥梁。这样，一方面将公众对组织及产品、服务的各种反映信息收集起来，经整理再供组织决策者参考，另一方面将组织的有关情况反馈给公众，使之与组织间增进了解和适应。总而言之，对征询型公共关系来说，重视收集公众及社会环境信息是其工作开展的先决条件，必须做细做实，否则向组织提供的经营管理决策咨询只能是纸上谈兵了。

复习思考题

1. 常见的秘书公关类型有哪些?
2. 组织如何搞好社区关系?

实训题

结合本专业实际，面对全校公众制订一个宣传型公关活动计划，重点提高本专业的知名度和美誉度，争取能够实施。

实训目的：体验公关的功能、初步掌握宣传性公关的基本操作技能。

公关目标：提高本专业在学校的知名度，展示、美化本专业形象。

实训操作提示：

(1) 本着少花钱、影响大、效果好的原则，学生分组创意，拟出活动计划。

(2) 课堂论证、完善活动计划。

(3) 进行方案实施准备工作。

(4) 适时实施活动计划。

(5) 搜集反馈信息。

(6) 进行活动的总结、评估。

第五章

秘书公关的一般过程

引例：很多组织并未设立公关部，单位的一些公关工作往往由办公室负责。一家名为凯旋门的咖啡厅在新成立不久，就面临着如何以最少的费用迅速地宣传自己、吸引社会各界的关注这个难题，总经理把这个任务交给了办公室。

办公室秘书人员首先对全市咖啡厅的风格、规模、客源及消费情况做了一番调查，经过分析研究，最终确定了以社会名流、本地“名企”老总为主要公关对象，以“公关联谊酒会”为主题的活动。以不搞宴请，只品酒、品尝各种风味小吃、喝咖啡、自由交流的方式进行交际型公关，借机展示、宣传本企业的公关活动，该创意得到老总的肯定。在方案确定后，发请柬、布置鸡尾酒会活动现场、聘请调酒师、确定特色小吃和酒水等准备工作按计划有条不紊地进行。活动当天，来宾对这种“西式”的联谊酒会和咖啡厅特意营造的公关氛围颇为赞赏，此次公关活动取得了巨大成功。这次活动使企业结交了朋友，宣传了自己，给来宾留下了深刻的印象，使凯旋门咖啡厅树立起“高级商务会谈的理想去处”的良好形象，一时间顾客盈门。

在事后的活动总结会上，老总高度赞扬了办公室策划的此次活动，并确定了以后要坚持进行不间断地公关活动，确定了以稳定客源、开拓市场、树立良好形象的企业经营战略。

公共关系不仅是一种高层次的现代管理哲学，一种以公众的利益为出发点的经营管理意识，而且更是一种旨在树立组织良好形象，以获得公众支持与合作的动态活动过程。公共关系的实践和理论都表明，一个相对完整且富有成效的公关活动过程，通常包括前后相继的四个基本阶段（调研分析、制订计划、组织实施、检查评估），它们构成公共关系活动的一般程序。

这四个阶段通常是一个完整的公关活动所不可缺少的，而各种具体的公关工作不过是上述各阶段公关活动的具体内容或手段而已。

第一节 调研分析

调查研究是公共关系工作的起点，目的在于确定组织面临的公关问题，它为制订公关目标计划打下了良好的基础。而要准确地发现和确定问题，又必须进行深入细致的公关调查分析工作。调查研究工作的内容主要是通过调查了解本组织在各有关公众心目中的印象，描述出组织的自我期望形象和实际社会形象，找出这二者之间的形象差距，从而为下一阶段确立公关目标和制订公关计划方案打下良好的基础。

一、公共关系调查分析的概念及内容

公共关系的调查分析同一般的社会调查分析不同。它是指通过各种有效的方法和手段，获取社会公众对本组织各个方面的意见、态度和反应等信息资料，从而对组织的形象进行分析测定的活动。公关调查分析无论是对组织的生存和发展，还是对整个公关活动过程的顺利进行都具有十分重要的意义。它能使组织及时获取公众关于组织的各种信息，准确具体地掌握本组织的实际形象状况，能为组织的决策提供有效的咨询和科学的依据。正因为公关调查分析工作十分重要，所以，中外的公共关系理论与实践对它都非常重视。

公共关系的调查分析与一般的社会调查的不同之处，还在于其内容的特殊性。这些内容包括组织形象、有关的背景资料及公关活动的环境与条件等。其中，组织形象是公关调查分析的主要内容或实质性内容。

组织形象的构成要素通常包括公众对组织宗旨、性质、服务精神、资信情况、规模、名气、生产管理水平、产品质量、价格、商标、规格、性能等情况的具体看法。这些看法的总和就形成了组织的总体形象。各种组织由于性质各不相同，其组织形象的构成要素也不尽相同。但是，凡涉及本组织的生存和发展的社会公众的看法都应被视为组织形象的具体构成要素。

组织形象有好坏优劣之分，衡量的指标是组织的知名度和美誉度。因此，公共关系调查分析的实质内容就是通过各种行之有效的方法，收集社会公众对组织各方面情况的看法或态度，进而对之进行分析加工，以确定组织的知名度

和美誉度，为组织的形象状况进行定位。

二、公关调研分析的方法

为了获得可靠的关于组织知名度、美誉度、组织形象差距的有关数据、资料和结论，公关人员应当熟悉和掌握公关调查分析的一些基本方法。这些方法主要有四种。

（一）案头资料分析研究法

该方法是指公关人员利用已经收集好的现成的各种统计资料、档案资料、样本资料和数表等，进行分析研究的方法。

（二）访谈法

该方法是指组织的调研人员通过直接和社会公众面谈，收集有关的数据资料和态度评价的方法。它又分为两种：一是个人访谈法，指调研人员与公众进行单独访谈，以获取第一手资料，它是获取公众意见的十分有效的方法之一；二是集体座谈法，就是由公关人员或调研人员针对有关问题，有目的地选择一些有代表性的公众举行座谈会，以了解有关意见的方法。

（三）民意测验法

民意测验法也叫问卷法。就是用书面回答的方式直接了解公众的要求，获取对组织及其产品、服务的意见、看法等信息的调查分析方法。这种方法也是确切掌握组织知名度、美誉度、形象差距的主要方法之一。

在拟制问卷时应注意：问题中的术语要明确具体，避免使问题产生歧义；涉及技术性问题时，应侧重于它的影响；诚恳，避免空泛的宣传；语句通俗易懂，不用专业性过强的术语；所调查事实应具有大多数人所知的普遍性；问题不应含有暗示性或诱导性；避免使被调查者对问题产生偏见；问题顺序应先易后难，且符合思维进程，尽量避免跳跃性。特别注意应将开放性问题置于最后。

（四）抽样调查法

抽样调查法是从被调查对象的总体中选取部分进行调查，从而说明被调查总体情况的一种科学调查方法。这种方法的实质是通过部分的性质来推断整体的性质。抽样调查法种类很多，常用的有：简单随机抽样法、等距抽样法、分层抽样法、整群抽样法、多级抽样法等。

抽样调查的操作程序可以用下列模式表示（如图 5—1 所示）。

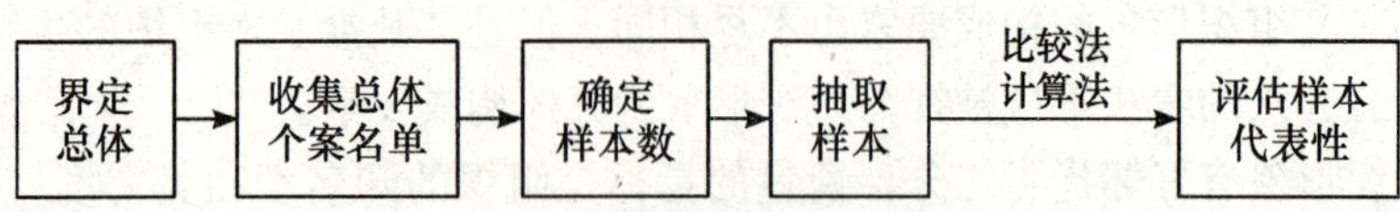

图 5—1　公关抽样调查程序图

三、公关调研报告

经过调查分析之后，应当对组织的形象、知名度、美誉度有一个比较清楚、明确的认识。对组织的形象差距及目前急需解决的公关问题形成基本的看法，并且还应将上述的成果以书面形式较系统、完整地反映出来，这就是公关调研报告。

公关调研报告的主要内容包括：目前组织的形象状况，组织的知名度与美誉度情况及主要依据，组织的形象差距及当前面临的几个主要的公关问题，当前公关工作的主要目标等。

除此以外，公关调研报告还可以包括其他一些更具体的内容，如公关问题产生的原因、不同类型公众的意见分析、问题发生及持续的时间、对组织的影响程度等。

第二节　制订计划

经过公关调查分析，找到组织的形象差距及组织当前存在的主要公关问题之后，就应当设法解决问题。而为了迅速有效地解决问题，就必须经过周密详尽的计划。计划得好，事半功倍；没有计划或计划得不好，则事倍功半，甚至会遭到失败。该阶段的主要工作是在确定了公关问题和目标的基础上，制订出整套能实现公关目标、解决主要公关问题的可操作的计划方案，形成下一阶段公关活动的蓝图和标准。

一、确定目标

在制订周密的公关计划工作中，首要的一件事就是确定公共关系的目标。没有明确的公关目标，公关计划便等于失去了统率和灵魂。

所谓公共关系的目标，就是指在特定的环境和条件下，组织通过一系列公关活动所力求达到的某种形象状态。它通常表现为组织良好形象的构成要素。比如，通过公关活动，使本组织给政府有关部门、金融机构、业务往来单位等公众留下一个有良好的资信状况的印象；给消费者或有关用户留下本组织产品价廉、物美、性能可靠等良好的产品形象；给社区公众留下本组织注意环境保护，热衷于社区公共设施建设的印象等。

公共关系的目标应当是明确而具体的，它们不是公共关系活动的概述目标，而是这个根本目标的具体化。这些具体化的内容要视组织的性质、宗旨、特定环境条件下面临的有关问题而定。组织尚未出名时与已经出名时的公关目标显然是不同的。

设定公关目标时要注意：第一，目标不能过高，否则实现不了，会导致活动失败，劳民伤财。第二，目标不能过低，否则就丧失活动的价值。第三，目标不能过虚，否则不好操作，无法衡量。目标尽量量化，不能量化的就要质化，以利于活动后的活动评估。

二、选择方案

这是公关活动的关键，主要包括以下内容。

（一）设计主题

公关的主题和公关的目标关系十分密切，但二者不能完全等同。公关目标是公关活动所要实现的组织形象状态，而公关主题则是对公关目标的一种精练表述，它对公关活动起着一种提纲挈领的作用。公关目标是公关主题的实质内容，公关主题是公关目标的表达形式。

公关主题具有高度的概括性、精练性和感召力，因而其设计殊非易事。一般来说，公关主题的设计应遵循下述基本要求：

第一，公关主题必须与公关目标高度吻合，并且能充分表现公关目标的实质。因为，公关主题本身是由公关目标决定的，是公关目标的反映。

第二，公关主题所提供的信息要独特、新颖，具有鲜明的个性，语言形式生动活泼，能引起公众的兴趣，能打动人心，富有感召力。

第三，公关主题应符合公众心理，其形象既要使人感到真实可靠，容易引起公众的认同，又要富有激情、耐人回味，能激发公众的激情和想象力。

第四，公关主题一定要高度凝练、朗朗上口，便于记忆，切忌使用冗长拗口的词句，否则，会令人生厌且难于记忆。

（二）建立目标与指标体系

在公关计划中，应当将一次公关活动的总体目标细分为一系列的分目标和指标，使之构成一个有序的系统。这样才能通过每一项分目标或指标的完成，最终达到总目标的实现。相反，不经细分的总目标是根本无法实现的。

（三）分析确定目标公众

任何公关计划都应当围绕公关目标及指标来分析确立总体和具体公关活动的工作对象，即确定公众的范围并对公众进行分类，研究个性喜好，这样公关工作才会有较强的针对性。

（四）提出实施公关计划的措施或手段

不论是总目标还是分目标，它们的实现都需要相应的措施或手段，否则，目标永远只能是头脑中的东西。因此，在制订计划过程中必须提出相应的措施或手段，而且应当针对不同的目标或指标采用不同的实现手段。

人们在拟定公共关系活动方案时，自觉或不自觉地都在顺应一些创造技法，这些技法很多，下面介绍两种。

1. 头脑风暴法

头脑风暴法，又称智力激励法、脑力激荡法、BS 法，原来是精神病理学上的用语，系指精神病患者头脑的错乱症状。1939 年，美国创造学家奥斯本将这一词语引入创造学，用它命名他所发明的一种创造技法。

(1) 头脑风暴法的定义。

通过一种特殊的小型会议，使与会者毫无忌惮地提出各种想法，彼此激励，互相诱发，引起联想，导致创造性设想的连锁反应，产生众多的创造性设想，即头脑风暴法。此法的核心的是提高自由的联想度。

(2) 头脑风暴法实施的要点。

1) 召集这种特殊会议，与会人数以 5 人～12 人为宜，人数多了不能充分发表意见。

2) 会议有 1 名主持者，1 名～2 名记录者。主持人在会议开始时简要说明会议目的，要解决的问题或目标；宣布会议遵循的原则和注意事项；鼓励人人发言并鼓励一切新构想；注意保持会议主题方向，发言简明、气氛活跃。记录员要记下提出的所有方案、设想（包括平庸、荒唐、古怪的设想），不要遗漏。会后协助主持人分类整理各种设想。

3) 会议一般保持 1 小时，最佳时间为半小时左右。时间长了脑子容易疲惫。

4) 会议地点应选择安静而不受外界干扰的场所。切断电话，谢绝会客。

5) 会议要提前几天发通知，告诉与会者会议的主题，使他们事先有所准备。

(3) 头脑风暴法会议必须遵守的原则。

1) 禁止批评。在会议中，绝对禁止批评或批评别人的想法，即使是对幼稚的、错误的、荒诞的想法，也不得批评。如果有人不遵守这一条，会议主持人将提出严厉的警告；这一原则又称保留判断原则。

2) 自由畅想。思考越狂放、构想越新奇越好，有时看起来很荒唐的设想却是打开创造大门的钥匙。敞开思想自由联想看起来容易，实行起来却很难。

3) 多多益善。新设想越多越好，数目越多，可行办法出现的概率越大。

4) 借题发挥。巧妙地利用他人的想法，在其基础上提出更新更奇的设想。与会者必须善于利用别人的想法来开拓自己的思路。

在这里四条原则中，最重要的是保留判断的原则（禁止批评）。奥斯本认为，只有当会议成员严格遵循保留判断的原则，会议才能称得上名副其实的

“头脑风暴会议”。有人曾进行过一次调查，他让一组受过头脑风暴培训的人和另一些人数相同的人分别解决一个问题，前者运行保留判断原则，后者相反，没有保留判断。在同一时间内，前者在产生有用设想方面比后者高出70%左右。

（4）开好头脑风暴法会议的经验。

1）确定好讨论题。讨论题很重要，出题不当则头脑风暴法难以成功。这里要特别注意以下几点：一是讨论题要具体、明确，不要过大，如有大问题可分解成小问题逐一讨论。如讨论改善机械设置问题时，可划分为：如何增加效率？如何操作方便？如何节省燃料？如何延长使用寿命等。二是讨论题也不宜过小或限制性太强。例如可以是“目的是什么？怎么办才好？”三是不要同时将两个或两个以上的问题混淆讨论。四是主持人要注意使那些首次参加头脑风暴会议的成员尽快熟悉这一会议的特点，因此，在会议开始的时候，主持人可以先提出一些极为简单的问题作演习，如怎样改进上衣和裤子？五是会议的基本目的在于收集大量不同的设想，以便使问题的解决找到许多可行的“答案”。因此头脑风暴会议不适于解决那些需要判断的问题，如：“教育改革好不好？”。

2）“行—停”是头脑风暴法一个常用的技巧，即3分钟提出设想，5分钟进行考虑，接着用3分钟提出设想……这样三五分钟反复交替，形成有行有停的节奏。

3）“一个接一个”是头脑风暴法常用的另一技巧，即与会者按照座位顺序轮流发表构想。如果轮到的人当时没有新构想，可以跳到下一个人。在如此循环下，新想法便一一出现，直到会议完全结束为止。根据研究表明，运用“一个接一个”的技巧，可以较一般的头脑风暴会议多出87%左右的构想。

4）在会上不允许私下交谈，以免干扰别人的思维活动。同时，每个人发表的意见必须让参加会议的人都知道。

5）参加会议的成员定期轮换，应有不同部门、不同领域的人参加。因为长期在一起工作的人可能会形成一种固定的思维，致使每个成员几乎可以估计到另一些成员对问题的反应和看法。

6）一些经验表明，会议参与者有男有女会促进讨论。妇女企图胜过男人，而男人则想超过妇女。这种因素在组内引起的一种额外争强好胜心，会刺激人们提出大量设想。

7）实践经验表明，领导或权威在场，常常会造成一般成员不敢“自由”地提出设想。当然，在充分民主的气氛下，并不一定要排除领导或权威的参加，因为上述问题已不复存在。

8）为使气氛自由愉快、轻松自如，可先热身活动一番。譬如让搭档说说笑话、吃点东西、猜个谜语、听段音乐等。

9）主持人应按每条设想提出的顺序编排序号。这样可以随时掌握提出设想的数量，并且可以和与会人员说："再提 10 条设想。""我们争取提出 100 条设想""在会议结束之前，我们大家力争每个人再提出一个设想。"这种鼓励常常能使人们发现一些新设想。

10）会后要把各种设想归纳分类，用打字或复印方式制成多份，再组织一个小组进行评价和筛选（这个小组成员一般由参加头脑风暴会议的人组成），从中选中几个好的设想。

应当指出，"头脑风暴法"不是解决一切创造问题的灵丹妙药，不能寄予过大希望，要客观分析它的作用并恰当运用。奥斯本指出，头脑风暴不是取代某种解决问题的方法，而是对这种方法的补充，特别是补充以下三个方面：对个人提出设想的补充；对传统讨论会的补充；作为创造性教育的补充。

2．检核表法

（1）检核表法的定义。

检核表法就是根据需要解决的问题，或者需要创造发明的对象，列出有关问题，然后一个个来核对讨论，促进创造发明。检核表法几乎适合在任何类型与场合的创造活动，因此享有"创造技法之母"之称。目前，有许多各具特色的检核表法，其中以奥斯本的检核表法最著名。

（2）检核表法列出的内容。

奥斯本总结了麻省理工学院有关人士拟订的检核题目，主要列出以下问题：

改变？改变形状、用途、颜色、运动、音响、气温、外观？能否进行其他改变？

加大？添加些什么？更长的时间？更多的次数？更有力？更高、更长、更厚？额外的价值？再加些原料？加倍？夸大？

缩小？我们可以从中减去什么？该不该使它更小？更密集？微型化？更低？更短？删除？简化？化整为零？怎样使它由高级变低级？

代替？可以换成其他什么？其他什么东西？其他成分？其他原料？其他程序？其他能源？其他结构？其他地点？其他方法？

重新排列？成分互换？设计其他形式？其他顺序？改变步调？变换作息时间？

颠倒？正负互调？调换原因与结果的位置？考虑其反面？将它首尾颠倒？倒溯如何？角色颠倒？提出问题的另一方面？

组合？混合？合成？合金？集锦？合奏？单元组合？目的组合？设想组合？

有了这么多思考问题的方向，对任何棘手的难题，就不怕找不到解决的方法了。根据有关创造技法，结合具体的公共关系活动，还有几种常见的公关策划技法。

（1）目标延伸法。

目标延伸法即根据组织的宏观目标来延伸推导出具体的公共关系方案来。

目标延伸法的关键是使目标与手段相结合，即手段能够推进目标的实现；同时，目标与手段本身又是实事求是的，且具有可操作性。反之，手段与目标相脱节，或目标与手段均异想天开则无从操作，公共关系计划也就成了纸上谈兵。

（2）以攻为守法。

以攻为守法是在组织与外在环境发生整合困难时所进行的调整手段，表现为主动积极地出击以达到保护自己的目的。

在具体公关活动中，有许多是用以自我保护的，即通过公共关系活动与运作来保全组织。在这种背景之下，以攻为守法的计划思路是很有启发性的。

（3）以诚换诚法。

以诚换诚法是在组织产生影响偏差时，与公众进行协调的公共关系计划方案。

俗话说，人心都是肉长的，人之所以成为重要因素之一，就是因为人具有情感。因此，在公共关系计划中就应当注意用真诚来赢得公众的谅解和支持。一家木器厂，因质量差而无人订货，为赢得公众信任，他们狠抓质量，以“质量，是企业的生命”的口号激励自己，也告知公众。一次，在发往广州的一批货中，发现有一张桌子少油漆了一遍，经查找，这张桌子已被顾客从一家商场买走了。于是，厂方便通过电台连续广播了半个月寻找那位顾客。没想到，这则“寻人启事”虽没有找到买桌子的顾客，却引来了 12 家商场愿意包销该厂产品的好事。更意外的是，新加坡、马来西亚等外商也闻讯赶来，与该厂一举签下了 6 份外销合同。这些意外收获正好说明了“诚招天下客”的道理。

（4）借题发挥法。

借题发挥法是依照某一种态势，因势利导地推出公共关系计划来。

1987 年 9 月 13 日，四川省泸州曲酒厂生产的泸州老窖特曲酒在泰国曼谷第二届国际饮料食品展览会上荣获金鹰杯奖，这是泸州老窖特曲酒继 1915 年国际巴拿马金奖后再次获得的殊荣。该厂公关部当即计划刮起一阵“老窖旋风”，内容包括彩车赢奖、人民大会堂庆典、打出“四百年泸州老窖飘香，七十年国际金牌不倒”的口号等，这一计划的成功之处就在于抓准了时机。

（5）变换组合法。

变换组合法也可以称为“异中求同法”，即将两件本来不相干的事情联系起来，从而提高新闻度和可宣传性。

深圳赛格集团公司将原准备于 1988 年 1 月 8 日开业的时间提早了 2 天，原因是中央领导人 1 月 6 日正好在深圳视察，于是请领导人前来剪彩。本来，作为深圳的某个企业的开业，最多只能在地方报作一报道，但由于中央领导人的剪彩，提高了这一事件的新闻性，国内外许多大报纷纷报道，这对于提高刚刚开业的赛格集团的知名度是十分有益的。

变换组合法可以将两件事情进行组合，也可以将两种手段进行组合，通过组合出新、出奇，从而产生良好的公关效果。

（6）同中求异法。

同中求异法又称为“轰动效应法”，它最普遍的是运用在同行之间的公关竞争中。轰动效应产生的关键是别出心裁、与众不同。要做到这一点，必须有严密的计划，能抓住活动的关键点，并注意时机。

其实，轰动效应的产生不光靠强有力的宣传，还要是靠“奇”取胜，像有些“亮丑”记者招待会等防御性公关的实施，都属于同中求异而产生的轰动效应。

（7）弘扬优势法。

弘扬优势法是针对本企业、本组织，甚至是组织代表人的优势来拟订公共关系计划的手法。

有些电扇厂的商店里展出转动的电扇，并标明此电扇从某年某月某日起转动；有些哑巴卖菜刀，虽不能叫卖，但起劲地表演“削铁如泥”以弘扬优势，争取人心。

里根竞选班子突出里根的口若悬河，卡特竞选班子渲染卡特的“敦厚的笑”，福特竞选班子坚持要站着辩论，突出福特身高于对手之优势等，均包含着弘扬优势法的内容。

（8）弥补缺点法。

弥补缺点法是通过巧妙弥补自身缺点的办法，使自己的形象更趋于美好。

年龄过大的里根，用海军少壮派敬礼的姿势来显得年轻；尼克松用花格子狗来抹去人们对他受贿的传言；西铁城石英表公司针对该表样式美观走时准确但不牢固的传言，专门搞了一次活动，将该表从低空飞行的飞机上抛下来，过往行人捡起表来一看，竟完好无损，于是一传十，十传百，西铁城表不牢固的传闻，不攻自破。

（9）直接仿效法。

直接仿效法指及时借用人家成功的招法为我所用。

南方某针织厂在一次展销会上被安排在 4 楼顶层最右边，已失地利。怎么办？于是他们模仿西方的一项公关策划搞了一个计谋：在展销第一天，人们发现大厅地上有许多印得十分精致的小纸片，上面印着："如果你到4楼最右边的房间去的话，将会有意外的收获"的字样。于是人们一起涌向4楼最右边的房间，原来这里的商品可以九折优惠。后来展销会统计表明，该厂的参观率、购销率、订货率均名列第一。

以上九种公共关系活动的计划思路是创造技法与具体公共关系活动相融合的产物。应当说，创造技法与具体公共关系活动相融合可以产生许许多多的类似的妙招来，上述九种仅仅是部分思路，以供借鉴。

（五）公关经费预算

公关计划应当按照项目、时间进度和实施计划的措施手段等因素进行经费预算，以便做到心中有数，避免出现浪费或由于经费不足而导致本来可以成功的计划半途而废。

公关预算的基本构成主要是指公关活动经费，通常包括以下内容。

（1）劳务费。包括公关人员和组织内部有关员工的工资、资金的折算以及外聘人员的酬金，前者虽不需要额外支出，但应计算在公关费用支出总费用之内。

（2）传播费。即从事各种传播活动所需费用，如内外刊物的制作使用费，电影、录相等的制作与放映费，复印、编译、公关广告费等。

（3）行政办公费。水电费、场地使用费、茶水费等。

（4）捐赠赞助费。例如社会福利事业捐款，教育基金、奖学金的提供，灾区、贫困地区捐款，体育事业等活动赞助费等。

（5）设备器材费。各种固定资产，如房屋、桌椅、器材等的折旧费，易耗品与胶卷、录音带、录像带购置费用等。

（6）社交活动费。如座谈会、茶话会、午餐会、宴会、新闻发布会、庆典活动费、礼品请柬费、外部场所租用费等。

（7）邮电通信费。电话费、电报、传真、邮资、上网费等。

（8）咨询费。法律、政策、技术及信息、决策等方面的咨询费。

（9）服务费。售前及售后服务费，如运输、安装、调试、修理、培训、技术指导费等。

（10）差旅费。公关人员外出调研、工作的交通、住宿费以及补助等费用，内部汽车使用费或外单位汽车租用费，住宿费，活动费等。

良好的公共关系活动方案的基本特征是：极强的目的性，创意的新颖性，较高的可操作性并富有弹性。

三、做出计划

公共关系的计划虽然各不相同，但一般都包含几个最基本的要素。

（一）背景资料介绍

主要说明制订公关计划的缘由，包括对组织目前公关状态的客观描述、组织需要解决的公关问题及需要消除的形象差距。

（二）计划的目标

这里讲的目标不仅仅指本次公关活动的总体目标，而且还包括该目标细分之后的分目标或指标以及由之构成的公关目标与指标的系统。应当强调的是，这些指标应当是量化的、可以度量的。

（三）实施计划的具体措施

明确了目标与指标，还要有相应的措施来实现这些目标或指标，例如必要的广告、媒介上的宣传，对社会公益事业或体育比赛的赞助或捐款、价格策略等。

（四）实施计划的方法

实施计划的措施告诉我们为了实现目标与指标应当着手哪些方面的活动，而实施计划的方法则表明应当“怎样做”，这就是方法问题。各种措施的推行都有与之相应的不同方法，很难一概而论，例如，广告与宣传同属于利用大众媒介进行传播沟通，但具体做法不同；提供赞助、捐款和采用价格策略都是以某种行为来树立组织良好形象的手段，它们的做法自然与传播沟通方法不同，并且这些手段本身的实施方法也是不同的。因此，实施计划的方法，应当视计划及其实施手段的不同而灵活选用。

（五）实施计划的费用（经费预算）

进行公关活动，拟订和实施公关计划，不用说是要花钱的。问题在于，应该在计划中明确测算或预算费用的总数及其具体的用途。公关策划就是要贯彻少花钱多办事，巧花钱办好事，不花钱也办事的原则。

（六）实施的步骤及时间安排

要按准备阶段、实施阶段、总结评估阶段这样的程序来制作工作计划表，落实时间、地点、负责人。

（七）形成策划书

策划书的基本结构可分为下列10项。

1. 封面

封面要大方、典雅，在涉外活动中，要在允许的情况下尽量精美，与国际接轨；格式一定要规范；厚度要比内文的纸厚些。封面要注明：

（1）标题。如：“公司周年庆典系列活动策划书”。

（2）密级。可以分为秘密、机密、绝密，或A、AA、AAA。

（3）策划的主体（策划者及所在公司或部门）。

（4）日期。

2. 序文

序文是把策划书内容概要加以整理形成的书面文字，序文应简明扼要，优点、创新的特色、贡献等让人一目了然。序文一般不超过400字，视情况可加些说明，不过也尽量不要超过600字。

3. 目录

目录务求使人看后就能了解策划的全貌，它具有与序文相同的作用，十分重要。

4. 宗旨

写明宗旨的目的在于告诉读者策划者到底要干什么，意义是什么。

5. 内容

这是策划书中最重要的部分。内容因策划种类的不同而有所变化，但必须让读者能一目了然，切忌过分繁杂。内容层次一定要清楚、具体。

6. 预算

策划必须进行周密的预算。在预算经费时最好绘出表格，列出总目和分目的支出内容，既方便核算，又便于以后查对。

7. 策划进度表

把策划活动的起讫全过程拟成时间表，对各项具体工作进行标记，作为策划进行的检查表。如未按表行事，而一旦完成日期已定，便需重新制定进度表。进度表最好做成甘特图。公关计划中时间表的确定，应以既定的目标系统为依据，按照目标管理的办法，从最终的理想状态目标、各类的总目标、项目目标，到具体操作目标，以及达到每级目标各需多少时间、各级目标的起止时间、所用时间总量，都应考虑如何安排最为恰当，然后形成一个系统的时间表。

在确定时间表时还要考虑横向关系。公关工作是否能与其他工作同时进行而互不冲突，能否通过时间调配使两类工作的效果相得益彰？公共关系的一系列项目是连续进行，还是分段进行，怎样安排才能取得最佳效果？这些问题都必须在时间策划中加以解决。

要特别注意避开“时间陷阱”。所谓“时间陷阱”，即表面看要完成某项目用时并不多，但由于预测不准、计划不周，工作展开后不能速战速决，反而越拖越久，不能自拔。

8. 有关人员职务分配表

要把所有任务落实到人，有执行人，有监督人。此项工作非常重要，一旦发生权责不分的情况或某个环节出现差错，可马上更换有关人员。

9. 策划所需的物品及场地

何时何地提供何种方式的协助，需要什么样的布置也要细致安排。

10. 策划的相关资料

这部分内容可附也可不附，只是给决策者提供参考。资料不能太多，应择其要点而附之。

（八）公共关系活动方案的申报

公关计划必须经过本组织领导的审核和批准，有时还应向有关政府部门申报，其目的是使公关目标与组织总体目标相一致，使公关活动与本组织其他部门的工作相互协调、相互配合并获得合法性，否则方案无法推行。

（1）审批过程是行政管理的法定措施。小型的、在机构内部进行的专题活动，只要机构负责人或主管职能部门审批就可以了。大型活动则要向政府的主管部门报批。

（2）审批过程是将策划方案放入全局环境中进行宏观的可行性研究的过程。一个人、一个部门策划的专题活动，未必能够完全掌握全局的环境和符合全局的需要。

（3）审批过程是政策把关的过程。一个策划者未必能够完整、全面理解行政管理的各项政策法规，为了减少策划的失误，有必要请主管政策的部门把关。大型活动有严格的申报程序。

（九）方案论证

方案论证就是行动方案拟订以后进行的可行性论证。一般由有关领导、专家和实际工作者对计划的可行性提出问题，由策划人员论证和答辩。方案论证包括如下几个方面：对项目的必要性进行论证，衡量该计划应否付诸实施；对目标的可行性进行论证，判断方案能否实行；对限制性因素进行分析，分析公关计划在哪些条件下可以实行，在哪些条件下不能实行；对潜在问题进行分析，即预测执行公关活动计划时可能发生的潜在问题和障碍，分析防止和补救的可能性；对预期结果进行综合效益评价，有的方案要经过反复论证。

案例5—1

一、背景分析及项目简述

全面依托全国创建“卫生城”，和“文明城市”的大背景，结合我市“创卫”活动不断引向深入的现实需要，利用“六一”契机，以孩子们的独特视角，用“小手牵大手”的方式，在唐山经济文化中心地带——抗震纪念碑广场，由唐山市“创卫办”、唐山第五幼儿园（国办幼儿园）联合举办“小手拉大手，共创卫生城”活动。旨在教育孩子、影响大人，再次掀起我市“创卫”的新高潮，为我市“创建全国文明城”推波助澜。内容如下：

（一）“创卫”标语宣传展示

（二）“创卫”主题文艺表演

（三）“小手牵大手，共创卫生城”倡议和集体签名活动

（四）“创卫”知识现场有奖问答

（五）儿童、家长及教师“六一·牵手环保行动”

二、策划方案

主办单位：唐山市第五幼儿园、唐山市“创卫办”

活动时间：2005年6月1日（星期三）

活动地点：唐山市纪念碑广场

活动主题：小手拉大手共创卫生城

三、活动宗旨

积极响应我市“创卫城”和“环境立市”号召，借“六一”纪念碑特别活动的契机，大力倡导创建卫生城市、争做文明市民的主题，把对幼儿的教育与“创卫”活动有机结合起来，以“小手拉大手”的形式，为我市的创卫活动营造良好的舆论氛围，并借机展示第五幼儿园的良好形象。

四、宣传口号

爱护环境，珍惜人生

小手牵大手，共创卫生城

美化环境，从我做起

别看我小我也懂，牵手共创卫生城

五、活动机构建制

总指挥：唐山市“创卫”宣教部长

唐山市第五幼儿园园长

总策划兼执行总监：公关专业教授

主持人：幼儿园班主任和大班学生

演出督导：幼儿园老师

音响师：音乐老师

对外联络组：幼儿园老师

礼宾接待组：幼儿园老师

后勤材料组：幼儿园老师

安全保卫组：幼儿园员工、广场治安民警

摄影、录像：幼儿园负责请专业人士

六、拟邀来宾

市委副秘书长、宣传部精神文明办公室、市“环境办”、“爱委办”、市环保局、市教委和区教委等各级领导

新闻媒体：唐山电视台、唐山劳动报、唐山晚报、唐山广播电视报、燕赵

都市报、唐山广播电台

七、活动程序

（一）主持人宣布开会、介绍来宾

（二）园长致辞

（三）幼儿园学生代表宣读倡议书

（四）“创卫办”领导讲话

（五）市级领导讲话

（六）“创卫”专题文艺演出（穿插“创卫”知识现场有奖问答）

（七）合影留念

（八）集体签名活动

八、准备工作

（一）布置会场

时间：6月1日上午6：00

22张长课桌、两块地毯、8台电子琴（装入电池）、16把软扇、30把椅子

彩虹门：上面标明黄色字体“小手牵大手 共创卫生城”

主办单位：唐山市第五幼儿园、唐山市创卫宣教部

彩球柱：6个，尺寸：高2.5m

幼儿标语牌尺寸：500＊500、写真背板

内容：爱护环境、珍惜人生；美化环境、从我做起；小手牵大手，共创卫生城；别看我小我也懂，牵手共创卫生城

（字体：红色综艺体）

主席台准备：位置要在台阶最下端，面向南面

桌子：小学课桌（长度10米）

其他：桌布、桌牌（双面字）、矿泉水两箱（娃哈哈矿泉水）

（二）统一服装

幼儿白色上衣、黑色短裤、白色太阳帽

教师灰色运动服

（三）致家长的一封信

（四）发放请柬

（五）相关材料制作

（1）签字条幅：颜色为白色，长度为11米（挂轴），宽度与桌子同宽。条幅内容：左上角是园标，中间“小手牵大手 共创卫生城”，右下角为主办单位：唐山市第五幼儿园、唐山市创卫宣教部。

（2）彩色水笔5盒（18色）。

（3）音响设备：与广场管理处洽谈相关事宜，包括电源问题；租用音响设

备：可播放 VCD、无线麦克风、接通 4 台电子琴的设备。

(4) 班牌及展牌。班牌尺寸：长 800mm，宽 400mm。展牌数量 7 个（双面），尺寸：长 2.4m、高 1.2m，数量：10 个。

(5) 展牌内容：2 块五幼简介、7 块环保主题美工作品（使用 KD 板），木工制作以上牌架。

(6) 环保纸袋：每个孩子与父母用废旧材料自己制作。规格为 16 开，6 月 1 日由家长带到活动现场；封面设计：园标、活动主题（红色）、主办单位（红色）孩子与家长合作设计，前后图案和文字以宣传环保和爱护环境为主题内容。

(7) 小红旗的尺寸为长 20cm、宽 14cm，吸管手柄上写活动主题语（双面）。

(8) 工作人员胸牌。

(9) 车辆：教育局双排座、面包车。

(10) 工作人员：保育员、行政人员及没有演出和化妆任务的教师、师专志愿者。

(11) 文字准备：园长欢迎词、幼儿倡议书、创卫知识 10 项问答、主持人串词、来宾名单及职务名单、致家长的一封信，奖品、纪念品若干。

（六）接受记者采访人员安排

园长、家长（王子父亲王宝喜）、幼儿代表（聂梦依）

（七）各班负责教师

小一班（丁富兰）、小二班（陈国霞）、中二班（李海萍）、走读班（轩了红）

（八）演出节目单

大型团体操：《向前冲》(64 人)，其中领操为长力、张立恒

幼儿舞蹈：《DO RE MI》(中二班)

教师舞蹈：《长大后我就成了你》(6 人)

创卫知识问答 1

幼儿健康操：《快乐的小精灵》(中一班)

亲子舞蹈《手中情》(小一班)

舞蹈：《人间天堂》(10 人)

傣族舞：《竹林深处》(2 人)

创卫知识问答 2

幼儿英文歌曲合唱：(120 人)（大班、走读班幼儿）

舞蹈：《“棋”乐无穷》、手语合唱：《让世界充满爱》

创卫知识问答 3

师生电子琴合奏：《西班牙斗牛舞曲》

集体唱《同一首歌》(8人)

(九) 合影留念

边唱歌边找位置照相。身穿演出服装的小朋友上场。

(十) 签名仪式顺序

领导、小班、中班、大班、教师、家长。

(十一) 演出结束

由家长带领幼儿园学生在广场捡拾垃圾。

第三节 组织实施

一、选择传播手段

根据公关活动的目标及公众对象进行传播手段的选择，这关系到公关活动的成效，因为所有的公关活动都是在传播活动中完成的。

选择传播手段的基本原则有以下四点。

(一) 根据公关工作的目标、要求来选择

各种媒介都有其特定的功能，适合为公关的某一目标服务。选择媒介首先应着眼于组织公共关系的目标和要求。如果目标是提高知名度，则可以选择大众传播媒介；如果目标是缓和内部紧张关系，则可以通过人际传播与群体传播，通过会谈、对话等方式加以解决。

(二) 根据不同的对象来选择

不同的对象适用于不同的传播媒介，要想使信息有效地传达到目标公众，就必须考虑到目标公众的经济状况、教育程度、职业习惯、生活方式及他们通常接受信息的习惯等。根据这些情况再分析决定选用什么样的媒介能使信息准确、及时地传到公众那里。对经常加班、加点的出租汽车司机最好采用广播的形式；要引起儿童的注意和兴趣，制作电视节目和卡通片效果最好。

(三) 根据传播内容来选择

每种传播形式都有鲜明的特点和最佳适用范围。为了准确、有效地传播信息，就要将所传信息内容的特点和传播媒介的优缺点结合起来综合考虑。要求时效、内容较简单的快讯可以选择广播，对较复杂、需要反复思索才能明白领悟的内容，最好选择印刷媒介（如报纸、杂志、图书等），可以使公众从容研

读，慢慢品味；对开张仪式、大型公共关系活动的盛况，采用电视效果更加理想；对需要以最快速度传向世界，而且要求图文并茂、反馈及时的，就需要考虑用互联网了。

还需要注意的是，只对本地区有意义的信息就不要选用全国性的传播媒介；只对一小部分特定公众有意义的消息，就没有必要采用大众传播媒介。

（四）根据经济条件来选择

成功的公关策划，应在最经济的条件下，去争取最好的社会传播效果。

选择传播媒介除了以上几个因素外，还要量力而行，花钱最多的传播未必是效果最好的传播。最现代化的传播媒介，比如利用电视传播，未必对所有的公众和所有的公共关系目标都适用。另外，传播使用经费绝对额较低的媒介，单位平均成本未必最低，信息千人到达率未必低。而有时为了省钱，也可能影响传播效果。还可以自创传播媒介，某大型超市搞了一个中国改革开放三十年图片摄影展，既吸引了众多的公众，也吸引了各新闻媒体的报导，达到了良好的公关效果。所以，成功的公关策划应该是在有限的经济条件下，充分发挥人的主观能动性，选择最适用的传播媒介，做到少花钱、多办事、办好事。

二、确定公关活动模式

所谓公关活动模式，具体来说，就是以特定的公关目标任务为核心的工作方法和技巧的相对完整的系统，是由一定的公关目标和任务以及这种目标和任务所决定的数种具体方法和技巧组成的有机体系。公关活动方案具有明显的针对性特征，特定的公关活动模式仅适用于特定的公关任务。

公关活动的模式多种多样，按照不同的标准，可以有不同的分类。通常人们都以组织面对公众的类型差别作为划分公关活动模式的标准，按照这个标准，公关活动的模式可以分为以下几种。

（一）宣传型公关

宣传型公关是指以大众传播方式及其媒介和组织传播方式为主的，向内外公众传播组织信息，旨在树立组织形象的公关活动模式。

宣传型公关大致可以分为两种：一种是通过组织内部的组织传播形式所进行的内部宣传模式，其作用在于增强组织的凝聚力，提高内部员工的士气。例如，召开动员会、表彰奖励先进大会、经验总结交流会、座谈会，利用组织内部刊物、内部广播、闭路电视、黑板报、宣传栏所进行的公关活动。另一种是以组织外部公众为工作对象的宣传模式。它通过大众传播媒介或其他手段，向社会公众传播组织的有关信息，以提高组织的知名度与美誉度。具体方式有：公关广告，专题新闻报道，在传播媒介上介绍组织的先进人物、先进事迹、重大变革、重大成就，举行新闻发布会等。

（二）交际型公关

交际型公关是指以人际传播为主要手段的公关活动模式。它通常是采用非正式的人与人之间的直接接触方式，而不是通过较正式的大众传播或组织传播形式，因而给参与者一种轻松自然、亲切而又随和的感觉。这种形式容易建立一种较为广泛的人际关系网络，有时会给组织带来意外的信息或利益。

（三）服务型公关

服务型公关是一种以提供各种有益于社会公众的服务为手段的公关活动模式。它的具体形式有很多，如公益服务、销售服务，包括代为运输搬运、安装、故障排除与维修、技术咨询、试用期间的设备调试、人员培训、技术资料翻译说明等。

（四）社会型公关

社会型公关是组织通过积极参与或支持各种有益的社会活动而展开的公关活动模式。其目的在于给社会公众留下一个热心社会公共事业、关心公众利益的良好形象。

社会型公关有三种具体的形式。一是庆典式，常表现为以组织本身的重大活动为中心开展的公关活动。比如，组织开业典礼，在取得重大成就或成立周年纪念之际，邀请社会各界代表、嘉宾光临，并送礼品、礼券等，以扩大社会影响。二是捐赠式，即以向各种公共事业捐赠款项、实物等形式开展的公关活动，如向福利事业、体育事业、教育事业、贫困地区、灾区等捐款赠物等。三是协助式，出资协助举办以本组织及其产品命名的各种文化娱乐活动，如××纺织厂出资协助举办“××纺织杯足球比赛”、“××杯智力竞赛”，或者歌舞演唱会、小说故事连载或连播等。

社会型公关着眼于组织的总体形象和长远利益，属战略型公关活动，有助于扩大组织的知名度和美誉度，有益于处理与政府及各职能部门、社区、业务往来单位等公众之间的关系。

（五）征询型公关

征询型公关是以采集各种公关信息为内容的公关活动模式。其活动的方式是采用各种社会调查方法，收集与组织有关的来自于各方面公众的公关信息，为组织的经营管理及决策活动提供可靠的依据和咨询建议，同时它也可起到一定的宣传作用。例如，广州市政府的“假如我是市长”征文活动，聘请信息员及传播媒介的工作人员建立人员网络等。

除了上述五种常见模式之外，还有其他模式。上述模式各有其特点，没有哪一种模式尽善尽美，到处适用。因此，我们应当根据公关活动计划的目标、任务及组织的具体条件正确选用。

三、利用有利时机

任何活动都要在一定的时空里展开，时空里的许多因素都会对公关活动产生积极或消极的影响，因此公关活动时机的选择就显得异常重要。选择最佳时机，才能追求最佳的公关效果。

时机利用得好，公关活动事半功倍；时机选择失误，则导致公关效果不佳甚至失败。选择时机一是要避开不利时机，二是捕捉有利时机。1997 年香港回归之际，唐山的“曹雪芹家酒”通过公关运作，经有关部门同意，策划实施了在香港回归之时，把 1997 坛酒送到香港，作为回归喜庆酒的公关活动，一时间，新闻报道、广告宣传把和在中国白酒市场还没有名气的“曹雪芹家酒”一下子变成了“回归酒”，传遍了祖国大陆和港、澳、台地区。策划时机抓得准，活动创意新、立意高，此举令“国酒”茅台都深感遗憾：一不留神，让“曹雪芹家酒”抢占了先机。

公关活动的时间安排要以提高效率为依据。效率的提高具有双重意义：一是可以把握时机，避免延误；二是可以缩短周期，节省开支。提高效率要以能取得最佳效果为前提。如果效果需要增加经费或延长时间，那就不能再片面强调节约时间和开支了。

第四节　检查评估

公关计划实施之后，便进入了对前三个阶段公关活动的检查评估阶段。事实上，公关活动的每一个阶段、每一个步骤，甚至每一项具体工作在进行中和结束后都有评估活动，但是，它们和我们这里所说的公共关系的评估有所不同，我们这里的评估对象是一个相对独立的完整过程，是围绕这个过程的目标而展开的活动，而不是该过程各阶段各项工作的具体评估和活动内容的调整。这种评估有其特殊的存在意义、特殊的程序以及特有的层次或内容。

一、检查评估的意义

公关活动结束后，不应只看到“轰动效应”而沉浸于沾沾自喜之中，或者草草收场忙于下一轮的公关活动，而应当进行反思和总结，以利于提炼经验、发现问题，为以后的公关活动提供借鉴。

(1) 公共关系检查评估是检验公关目标、公关计划、公关活动成败的必不可少的手段和步骤。公关调查分析活动究竟怎样，公关目标计划是否准确适用，实施之后的目标计划是否实现，人、财、物的使用效果如何等，这些问题如果没有评估这一必要的步骤，就根本不可能对公关部门及人员的工作以及物资的消耗做出公正的评价，最终会影响组织的正常运转。

(2) 公共关系的检查评估可以总结经验，吸取教训，促使公关工作水平不断提高。不善于反躬自省的人不会有多大成就；不进行公关工作的检查评估，组织的公关水平就无法提高。只有对每一次公关活动进行认真的评估，才能不断地将成功的经验积累起来，加工成为一套系统的经验方法体系，成功地指导未来，才能不断地减少失误、提高公共关系工作水平和实际成效。

(3) 公共关系检查评估可以及时发现问题，为后续的公关活动目标和计划的制订提供基础。通过总结评估，发现隐藏着的组织问题，就可以为下一轮的制订计划和目标工作提供依据。尽管调查分析可以发现组织的问题，但在很多情况下，问题常在计划的执行过程中或执行完之后才显露出来。之所以如此，或者是由于调查分析不够全面深入，或者是由于问题，特别是实质性问题的显露需要一定的条件，需要经历一定的过程。评估总结可以从整个过程出发，对各个方面进行综合考查分析，因而往往更易抓住问题的关键。

(4) 公共关系检查评估可以积累大量资料，培养公关人才。进行总体的总结评估之后，往往可以对过去的资料进行恰当的取舍。去粗取精、去伪存真，积累丰富系统的第一手资料，同时，通过评估也可以发现公关人才，鞭策、教育和培养出一批优秀的公关人才。

二、检查评估分析的方法

(一) 公关活动的评估程序

对已经实施完毕的公关活动的检查评估应当有一个合理的工作程序，这样才有助于获得相对准确可靠的评估结论。一般评估分析包括下列程序。

1. 设立统一的评估目标

要有效地进行评估，就应当有一个统一的评估目标作为基点，以后的评估活动将在这个基点上展开。评估目标所要回答的问题是：我们这次要评估什么？是计划实施之后知名度或美誉度的改变状况和程度，还是公众认识改变或行为的改变的情况？只有确定了目标，我们才可以进一步确定应当从哪些方面进行评估，重点评估什么，以什么作为衡量标准等。

2. 评估目标细分

评估目标细分就是将评估的目标分解为不同的具体项目，以便从各个方面来论证和说明评估目标。如果我们将公关计划实施后美誉度的变化情况作为评估目标的话，就应当从公众对组织的方针政策、服务态度、创新精神、产品质量、产品性能、产品价格等方面的赞誉情况进行评估。这样，我们的评估结论才坚实可靠、有说服力。否则，评估目标将是一句空话，评估的结果也不会有什么价值。

3. 建立一套客观适用的评估标准

知道应当评估什么以及从哪些方面进行评估，还不能真正开始评估，还必须有一套评估的尺度作为标准。比如，当我们打算从产品的价格、质量、规格、性能、外观等方面实现对该产品的整体形象评价时，我们必须有一套价格参数、质量参数、规格参数、耗电节能噪音、同心度等构成的参数体系，否则，我们就无法进行评估。

4. 调查分析，收集资料

评估标准的建立应当以调查分析、收集资料数据为前提和基础。比如，我们认为这次公关活动提高了美誉度，那么，必须知道上一次公关活动或本次公关计划实施前的美誉度状况，其他竞争对手的美誉度状况以及有哪些资料和数据可以证明。否则，我们的评估标准本身就没有标准。

5. 对公关目标计划及其实施过程和结果进行分析和鉴定，并写出评估报告

经过上述四个步骤的工作，紧接着就可以着手进行具体的分析和鉴定活动了。这个活动实际上就是围绕评估目标、按照规定的标准，从已确定的各个方面，对公关目标计划及其实施过程和结果进行定量和定性分析，从而做出结论的过程。通过这个过程，应当形成一系列的判断：本次活动是成功还是失败的，成功失败表现在哪些方面，成功失败的程度如何，在此基础上形成一个书面的工作报告。

（二）公共关系评估的层次

所谓公共关系评估的层次，是指在整个公关活动过程的评估中，可以按照顺序将它分为公共关系准备活动过程的评估、实施活动的评估和活动效果的评估三个层次。

1. 公共关系准备活动过程的评估

公关准备活动过程主要是指为确定公关目标、制订公关计划而收集信息、发现问题的活动过程，其实就是调查分析过程。这一活动过程的特点是对公众施加影响的实质性公关活动尚未开始，活动的主要目的在于为实质性公关活动做好准备工作，因此，该活动过程评估的主要内容并不是它对公众的影响效果或支持效果如何，这种评估可以联系公关目标计划及其实施效果来评定。

2. 公共关系实施活动的评估

这一层次的评估主要是指对公关目标及计划的制订和执行活动情况的分析。它主要有以下几个方面：

（1）公关目标及计划的规定是否合乎实际，切实可行。目标计划在实施以前，很难评判其优劣，只有通过实施才能比较客观准确地做出结论。例如，随

着一次公关活动的失败，人们才发现，目标本身根本是不可实现的，计划订得太笼统，经费预算不足等。这一方面评估的具体内容通常包括：目标是否明确具体、符合实际，是否具备了实现条件，目标的广度和深度如何，计划方案是否太紧了一点或是过多了一点？

（2）目标计划执行过程的评估。它包括评估执行过程是否围绕目标按计划方案进行的，有无偏差，有多少偏差，原因何在？执行当中发生了哪些问题，是属于计划不周还是属于突发事件造成的？是否采取了应变措施，若没有采取，为什么，若采取了，效果怎样？执行当中，公关部门及公关人员工作情况怎样，其他部门及人员是否配合，如果不够配合，是什么原因造成的，以后应当如何避免？

（3）传播活动情况的评估，它本来可以包括在前面的评估之中，但由于其特殊的重要性，在此特别加以强调。其具体内容主要包括：传播沟通的模式选择是否恰当、传播媒介的选择和运用情况怎样、信息传播的数量和质量怎样等。

3. *公共关系活动效果的评估*

前两个层次的评估主要是对活动过程的情况进行经验教训的总结，而本层次的评估则是对活动过程所产生的实际效果进行评估。总的思想是：评估本次公关目标计划实施完毕后组织形象的变化情况，具体包括以下几个方面：

（1）公众受影响的范围有多大，即有多少人受到本次公关活动的影响，可采用问卷法进行调查统计。

（2）受影响的公众对组织总体情况的了解程度有何变化。它涉及公关活动对组织知名度的影响变化情况。可以将调查得出的数字同公关活动开展前的有关数据进行分析比较，得出结论。

（3）受影响的公众对本组织的态度行为方面的变化情况如何。公关活动的根本目的是树立组织的良好形象，而公关活动作为组织总体活动的一个有机组成部分，最终是为了改变公众的态度，引起公众做出有利于本组织的行为。比如，企业通过公关活动，希望公众能积极主动地接受企业的服务、购买企业的产品、向企业提供低息贷款，或使得股民竞相购买它的股票等。

最后，投入产出的效益分析，即从经济的角度和社会效益的角度进行综合评估，分析投入的人力、财物的耗费与其活动产生的效果相比是否值得。

三、成果处理

综上所述，公共关系的评估分析是对全体有关工作人员公关活动状况及其结果的全方位、全过程综合评估分析，这种评估分析是一个完整的公关活动过程中不可或缺的必要阶段。评估工作结束后，应写成公关活动检查评估报告，将评估结果向有关的组织决策者汇报。可由公关部门的负责人将之递交给组织的决策管理者，必要时应辅以口头的汇报说明。这样做，可以使决策者掌握组织目前的公关状况以及本部门的工作情况，可以作为组织总体决策的参考依据之一，从而使决策者能适时地了解和支持公关工作，也可以使各部门了解公关部门的情况，协调好部门之间的关系。

复习思考题

1. 公共关系工作的一般程序是什么？
2. 如何撰写公共关系策划书？
3. 制订公关计划的程序与制订其他计划的程序是否相同？
4. 公共关系活动的效果评估与一般工作的总结有何异同？

实训题

拟订本班今年的新年联欢会策划方案，并择优实施。

实训目的：熟悉公关策划方案的撰写格式、初步掌握公关策划的一般程序。

公关目标：提高班级的凝聚力，加强内部公众（同学、师生关系）沟通，密切师生关系和同学间关系。

实训操作提示：

1. 组织学生制订公关调查计划并实施。
2. 汇总调研信息并形成调研报告。
3. 确定此次策划的目标、重点和难点。
4. 讨论活动的整体创意和程序。
5. 形成活动策划方案和实施计划。
6. 组建活动筹委会。可把学生分成礼宾接待组、对外联络组、宣传报道组、后勤材料组、危机处理组、安全保卫组，明确分工及任务。
7. 按计划实施方案。
8. 每位学生写一份活动评估报告。
9. 教师总结此次活动，学生课堂谈体会，进行经验分享。

案例5—2

放心去飞——2006级文秘专业毕业主题班会策划方案

一、背景分析

三年来，文秘专业始终保持着积极向上的团队精神和脚踏实地的学习精神。临近毕业，同学们就要各奔东西，在此之际，同学们希望举行一次有纪念意义的以毕业为主要内容的班会。这是文秘专业举行的最后一次班会，也将是三年来该专业最有纪念意义的一次班会。这次班会的目的是为了增进同学之间的友谊，加深同学彼此间的了解，提高班内的凝聚力。同时，也为同学们步入社会、走向工作岗位增加信心，留下三年大学生活中最美好的回忆……

二、策划机会点

（1）临近毕业，同学们怀着一颗留恋的心情，以此为契机举行一次以“毕业”为主题的班会。

（2）班会举行的时间选在期末考试结束后，此时全专业同学比较集中，容易组织。

（3）06级文秘专业三年来一直以团结友爱著称，在全系受到老师的一致好评，团结的爱需要永远保留，以此活动来记录大学三年同学们之间的友谊。

三、策划难点分析及应对措施

难点一：临近毕业，有些同学已经工作，全专业88人不容易集中组织。

措　施：将班会时间选在人员集中的期末考试结束后，此时人员较齐，容易组织。

难点二：照片收集较困难，不易获得每位同学大学生活中最佳照片。

措　施：以宿舍为单位制作一个幻灯片。每个宿舍将本宿舍同学三年来的大学生活照片收集、制作成幻灯片的形式。组织者再把每个宿舍的课件进行收集、整理，最终制作成全专业同学的幻灯片。

难点三：活动地点的选择。

措　施：综合考虑，将活动地点选在北校东阶梯教室，空间较大，适合班会活动，音响效果较好。

难点四：个别同学对活动项目可能会有不赞同的地方，或者不愿参与。

措　施：组织者与同学进行积极沟通，收集大家的意见和好的建议，以保障班会的顺利进行。

四、策划目标及创意思路

（1）为了营造和谐的班会氛围，将同学之间三年来所有的心里话告诉对方，增进同学们之间的友谊，化解同学之间的某些矛盾，使同学们走出校门后有一份美好回忆，为此创意出同学彼此写信的方式。

（2）为了回顾三年来同学们留下的精彩瞬间，全专业88名同学共同分享专业活动时保留的照片，特此制作幻灯片进行展示。

（3）为了活跃气氛，增进了解，展示才华，增加同学们的参与热情，特设立了第三个环节的节目展示。

五、活动主要内容设计

(1) 放信活动。每个同学将自己给某个（某些）同学所写的信放进所给人的信封（信封用彩带串起来，每个同学的名字都提前写在信封上，并用七彩气球装饰），时间大概20分钟。

(2) 播放视频，课件展示。包括：播放老师的视频寄语；将载有88名同学的大学精彩生活照片的课件进行展示，辅助文字介绍和音乐，时间大概50分钟。

(3) 节目表演。以宿舍（个人）为单位表演节目，展示同学们的才艺，活跃会场气氛，增进同学之间的友谊。时间大概50分钟。

(4) 毕业感言。同学们自愿发言，抒发彼此的同学情谊。控制在50分钟。

六、准备工作

1. 活动时间、地点设计

(1) 时间定于2008年12月12日下午。

(2) 地点设在北校东阶梯教室。

2. 人员安排，前期准备

(1) 主持人：(略)

(2) 幻灯片整理及播放：(略)

(3) 会场组织：(略)

(4) 物品购置：(略)

(5) 会场布置：(略)

(6) 秩序维持：(略)

(7) 照相、录像：(略)

3. 会场布置

(1) 教室黑板书写“放心去飞”和“06文秘”八个艺术字。

(2) 将气球、彩带分别挂在黑板和教室周围，营造会场气氛。

(3) 将88个信封写上名字，用彩带串好并用彩色气球装饰教室，悬挂在墙上。

(4) 准备歌曲

●《放心去飞》《毕业歌》(开始和结束时分别播放)。

●《明天会更好》《同一首歌》《那些花儿》《纪念》《祝福》(在放信时播放)。

●《朋友别哭》《栀子花开》《那些花儿》《奔跑》《感谢你》《相亲相爱一家人》《爱的代价》《朋友》(播放幻灯片时播放)。

●《雨的印记》(第二篇章朗诵播放)《三年又三年》(第四篇章朗诵播放)。

●《一路顺风》《同桌的你》《旋木》。

4. 所需物品

信封、气球、彩带、相机、DV。

5. 经费预算

（1）信封88个20元。

（2）气球25元。

（3）彩带10元。

（4）相机、DV租用费100元。

（5）食品：水果、饮料、零食100元。

七、班会流程设计

本次班会以新颖独特的形式、丰富的节目内容使班会能够吸引同学眼球，给大家即将结束的大学生活画上圆满的句号。

（1）由主持人宣布开会，介绍班会内容。

活动共分成四个篇章：第一篇章：放心去飞，第二篇章：流金岁月，第三篇章：朋友别哭，第四篇章：别了，大学。

（2）第一篇章内容。同学朗诵第一章毕业诗，然后进行放信活动，同学们将自己手中写好的信放入对方的信封。

（3）第二篇章内容。同学朗诵第二章毕业诗，演示幻灯片，将精选的同学照片进行演示，然后是同学表演节目。

（4）第三篇章内容。同学朗诵第三章毕业诗，进行毕业联欢，表演节目。

（5）第四篇章内容。同学朗诵第四章毕业诗，然后进行收信活动，同学将自己的信封收回，并由同学自由发表毕业感言。

（6）主持人做最后总结，宣布班会结束。

八、效果展望

通过这次有意义的班会，一定能够加深同学之间的感情，增进友谊，常言道："千年修得共枕眠，百年修得同船渡"，现在又加上一句："五世修得同窗读"。大家都珍惜同学情，这是除爱情、亲情、友情、战友情之外，人生又一种美好的、不可或缺的、值得终生回味的感情，相信通过这次班会，大家感情会更加深厚，以后的道路会更加顺利，明天会更好。

第六章

秘书与社会组织的形象塑造

引例： 1984年4月28日，来自世界各地的500名记者聚集在北京长城饭店，他们在采访一项对他们来说十分重要的新闻：报道美国总统里根访华告别宴会的信息。在记者们发回的新闻中，按照新闻的五W原则，他们无一例外地写到了宴会举办地点——中国北京长城饭店。第二天，世界各大通讯社以及报纸都刊发了这条重要的消息，不言而喻，人们在得到这条消息的同时，也获得了关于北京长城饭店的信息。于是，长城饭店的名声在全世界大振，一下子树立起中国最好的大饭店的形象。

第一节 组织形象的内涵与意义

一、组织形象的含义与构成

所谓形象，按《现代汉语词典》的解释是“能引起人的思想或感情活动的具体形状或姿态。”也就是说，形象本身既是主观的，又是客观的。其主观性是由于人的思想和感情活动是主观的，形象是人对事物的具体形状或姿态的印象、认识、反映及评价；其客观性在于形象是事物本身具有的具体形状或姿态，是事物的客观存在，不以人的主观评价为转移。

"形象"一词有着极为丰富的内涵和外延。由于现实事物本身的千差万别，形象的内涵表现也就极为生动、具体、复杂多变；由于诸多事物都会引发人的思想和感情波动，也就产生了人们对诸多事物的印象和评价，使形象的外延极为广泛。就人类社会来讲，小到一个人、一个家庭，中到一个组织、一个团体，大到一个地区、一个民族、一个国家，都有其自身独有的形象。例如，西装革履、彬彬有礼，我们马上会联想到一个人的基本形象；团结向上、雷厉风行，我们会马上联想到一个组织的基本形象；勤劳勇敢、丰衣足食、安居乐业，我们会马上联想到一个民族的基本形象。企业作为一种以营利为目的的社会生产经营组织，必然也有其应有的形象，而且它影响着企业的赢利能力。

（一）组织形象（Organizational image）的定义

所谓组织形象，就是社会公众对组织综合评价后所形成的总体印象。

组织形象包括的内容很多，如组织精神、价值观念、行为规范、道德准则、经营作风、管理水平、人才实力、经济效益、福利待遇等，组织形象是这些要素的综合反映。

（二）组织形象的特征

1. 整体性

组织形象是一个有机的整体，形象是由组织内部诸多因素共同作用的结果。以一个企业为例，企业形象包括：

（1）企业历史、社会地位、经济效益、社会贡献等综合性因素。

（2）员工的思想、文化、技术素质及服务方式、服务态度、服务质量等人员素质因素。

（3）产品质量、产品结构、经营方针、经营特色、基础管理、专业管理、综合管理等经营管理因素。

（4）技术实力、物资设备、地理位置等其他因素。

这些不同的因素形成不同的具体形象，但这些具体形象只是构成企业整体的基础，而完整的企业形象是各个形象要素所构成的具体要素的总和，这才是对组织具有决定性意义的宝贵财富。当然，对有些组织而言，可能会因某一方面的形象比较突出，进而掩盖其他方面的形象，导致组织形象的片面性或不完整性。其实这也是正常的，因为组织宣传有侧重点，公众也不可能全面了解组织的所有情况，他们的印象大部分都是源于他们所能接触到的组织的一个或少数几个方面的情况，这就要求组织要认真对待每一个方面、每一个环节，从而在公众心目中形成良好的总体印象。

2. 主观性

组织形象是公众对组织的意见或看法，因而是一种主观性的东西。因为社会公众本身具有差异性，他们的社会地位、价值观念、思维方式、认识能力、审美标准、生活经历各不相同，他们观察组织的角度、审视组织的时空维度也不相同，这样社会公众对同一企业及其行为的认识和评价就必定有所不同，“公说公有理，婆说婆有理”就是这个道理。此外，在形象塑造和传播过程中，必然要发挥组织员工的主观能动性，渗透企业员工的思想、观念和心理色彩，因此，组织形象是主观的。

3. 客观性

形象是一种观念，是人的主观意识，但观念的反映对象却是客观的，也就是说，组织形象所赖以形成的物质载体都是客观的，建筑物是实实在在的，产品是实实在在的，组织的员工也是具体的，组织的各种活动也是实实在在的。所以，组织形象作为客观事物的反映，是不以人的意志为转移的，不能在虚幻的基础上构筑组织形象。

我们说组织形象是客观的，还基于一种对统计规律的认识。组织形象是公众的意见或看法，但公众不是单个的人或少数群体组织，而是一个公众的集合。个人的意见是主观的、可变的，但作为一个整体的公众或大多数公众的意见则是客观的。虽然大多数人也可能被误导或因其他原因而产生错误看法，但这也正是公关状态的一种反映。如果不从整体公众来理解组织形象，便无法形成组织形象。因为做得再完美的企业总有反对者，再蹩脚的公关也会有人拍手叫好。

4. 相对稳定性

当社会公众对组织产生一定的认识和看法以后，一般会保持一段时间，而不会轻易改变或消失，这就是组织形象的相对稳定性。要在公众心中留下一个印象并不容易，特别是在当今产品众多、广告泛滥的年代；要改变一种产品或一个组织在公众心中的形象就更难了。中国人到了国外，常会碰到一些令人啼笑皆非的提问，如凭票购物、统一服装甚至还有小脚女人之类的问题，反倒是中国近30年来发生的巨大变化在外国人（特别是没来过中国的外国人）心中并未留下什么印象。组织形象的这种相对稳定性可能会产生两种结果，其一是组织因良好形象被维持而受益，其二是组织因不良形象难以改变而受损。当然形象不是一成不变的，但要改变一种形象总是不容易的。

（三）组织形象的构成

就组织形象的共性而言，组织形象的构成包括以下八个方面：组织的产品形象、组织的管理形象、组织的人员形象、组织的环境形象、组织的文化形象、组织的社区形象、组织的标志形象和组织的媒介形象。

（四）组织形象的分类

组织形象是多层次、多维度的，因此我们也应该从不同的角度来把握组织形象。

1. 按组织形象的内容可分为特殊形象和总体形象

特殊形象是某一方面或少数几个方面给公众留下的印象，或者组织在某些特殊公众心中形成的形象。如企业的良好服务使某些顾客形成了组织“优质服务企业”的形象，企业的某一次慈善捐款给公众留下了乐善好施、热心公益事业的形象。特殊形象对企业很重要，因为公众是不可能全方位、全面地了解组织的。组织在他们心中留下的往往就是这种特殊形象，而且某些公众就是因为组织在某些方面的独特形象而支持组织的，因此，特殊形象是组织改善形象的突破口。

总体形象就是企业各种形象因素所形成的形象总和，也是各种特殊形象的总和，但又不是简单的形象相加。一个比较极端的例子是：某个员工工作敬业、技术一流，人际关系也好，深得领导和同事的赞许；但不喜欢他的人们可能说，他没有个性或没有特长等。对一个组织而言，就应该努力追求总体形象和特殊形象的和谐统一。

2. 按照组织形象的真实程度可分为真实形象和虚拟形象

真实形象是指组织留给公众的符合组织实际情况的形象，虚拟形象则是组织留给公众的不符合企业实际情况的形象。虚拟形象形成的原因是多方面的，既有传播信息过程中的失真，也可能有公众评价的主观性、偏向性等原因。需要说明的是，真实形象不一定就是好形象，而虚拟形象也未必等于坏形象，企业经营伪劣产品被曝光后在公众中形成的不好的形象是真实形象，而一个骗子在被揭穿之前的公众楷模形象往往是虚拟形象。一些企业也通过虚假统计数据而在上级部门（官员）那里形成了一种好形象，但这肯定是虚拟的。对企业来说，当然应追求真实的良好形象，而避免虚假的、不好的形象。

3. 按照组织形象的可见性可分为有形形象和无形形象

有形形象是指那些可以通过公众的感觉器官直接感觉到的组织对象，包括产品形象（如产品质量性能、外观、包装、商标、价格等）、建筑物形象、员工精神面貌、实体形象（如市场形象、技术形象、社会形象等），它是通过组织的经营作风、经营成果、经济效益和社会贡献等形象因素体现出来的。无形形象则是通过公众的抽象思维和逻辑思维而形成的观念形象，这些形象虽然看不见，但可能更接近企业形象的本质，是企业形象的最高层次。对企业而言，这种无形形象包括企业经营宗旨、经营方针、企业经营哲学、企业价值观、企业精神、企业信誉、企业风格等。这些无形形象往往比有形形象更有价值。对麦当劳、可口可乐、索尼、劳斯莱斯等企业而言，他们的企业信誉等无形资产比那些机器设备和厂房要重要得多。

此外，还可以按形象的现实性，把组织形象分为实际形象和期望形象。

二、塑造组织形象的意义

《美国周刊》有一篇文章这样写道："在一个富足的社会里，人人都已不太斤斤计较价格，产品的相似之处又多于不同之处。因此，公司的形象就变得比产品和价格更为重要。"这充分说明在当今市场日趋繁荣、竞争更加激烈的社会环境下，良好的形象已经成为组织的无形资产和无价之宝，对组织的生存与发展具有特殊的意义。

（一）建立良好的组织形象可以树立和强化组织公信力

良好的组织形象可以为具有该组织名称的任何一项方针和政策创造一种行为与信心，可以为任何一种产品或服务创造一种消费信念。如果一个组织、企业为社会公众所信赖，那么社会公众自然会信任这个组织所制定的方针、政策，相信这个企业的产品或服务的质量。

（二）建立良好的组织形象能为组织创造一个优良、和谐的内、外环境

在组织内部，良好的组织形象可形成和谐的组织气氛和强大的凝聚力，可以使员工在组织内外环境中产生一种优越感和自豪感，是吸引人才，保留人才，激发员工生产积极性和创造性的最重要因素。在组织外部，良好的组织形象可以为组织形成一大批追随者，他们以拥有或购置该产品为荣，通过这种方法提高自信心和树立自身形象。这是组织形象作用的最高境界。提高良好的组织形象还可以使组织免受各种挫折和危机的影响。有国外人士讲："如果可口可乐公司遍及世界的工厂一夜之间全被大火烧光，那么第二天的头条新闻将是各国银行巨头争相为其提供贷款。"究其原因，是良好的组织形象使然。

（三）建立良好的组织形象可以提高企业竞争力

企业形象建设是现代经济发展对组织的客观要求。随着生产力的发展，市场生产形式也逐步由低级形式向高级形式演变，在商品经济初期，企业之间的竞争主要是生产竞争，企业竞争力决定于企业的生产能力，但随着生产力的发展，产品供大于求，竞争形式则由生产竞争转变为销售竞争，即企业要大力开展推销活动和广告宣传，用销售刺激、诱使顾客采取购买活动。随着市场上商品供大于求和贸易市场的形成，企业竞争又从销售竞争转变为产品竞争，即谁拥有适销对路的产品，谁就能在竞争中取胜。如今，企业竞争又由产品竞争转向了形象竞争，现代经济运行的实践表明，仅仅依靠产品竞争，组织的生存与发展的基础并不牢固。当企业在满足顾客个人需要而与社会利益发生矛盾时，就会遭受社会舆论的谴责和社会公众的反对，从而危及企业的生存。企业只有努力建立自己的良好形象，使企业价值同社会责任相统一，使企业效益同生态效益、社会效益相统一，使名牌产品同名牌企业相统一，才能在激烈的市场竞争中立于不败之地。

三、组织形象的塑造与传播

（一）消除误区

尽管组织形象的重要性已为越来越多的组织领导层所认识，但在实际中，还是存在着对组织形象的若干误区。只有消除组织形象塑造中的误区，才能树立正确的组织形象观。在现实生活中，主要有以下几种误区：

1. 组织形象无用论

这种论调认为：组织形象是摆花架子、图形式，中看不中用，以前从没听说或没塑造过组织形象，不也照样获得成功吗？市场竞争是短兵相接，时间就是金钱，市场是不会让你从容地塑造好形象再参与竞争的。

2. 组织形象万能论

这种论调认为：组织形象是点金术，是灵丹妙药，企业形象一导（导入）就灵；只要导入组织形象战略，组织就会像可口可乐那样名扬四海，像微软公司那样财源广进，像清华同方那样潜力无限。

3. 组织形象趋同化

照搬照抄的组织理念设计和行为设计，大同小异，毫无本组织的特色和个性。在为企业设计企业精神时，大部分的企业都是选择诸如“团结、创新、求实、奉献、文明”等词，形成一种高度趋同化的企业精神。

4. 组织形象盲目化

组织形象应该是组织长期的经营理念、经营宗旨及其他方面的集中、综合反映，应该具有典型性、代表性、综合性。但很多组织在塑造形象的过程中，既不了解组织的历史及发展过程，又不针对公众开展调研，工作往往带有很大的盲目性，很难被公众认同。

针对上述组织形象塑造过程中的误区，组织在进行形象塑造时必须树立正确的组织形象观，努力避免或消除对组织形象的不正确看法。既不要因看不到组织形象的作用而轻视，也不要因组织形象有作用而人为拔高，同时在组织形象设计和实施过程中要注意特色，注意针对性和代表性，只有这样才能真正搞好组织形象的塑造工作。

（二）组织形象塑造与传播的方法

1. 掌控时机

捕捉组织形象塑造的有利时机，以达到事半功倍的效果。不同的时期，组织形象塑造的途径和方法会有所不同，能巧妙地把握时机，因势利导，就能收到事半功倍的效果。

（1）新组织创立时期。新组织创建开业时，还未能与社会各界建立广泛联系，知名度不高。这时，组织如能确立正确的经营理念、完善的组织和员工行为规范，设立独特的视觉识别系统以及最佳的传播方式和媒介，就能给公众留下美好的第一印象。

（2）组织顺利发展时期。这时应致力于保持和维护组织的形象和声誉，巩固已有成果，再接再厉，进一步提高知名度和美誉度，以强化组织在公众心目中的良好形象。当组织处于顺利发展时期，其各方面运转往往较好，因此，可供利用的宣传机会和“扬名”机会当然也会多些。

（3）组织处于逆境时期。组织的发展不可能是一帆风顺的，当组织处于逆境时，公关人员最主要的是沉着、冷静，善于捕捉组织中的亮点，然后抓住有利时机，采取灵活机动的宣传策略，以赢得组织内外公众的支持、理解和合作，帮助组织顺利渡过难关。就算是组织处在最困难时期，只要公关人员勤于思考，善于发现，总能找到一些组织的亮点。某企业可能因经营不善导致亏损，经济效益下滑，员工福利受到影响，外部的公众如供应商、代理商、顾客组织的支持力度也有减弱的趋势，组织看起来很困难。这时，公关人员便要努力寻找组织亮点：如企业虽暂时处于困境，但企业有雄厚的基础，或者有良好的企业形象，或者有超强的技术开发实力，或者有诱人的发展前景，或者有乐观自信的员工……这些都可作为对内、对外宣传的突破，作为使组织重新赢得公众信心的催化剂。正如一句流行语所说，“只要思想不滑坡，办法总比困难多”。

（4）组织推出新产品、新服务项目、新的方针政策或经营方式时。这时组织面临的最大挑战就是如何消除公众的观望与等待的态度。由于受人们消费惯性的影响，社会公众在组织推出新产品、新服务或新举措时，往往会持观望和等待态度。这表明消费者对这些新产品、新服务、新举措还不了解，还有疑虑，还存有戒备心理。因此，这时公关部门应主动出击，采取有针对性的措施，如现场产品（服务）展示、操作示范、广告宣传等，消除公众的疑虑和摇摆态度，把公众的注意力尽快地吸引到组织上来。

2. 把握原则

在塑造组织形象过程中，要坚持统筹兼顾，全面安排，保证组织形象的统一性和连续性原则。许多经营不佳、形象不好的企业，并不是因为没有去塑造组织形象，而是因为缺乏连贯一致的组织形象。保持组织形象的一贯性、连续性，才能逐步在公众心目中树立独特、统一、深刻的组织形象。

3. 讲究方法

组织形象塑造不仅是装修门面，美化环境，更是一个系统工程，也是组织的一项长期的公关任务。在进行组织形象塑造过程中，可以从以下几个方面入手：

第一，注重“硬件”形象建设。组织的产品技术、环境设施是组织的硬件形象，也是组织形象的物质基础，只有硬件过关了，组织形象才有了根基。

第二，注重“人”的形象建设。“人”的形象是组织形象的核心要素。在组织中，上至管理者，下至每位员工，都是组织形象的代表，公众往往通过他们的仪表、言行、服务来对组织形象做出评价。因此，贯彻全员公关意识，人人自觉维护组织形象是组织形象建设的关键。

第三，注重“软件”形象建设。这里指的“软件”形象建设就是组织文化建设。因为组织文化是组织生存、发展的灵魂和精神支柱，组织价值观念、组织哲学、组织目标等方面构成的组织文化体系是组织形象之“根”，组织形象则体现着组织文化。因此，努力打造独特的、优秀的、系统的组织文化体系，营造良好的组织文化氛围，才能使组织形象之花绽放异彩。

第二节　组织形象的塑造

组织形象的塑造主要借助于 CIS 的导入：CIS 是组织形象建设的重要工具，企业导入 CIS 的目的是增强组织形象的识别性和提高企业的竞争力。CIS 作为一个系统，它由三个子系统所构成，即 MIS（企业理念识别系统）、BIS（企业行为识别系统）和 VIS（企业视觉识别系统）。同时，它也具有许多自身的特征，从而形成了非常丰富的内涵。

一、CIS 的定义与功能

CIS 是 Corporate Identity System 的英文缩写，通常被译为企业识别系统。为准确阐述其定义，我们首先分别阐述一下“识别”即 Identity 和“企业识别”即 Corporate Identity 的含义。在此基础上，定义什么是企业识别系统即 CIS。

（一）企业识别（CI）

CI 是英文 Corporate Identity 的缩写，就字面可以直译为“企业识别”或“公司识别”。日本著名 CI 设计专家中西元男对 CI 的定义是：“意图地、计划地、战略地展现出企业所希望的形象；对本身来说，通过公司内外来产生最佳的经营环境。这种观念和手法就叫做 CI。”

（二）企业识别系统（CIS）

CIS 是英文 Corporate Identity System 的简称，被译为企业识别系统。进行企业识别，塑造企业形象，是一个系统工程，它需要企业全方位地开展工作。因而企业识别系统意指：统一而独特的企业理念和以企业理念为指导的行为活动及视觉设计所构成的展现企业形象的系统。企业通过这一系统的运用，即通过对企业经营理念的界定，并将这一理念贯彻于各种行为活动、视觉设计之中，从而让社会公众产生对企业的认知、认同，以便树立良好的企业形象。

因而，一个完整的企业识别系统是由企业理念识别系统（Mind Identity System，简称 MIS）、企业行为识别系统（Behavior Identity System，简称 BIS）和企业视觉识别系统（Visual Identity System，简称 VIS）三个要素所组成。三者各有其特定的内容，从而分别构成了 CIS 的三个子系统。

（三）CIS 的功能

CIS 在改善组织的内在体制，创造良好的经营环境等方面具有其他任何一种经营战略都不可比拟的作用。CIS 的成功推行，不仅可以形成企业的内聚力，吸引优秀人才，还可以使企业摆脱困境和旧的企业形象，促进产品的销售，拓展事业领域，改善公共关系，全面提高企业形象。

1. CIS 的内部功能

就企业内部来看，CIS 及其实施将会提高企业内部凝聚力，规范企业全体员工行为，整合企业各组成部分。

（1）凝聚功能。企业内部的凝聚力是企业从事一切生产经营活动的保证。通过导入 CIS，树立起一个好的企业品牌或企业形象，会使公司内部产生一种凝聚力。

第一，吸引人才，提高生产力。人才是企业发展与进步的基本因素。企业发展最重要的是寻求人才，培育人才。企业能否吸引优秀人才，确保企业管理水平和生产能力的提高，能否避免人才流失，是一个企业生存与发展的基础。

第二，激励士气，提高工作效率。通过 CIS 的实施，在企业内部统一思想，促进企业员工树立作为企业一分子的主人翁精神。企业形象好，知名度高，员工会觉得在这样的企业工作有一种优越感和自豪感，从而产生自信心。社会对知名企业的员工也将另眼相看。当员工为自己的企业感到自豪时，他们不仅会创造性地做好自身的工作，而且会在各种场合中自觉地把这种精神和感受传播给社会公众，为企业形象增光添彩。完整统一的视觉识别系统（如工作服、办公用品、企业标志等），能给人耳目一新、朝气蓬勃的感觉，能够振奋员工的精神，激励员工的士气，提高工作效率。

第三，目标一致，树立团队精神。企业缺乏凝聚力的原因，不是缺乏基本理念，就是理念不当，要么就是没有实施理念的目标。整个企业的员工如果都围绕 CIS 所规定的理念进行工作，将是企业成功的重要保证。CIS 对所有职工提出了相应的责任与义务，在共同的价值观面前，人人平等，从最底层的生产人员、辅助人员到最高层的管理人员，无一例外地在统一的价值观指导下履行各自的责任与义务，这有利于企业形成平等、协调的人际关系和行为规范，积极向上的敬业精神和实事求是的办事作风。员工会产生与企业同舟共济、同存共荣的归属感和相互协作的团队精神。通过 CIS，企业内部思想认识获得统一，有利于各部门统一步调，统一行动，积极配合，使整个企业同心同德、和谐融洽。

（2）规范功能。企业需要一套良好的、操作方便的管理系统。CIS 开发设计完毕后，形成的所有规范内容，最终制定为 CIS 规范手册，这个手册起着内部“宪法”的作用。可将这个手册发放到企业各个执行部门的相关工作人员以及社会各协作部门手中，全体员工共同遵守和执行，以保证企业识别系统的统一性和权威性。CIS 规范手册的主要功能就是完善企业内部管理系统。在企业的各项活动中，由于贯彻执行了 CIS 规范手册的内容，可使企业从产品的生产、销售到服务，从员工的生活、工作到教育培训都井然有序。以麦当劳公司为例，截至 1999 年 8 月，麦当劳已经在全球开办了 25 000 家连锁店，如此庞大的规模，管理的复杂性难以想象。但由于麦当劳导入 CIS，管理的各个方面都有规则可寻，因此其全球行动的统一性达到了惊人的程度。无论顾客走到哪一家麦当劳分店，他都能得到份额相同、风味相同的食品，看到一样风格的餐厅装饰，享受到一样品质的服务。麦当劳公司的管理何以能达到这种程度呢？原来，麦当劳公司有一本厚达 385 页的程序手册。手册包括《营业训练手册》、《岗位检查表》、《质量指导手册》、《管理发展培训》几个部分。手册中，小到洗手、刮胡子、修指甲，大到经营管理、岗位培训、奖励、晋升，都规定得十分具体详细。正是靠着各项严密、系统的规范性要求，麦当劳公司的经营理念才在全球的连锁企业中得到贯彻落实，麦当劳公司才能成为世界快餐业的霸主。企业工作标准统一化，简化了管理系统的作业流程，提高了工作效率。可以说，CIS 的策划和推行是加强企业内部规范化管理的一个有力工具。

（3）整合功能。企业在多角经营中具有不同的价值观、不同的经营理念、不同的行为规范、不同的视觉系统，单靠某个企业家的个人能力去发号施令，难以把整个企业统一起来发挥应有的规模效应。而借助 CIS，可以建立一个客观的约束机制，使各个子公司相互认同，相互协作与支持。这就是 CIS 的整合功能。

2. CIS 的外部功能

CIS 及其实施，在企业外部，能够使企业形象得以传播，得以识别，并对社会公众有一种感召、吸引的作用。

（1）传播功能。企业形象作为社会公众对企业活动的印象和整体评价，离不开企业信息的传播。如何使信息准确、有效、经济、便捷地传送给信息接受者，一直是企业家们竭力追求的。而CIS可以使社会公众透过鲜明的视觉识别系统和系统化的企业行为从整体上认知企业信息。

（2）识别功能。CIS有效的识别功能使其基本特征——独创性合乎逻辑地发展起来。因为CIS的导入和实施，能够促使企业产品与其他同类产品区别开来。在信息社会里，人们的消费倾向会受到各种传播信息的直接、间接的影响。过多的信息，泛滥的广告，杂乱的活动，很容易产生传播上的干扰作用。因此，只有创造有秩序的、独特的、统一的企业识别系统，才能产生一目了然的识别效果，塑造良好的企业形象，最终在消费者心中获得认知，建立起对企业的信心和对品牌的偏好。

CIS的优势，在于它把企业作为行销对象来处理。将整个企业的理念、文化、行为、产品等形成统一的形象概念，借助视觉符号表现出来，全面地传播给社会。人们可以多视角、全方位地对企业加以鉴别，决定取舍。因为CIS具有统一性，所以人们不管从哪个角度，所得到的企业形象总是一致的。

随着世界经济的发展和国际交流的日渐频繁，在各国语言文字存在障碍的情况下，企业标志可以被视为世界通用语言，它能消除障碍，利于沟通。优秀的企业标志大都造型简单、寓意清晰、色彩鲜明、易看易记。如麦当劳公司的“m”标志，可观性很强，极易识别。从色彩方面，企业使用象征自己特色的色彩（又叫“标准色”）以达到识别的目的。心理学家的研究表明，同样大小的画面，彩色比黑白具有更强烈的吸引力，而且人们对图形的识别和记忆，首先是颜色，其次才是形状和线条。这是因为色彩能造成和引发联想、渲染环境。所以企业使用色彩鲜明的标准色可以增强识别度，有人甚至称色彩是企业的第二商标。例如可口可乐公司的红色，洋溢着青春、健康、欢乐的气氛。人们看到红色的色块加上白色飘带和字母就让人联想到可口可乐。而柯达公司的黄色，充分表现出其色彩饱满、璀璨辉煌的产品特质。

（3）感召功能。CIS的实施及企业形象的树立会对社会公众形成一种强烈的感召力，也就是说，企业会拥有一种和谐的社会关系环境，使企业能获得社会各方面的支持，使企业各方面的活动容易展开，CIS的感召功能包括以下几个方面：容易筹集资金；能增强投资者的好感和信心，缓解危机；能扩展企业的供销渠道；能吸引更多的优秀人才；会得到社会各阶层人士的支持。

企业不可能脱离社会而生存，作为社会系统中的一分子，企业必须获取社会各阶层人士的支持与合作。拥有良好的企业形象，企业将拥有一种良好的社会关系环境，社会各阶层的公众将会给予企业积极主动的支持。例如，来自大众媒介组织及其新闻人员的支持，来自社会名流的支持，这对企业来说都是非常重要的，它会使企业运作处于一个良性循环之中。

二、CIS的构成

（一）理念识别系统（MIS）

1. 理念及理念识别

理念这个词最早出现于希腊柏拉图的著作里，它是指一种观念、思想、意识。理念的英文含义强调与肉体相对的“心”、“精神”、“意识”的意思，同时也有“意向”、“意见”、“见解”和“理智”、“理念”等含义。作为企业经营管理的一个术语，主要是指经营思想、经营意识。而识别在前面已有介绍。因而，理念识别是指设计、策划、实施统一独特的企业理念并为公众所认知、认可的过程。

2. 理念识别系统的具体内容

企业理念有其丰富的内容和构成要素，这些内容和要素构成了完整的理念识别系统。它主要包括以下几方面内容：企业使命、经营宗旨、经营哲学、经营战略、经营方针、行为准则、企业价值观。

（1）企业使命。企业使命是企业行动的原动力，它含有两层意思：功利性和社会性。任何企业都将追求最大限度的利润作为其最基本的使命之一；同时，它作为社会构成中的细胞，必然对社会承担相应的责任，为社会的繁荣和发展完成应尽的义务。在实际中，企业要兼顾功利和社会责任，舍去任何一个，企业都将无法生存。因而，明确了企业使命，就明确了企业自身存在的意义，找到了企业存在的位置。企业使命是构成企业理念识别系统的最基础要素。

（2）经营宗旨。企业经营宗旨就是企业的最高目标。以一定的方式满足顾客的需求，从而借此实现自己的利润目标，应是每一个企业的经营宗旨。任何企业都以营利为目的，但若不以满足顾客需求为经营宗旨，并借此实现这一目的，企业将失去竞争力，不能长久存在。

（3）经营哲学。企业经营哲学就是企业的指导思想，是指导企业决策及活动的工具。企业哲学一旦确定，它将成为所有决策与活动的中心，即一切决策及活动将按其要求做。经营哲学是理念识别系统的中心构成要素。

（4）经营战略。为履行企业使命，实现企业宗旨，在经营哲学的指导下，企业必然要进行战略规划。经营战略是指企业在对周围环境分析的基础上，所制定的长远目标以及为实现这一目标的方案和措施。经营战略是目标和手段的统一，是带有全局性、长远性、重大性的决策和规划。它为企业经营指明了方向。

（5）经营方针。经营方针是指为执行和实现企业经营战略而做的指导性规定，是企业经营哲学的细化。企业经营宗旨和战略目标甚至是战略措施可以相同，但企业的经营方针必须不同，它保证企业以一种什么样的方式或特色要求实现其目标。

（6）行为准则。行为准则是指企业所有员工在其各自的工作岗位上应遵守的有关具体规定和制度。如服务公约、劳动纪律、工作守则、操作规程、考勤制度等。

（7）企业价值观。企业价值观是指企业及所有员工对其活动意义、作用的认识、判断及由此而决定的行为趋向。它是从每一个人的认识、看法、判断方面对企业经营哲学和行为准则所进行的补充。

（二）企业行为识别系统（BIS）

企业行为识别系统是企业理念识别系统的外化和表现。企业行为识别是一种动态的识别形式，它通过各种行为或活动将企业理念贯彻、执行、实施。

企业理念要得到有效的贯彻实施，首先要科学构建企业这一行为主体，包括确定企业组织形式、建立健全企业组织机构、合理划分部门、有效确定管理幅度、科学授权。企业主体架构完善，企业的运行机制才能完善，企业的行为才能有一个基础保证，企业的理念才能真正贯彻执行。所以，在企业行为识别系统中，企业主体特征是最基础性的因素。

企业的行为包括的范围很广，它们是企业理念得到贯彻执行的重要体现领域，包括企业内部行为和企业市场行为两个方面。内部行为有：员工选聘行为、员工考评行为、员工培训行为、员工激励行为、员工岗位行为、领导行为、决策行为、沟通行为等。企业市场行为包括企业创新行为、交易行为、谈判行为、履约行为、竞争行为、服务行为、广告行为、推销行为、公关行为等。上述各种行为只有在企业理念的指导下规范、统一，并有特色，才能被公众识别认知、接受认可。

（三）企业视觉识别系统（VIS）

1. 企业视觉识别系统概述

企业视觉识别系统是由体现企业理念、业务性质、行为特点的各种视觉设计符号及其各种应用因素所构成，是企业理念系统和行为识别系统在视觉上的具体化、形象化。企业通过形象系统的视觉识别符号将企业经营信息传达给社会公众，从而树立良好的企业形象。

根据心理学理论，人们日常接受外界刺激所获得的信息量中，以视觉感官所占的比例最高，达到83%左右。而且视觉传播最为直观具体，感染力最强。因而，采取某种一贯的、统一的视觉符号，并通过各种传播媒体加以推广，可使社会公众能够一目了然地掌握所接触的信息，造成一种持久的、深刻的视觉效果，从而对宣传企业的基本精神及独特性起到很好的效果。

2. 企业视觉识别系统的要素构成

企业视觉识别系统所涉及的项目最多、层面最广、效果最直接，与社会公众的联系最为广泛、密切。归纳起来，企业视觉识别系统可分为基本要素和应用要素两部分。

（1）企业视觉识别系统的基本要素包括：企业名称，企业品牌标志，企业品牌标准字体，企业标准印刷字体，企业标准色，企业造型、象征图案，企业标志和企业标准字组合系统及其使用规范，企业精神标志及口号，企业精神标志、标准字与企业形象象征图案的组合系统及使用规范。

（2）企业视觉识别系统的应用要素包括：产品设计，包装设计（包括封套、包装盒、包装箱、胶带、包装纸、手提袋等），办公用品（包括名片、各种文具用品、信封、信纸、便笺、请柬、贺卡、明信片、证书、奖牌、赠品等），业务用品（包括各种表格、发票、单据等），室内环境与设备（包括室内造型设计、办公室布置、橱窗布置、标示牌、部门牌、公告栏等），招牌、旗帜、标志牌，陈列展示（包括展会设计、展板等），建筑外观（包括建筑物外装修、装饰、环境设计等），交通工具（包括各种货车、公司巴士、轮船甚至飞机等），广告设计（包括各种媒体），衣着制服（各级员工四季服饰及配件，如公文包、领带、纽扣、帽徽、胸卡等）。

三、MIS、BIS、VIS 的关系

CIS 中包括理念识别系统、行为识别系统和视觉识别系统三部分。三者相互联系、相互促进、不可分割；三者功能各异、相互配合、缺一不可。它们共同塑造企业的形象，推动企业的发展。

在 CIS 中，理念识别系统处于核心和灵魂的统摄地位，因为企业识别正是将企业的理念贯彻于其各种行为之中，并运用整合传媒系统，特别是视觉设计，传播给企业的内外部公众，使其对企业产生识别和认同。

企业理念识别是导入 CIS 的关键，能否设计出完善的企业识别系统，并能有效地贯彻，主要依赖于企业理念识别系统的开发与建立。企业理念属于思想、文化的意识层面，因而，它对企业的行为、视觉设计和形象传达具有一种统摄作用。没有理念的指导，企业将成为一盘散沙，既无规范的行为可言，也无统一的视觉形象可言。

企业理念系统虽具有丰富的内涵，但如果不对它进行应用，它将毫无意义。应用或实施需要靠人的行为，然而，企业仅通过人的行为来传达和树立形象毕竟是困难的。在企业的行为活动过程中，只有借助于一定的视觉设计符号、一定的传播媒介，并将企业理念应用其中，形成对广大公众的统一视觉刺激态势，才能真正提高公众对企业的认识和记忆。

CIS中的三部分分别处于不同层次。如果以一棵树来进行比喻的话，VIS是树冠，包括绿叶、花和果实，BIS是树干，而MIS则是树根。树干和树冠须从根部吸取水分和养分，而树根只有通过树干和树冠才能证明自己存在的价值。如果我们将CIS比作一个人的话，MIS是心，BIS是手，而VIS是脸，三者偏废一方，都将不能形成完整的形象。“心”之想，需要通过“手”之做才能实现，需要通过“脸”之情才能展现。

四、CIS导入计划

CIS系统的导入是一项系统工程。它标志着企业的行为将进入全方位的、高标准的、规范化的经营管理工作之中，是企业经营管理观念、发展战略、公共关系活动、视觉形象等全方位的自我更新和本质升华。

（一）导入CIS的建议书

一般情况下，企业CIS工程的启动是企业公关部门或企业外围从事CIS设计、咨询的公司根据企业需要，通过调研分析，向企业提出导入CIS建议。

（二）导入CIS的计划流程

导入CIS的计划由企业形象调查分析、企业CIS设计项目、企业CIS导入推进计划三部分构成。具体操作步骤有以下几个环节：

（1）CIS计划的开始和确认。导入CIS的建议书被通过批准，企业决策层认同CIS开发设计和导入项目。

（2）组建CIS建议领导机构。企业设置由CIS专家、企业内部领导和CIS相关人员构成的企业CIS建议委员会，确定总负责人和具体项目负责人。

（3）现状研讨。组织CIS调查与企业CIS现状研讨活动，找出问题并确定对导入CIS的期待。

（4）确定CIS导入方案和项目成果及定位步骤，使导入CIS计划推广方案、项目成果、定位步骤明确化。

（5）形成CIS总概念报告书。根据调查结果分析及研讨，构成企业CIS概念方案，对企业的定位、精神理念、形象识别等方面得出基本结论，作为企业CIS设计的基本依据。

（6）企业理论体系的构筑。根据企业CIS总概念，研究确定表现新的企业理念体系。

（7）企业识别系统的再构筑。根据CIS总概念和新的企业理念，研究确定企业名称、标识及有关标志的问题。

（8）设计测试及法律核定。把已设计出的包括企业名称、标志、商标向指定测试对象进行新设计基本理念反应测试，并核定商标、标志、办理注册等必要的法律措施。

（9）编制 CIS 手册。以设计基本形态为中心开发设计 CIS 基本要素系统和应用要素系统，编辑印制成册。

（10）CIS 设计成果发表与导入。对内外发表 CIS 设计成果并进行员工 CIS 教育、宣传工作，在此基础上，制定 CIS 的应用问题及在企业内有效推进、导入操作方案。

（三）企业 CIS 导入时机的把握

CIS 导入就是要使企业形成与其他企业相区别的实体印象，解决企业与社会、企业与自然的关系问题，通过全新的企业形象来改善和推进企业与社会、自然的关系状况，并以此推动社会发展，维护企业、社会、自然的动态平衡。因而企业应把握自身现状和发展的需要，把握好 CIS 导入的最佳时机，才能取得理想的效果。企业一般可以利用以下时机实施 CIS 导入。

1. 企业成立或改制重组

新建企业、企业改制重组或企业成立集团都是导入 CIS 系统的最佳时机。因为“新建”，所以可以一开始就设定整套 CIS 系统，规避了企业陈规陋习的影响和来自“传统”理念的束缚。这样，CIS 导入成本相对较低，不存在对原有形象的矫正问题，能迅速地用全新 CIS 系统进行对内宣传和对外传播，展示全新的企业形象。

2. 企业周年纪念

当企业完成了初建时期的创业历程，具备一定的实力、规模，进入“二次创业”之际，借助周年庆典，实施 CIS 系统导入是非常有利的时机。它有着继往开来发展的意味，昭示着企业在全新的发展平台上迈向持续发展，规范运作的现代企业运行轨道，在一定程度上能起到对内振奋精神、激发员工的自豪感、提高凝聚力和战斗力，对外展示全新的企业形象的良好作用。

3. 企业决策层的重大人事变动

“新官上任三把火”，新一任企业领导在面临企业经营、管理方针、战略重大改变之时实施 CIS 导入，对于展示新任领导的信心、鼓舞士气、树立全新的企业形象是十分有利的。

4. 重新塑造企业形象

当企业面临危机，无论是产品危机、形象危机还是管理危机、生存危机之际，面对着社会舆论评价不利，内部员工士气低落、企业经营管理不善、形象受损的重要关头，把企业内部整顿与 CIS 导入结合起来，能够起到鼓舞人心、加强管理、矫正形象、强化市场竞争力的作用。

5. 超越竞争对手，强化品牌形象

现代社会，企业产品、服务、形象已进入“同质化”竞争的时代，导致同行业的差异性模糊，竞争惨烈，为满足大众消费“向个性化消费”转变的趋势，“认牌购物”的公众消费心理，企业适时地进行 CIS 导入，能达到营造新颖的视觉环境，塑造独特的企业形象，在同行业中“脱颖而出”的良好效果。

6. 股票上市

在企业股票上市之际，如果企业能及时地实施 CIS 导入战略，对于传播企业形象、吸引股民、培养自身的股票市场，展示独特的企业魄力，具有十分重要的作用。

（四）CIS 导入的误区

许多企业对 CIS 一知半解，急于导入，致使 CIS 实施陷入误区，直接影响了 CIS 的效能。目前，企业 CIS 导入中的误区主要有以下几个方面。

1. 简单模仿，缺乏个性

没有专业人员参与，未进行深度调研，简单地套用一个“好看的”标志，就形成 VIS 系统，结果整个 CIS 没有个性，理念苍白，这样做虽然省事，但是起不到作用。

2. 用 VIS 代替 CIS

许多企业或广告设计公司直接把 CIS 的内涵同 VIS 等同起来，以为有 VIS 系统就有了企业 CIS，企业只花钱做了“包装式”的 VIS 导入，就算实施了 CIS 战略，把 CIS 导入做成了“门面”工程。

3. 重设计，轻导入

企业一哄而起，进行了 CIS 设计，结果由于财力问题或是工作重心转移问题，往往将 CIS 建设导入工作束之高阁，或者顶多应用于广告宣传了事。特别是 CIS 系统中的理念识别系统、行为识别系统如果在企业运行中得不到贯彻，不能把 CIS 导入等作为一个系统的工程来对待，就会导致 CIS 导入半途而废。因此，企业想真正用好 CIS 工具，进行企业形象建设，企业高层领导必须要站在企业生存发展的高度，制定切实可行的 CIS 实施推进规划，才能达到将稳定的企业经营理念及个性特征，通过独特统一的视觉和行为规范系统进行整合传达，使员工形成与企业相一致的价值观，使社会公众产生认同，从而建立鲜明的的企业形象，提高市场竞争力，创造最佳经营环境。

复习思考题

1. 组织的形象主要由哪些方面构成？
2. 什么是 CIS 系统，它由哪几部分构成？
3. 导入 CIS 的计划流程大致由哪三部分构成，每个部分的主要内容是什么？

实训题

结合 CIS 系统理论，对本专业进行形象设计。

实训目的：初步掌握组织形象设计的内容与方法，了解 CIS 制作的基本内容，体验组织形象建设的意义。

实训操作提示：

1. 拟出专业形象建设 CIS 策划方案（可写框架思路：导入 CIS 背景、导入 CIS 时机策划、MIS 提炼设计、BIS 的基本行为规范简单设计、VIS 部分可简化成标志设计、标准色设计、标准字体设计、旗帜设计、标志物设计、T 恤设计等，可以找广告设计制作专业学生协助完成）。
2. 举办 CIS 导入新闻发布会。展示 CIS 设计成果，回答记者提问。
3. 有条件的把设计成果纳入本系专业形象建设工作，并认真实施。

第七章

秘书公共关系的日常工作

引例：一天，某啤酒厂办公室接到一封客户来信，说买了一瓶啤酒，还未开盖，就见瓶里漂浮着一片树叶，客户戏称这是该厂新产品——绿色食品“树叶啤酒”。随信还寄来了两张彩色照片，啤酒瓶中的漂浮树叶清晰可见，并说准备登报。办公室马上向厂领导反映了情况，厂部当即决定：由办公室负责，尽快找到客户，尽力防止信息扩散，收回那瓶啤酒，并对客户给予一定的经济补偿，数额依情况而定。当天，办公室马上派出秘书按照信上的地址找到客户家中，看到了“树叶啤酒”。先感谢客户及时向厂里反映产品质量问题，然后当场给予300元作为一次性奖励。客户很是感动，原以为会石沉大海，准备给报社写信反映情况，没想到这么快厂里就来人了，而且是当面致歉、致谢，所以就把那瓶有树叶的啤酒还给了他们。

第一节 秘书日常公关工作

一、日常接待工作

在秘书日常公关活动中，个人或组织来访是很常见的，这需要秘书做好来往迎送等基本的接待工作。做好日常接待工作，一方面可以倾听公众意见，密切联系；另一方面又有利于协调上级和下级、单位与单位之间的关系，推动各项工作的顺利进行。

（一）公务接待

1. 一般公务接待

当有客人来办公室拜访时，接待人员要热情相迎，一般的做法是：接待者亲切地走在前面，把客人引领到接待室门前，然后用左手轻轻地推开门并顺势先进入室内，侧身站在一旁，说一声“请进”，并伸手做出引导客人进入的手势，接着还要把客人带到座位前请客人坐下，倒茶、敬烟。

约见客人，主人应提早到达约定的场所。宁可让自己等候客人，也不可让客人等候主人。倘若客人先到，那客人在会客室是很不自在的。约请客人，不但自己要守时，而且应要求职员养成礼貌待客的习惯。

2. 专门的公务接待

公务活动中还应注意专门公务接待的礼仪。以信访接待为例，信访接待就是专门公务接待礼仪之一，对秘书的公关素质要求较高。

信访是组织了解公众呼声的重要途径，也是组织服务大众的公关核心工作的重要体现。

为了方便，接待室应设在易于找到又不太显眼的地方。接待室内应张贴有关信访的各种规定、注意事项和纪律等。受条件限制没有设专门接待室的，遇有来访者，有关领导应将来访者带到一个比较安静的地方，然后进行交谈，以免人多使来访者不便畅所欲言。

面对群众上访、投诉，接待人员应面带微笑热情招呼，请来访者入座。先问清来访者的姓名、工作单位、家庭住址、身份、有效证件等，然后询问来意及要反映的主要问题。听不清楚的，可有礼貌地提问。最后应把记录的要点向来访者复述看是否有误。一般不下结论，只告诉来访者听取回音的时间、途径和方式。在接待的整个过程中，不能居高临下，不能流露轻蔑、厌烦的情绪。

来访者多为一般群众，且多有实际的困难和问题，因此，接待人员要有礼貌地应付各种场面。

如果遇到说个不停的来访者，接待人员应持理解和同情的态度，不能粗暴地打断或漠然置之。因为对方想通过上访倾诉自己的抑郁与不快，希望解决自己的问题，接待人员可以让对方写成书面材料。

如碰到无理取闹的人，接待人员要理直气壮，讲清利害，打消其不切实际的幻想。必要时和有关部门联系，采取防范措施。

接待人员必须让来访者把话说完，核实所记的要点，告诉来访者要相信组织，问题总会得到合理的解决，等到调查研究之后定会给予回音，使其得到安慰，抱着希望，满意地告辞。当来访者告辞时，接待人员应起身相送，对于年老体弱者应送至门口，对不熟悉交通路线的要告诉来访者乘车的路线等。

(二) 公务迎送

迎送的规格应根据应邀客人的身份、来访的目的、性质和时间的长短等综合因素考虑。外事迎送遵循对等的原则。在公务迎送中，一是要由级别相当的人员代为相送；二是要安排合乎规格的住宿，可根据因公出差住宿开支标准安排，不要过高，也不要过低；三是要安排好车辆和各种物品。

1. 做好迎客准备

准备接站牌，安排好客人住宿的宾馆、饭店或旅馆。

对远道而来的客人，须提前去机场、车站、码头等候客人，避免客人久等或迷路。

为帮助客人尽快熟悉当地环境，可准备一些有关资料提供给客人查阅，如城市简介、交通图、游览图等。

2. 热情迎客

客人走下车、船、飞机时，主要迎接人员应走上前去欢迎、握手、问候。如果有乐队的，应当奏欢迎曲。

由礼宾工作人员将主人介绍给来宾，再由主人向来宾一一介绍前来欢迎的人员。主人介绍后，由客人向主人一一介绍随同前来的其他客人。介绍后稍事寒暄。

3. 陪车

如果陪客人同乘一辆轿车，要首先为客人打开轿车的右侧后门，并以手掌挡住车篷上沿，提醒客人不要碰头。等客人坐好后，方可关门。最后，接待人员应绕道车尾从左侧后门上车。轿车上的座次有主次尊卑讲究。一般认为，车上最尊贵的位置是后排与司机的座位成对角线的座位，即后排右座。其余座位的主次尊卑顺序是：后排左座、后排中座、前排右座。

抵达目的地时，接待人员要先下车，从车尾绕过去为客人打开车门，以手挡住车篷上框，协助其下车。

4. 下榻

客人到达下榻处后，接待人员不宜久留，以便客人休息。离开前，可以送上事先安排好的日程表，并征求客人意见。

5. 安排拜访与宴请

客人安顿好后，主人应登门拜访。拜访的时间不应过长，因为这是礼节性的拜访，问寒问暖，问问有什么困难等即应告辞。

6. 送客

这是公务迎送的最后环节。首先，协助外地客人办好返程手续。应准确掌握客人离开本地的时间以及对所乘交通工具的意见，为其预订好车、船、机票，尽早通知客人，使其做好返程准备。作为主人，可以为长途旅行的客人准备一些途中吃的食品。

其次，在客人离开的当天或前一天为客人送行。临别前一天送行，应到客人住地热情、诚恳、有礼地对招待不周表示歉意，征求客人的意见，询问客人还有什么困难需要帮助解决等，然后道别。客人返程的当天送行，一般应送到车站、码头或机场，陪同客人候车、候船或候机，直到客人离开后再离开，如果自己不能前往，应向客人说明原因，表示歉意。

二、编写宣传资料

我们往往用“站起来能说、坐下来能写、跑出去能干”来形容秘书的基本技能。秘书除了一般公文写作外，还应掌握公关写作的技巧。

（一）新闻稿

秘书公关人员要把有关组织的重要消息传递给公众，让公众及时了解组织的情况，经常采用的方法就是撰写新闻稿，借大众传媒发布出去。这是不花钱的宣传，并且可信度比付费宣传——广告，效果要好。

撰写的新闻稿能否发表，要看其内容是否有新闻价值。根据新闻学原理，一件事情，只要具备了这样几个特性，就算有了新闻价值：（1）重要性，指对经济生活和社会生活有重大影响的事件；（2）显著性，指取得的成绩、经验等，能够引起社会的关注；（3）时效性，指新近发生的事；（4）接近性，指离公众空间距离和心理距离近的事；（5）人情味，指充满感情和有悲欢离合的事。公共关系人员每天要接触组织内外的许多事，发生了具备上述特征的事，即具有新闻价值的事，就应该写成新闻稿，通过电台、电视、报纸向公众报道，宣传组织，扩大影响。

对于一个企业来说，以下这些方面都可以成为新闻稿的内容：（1）企业发展史上的年度纪念、奠基典礼、员工颁奖典礼；（2）产品科研、制造、销售和财经资源方面的新成就、新程序、新技术；（3）有关社会问题、劳工、教育、宗教等公共政策；（4）企业内获得重大成就的个人；（5）有关新的实验、调查与发现；（6）有关国内外市场的分析与展望；（7）商品开拓及新的服务项目；（8）获奖产品及其展望；（9）未来产品及其推销计划；（10）员工的学习、娱乐、保健及其他福利活动。对于公共关系人员来说，要根据组织的实际情况以及新闻媒介的要求，适时地、有针对性地撰写新闻稿。

新闻的结构常见的有三种：（1）倒金字塔结构。这种结构的新闻一般由两大部分组成：导语和主题内容。导语是一篇新闻的灵魂。导语之后是主题内容。主题内容主要由事实构成，新闻事实严格地按照重要的在前，次要的在后的原则来排列。如果说导语第一重要，那么“事实一”就是第二重要，“事实二”就是第三重要，以此类推。新闻采用倒金字塔结构有两个优点，一是节省读者时间，读者只要看一下导语，就能够掌握新闻里最重要的信息；二是便于编辑删改，由于版面或其他原因，编辑在对新闻删改时，只要由上而下逐渐进行删改即可。(2) 并列结构。这种结构的新闻常常使用一则概括性的导语，然后把新闻事实有机地排列在主体中。主体中的“事实一”与“事实二”，“事实二”与“事实三”等诸多虽然排列顺序有些变化，但其重要性几乎相同。(3) 顺时结构。这种结构的新闻要求按时间顺序来写，先发生的事实在前，后发生的事实在后。其导语可以是概括性的，也可以是最早发生的事实。

新闻的标题是新闻的眼睛。其结构样式可分为三种：(1) 单行标题。单行标题多为实题，具体明确地概括出新闻的内容，如，“今日美元猛跌引人注目”。(2) 双行标题。双行标题由主题和副题组成，有虚实之分。一般情况下，主题虚标，用于概括新闻的主要内容，说明中心思想，带有议论的性质；副题实标，如实地向读者报告情况，用以补充、说明主题。如：神枪手为国争光立头功（主题、虚题)；许海峰夺得奥运第一枚金牌（副题、实题)。双行标题虚实相同，互相统一，缺一不可。(3) 多行标题。常见的多行标题有三行标题，由引题、主题、副题组成。第一行为引题，用于交代背景，说明原因，引出主题；第二行为主题，与双行中的主题意义相同；第三行为副题，又叫辅题或子题，补充说明事实。

如：征地造房为啥等煞人？(引题)；一道公文背着 39 颗印章旅行（主题)：希望有关部门舍繁就简，多办实事，加快住房建设步伐（副题)。多行标题内容丰富，适合报道重大的题材。运用何种标题没用硬性规定，但要注意虚实结合。

新闻导语在写法上常见的有以下几种：(1) 叙述式，如：“英勇的人民解放军 21 日已有大约 30 万人渡过长江。”(2) 提问式，如：“为什么没有像小说、戏剧那样出现那么多引起广大群众共鸣的优秀作品？一些诗集、诗歌刊物的销售量为什么缩减？诗歌是不是像有人说的那样出现了‘危机’……面对这些疑问，全国各地一百多名诗人、评论家、研究工作者最近聚集广西，举行了全国当代诗歌讨论会。”(3) 引语式，如：“‘中国将继续改革开放’，一位中共权威人士昨晚在记者招待会上说。”(4) 对比式，如：“以出口哈瓦那雪茄著称的古巴，今年将进口烟草。”除此之外，新闻导语还有其他一些写法，写作时要因人因文而异。这里特别要指出的是，在新闻导语最早出现的时候，五个 W（Who、What、Where、Why、When）和一个 H（How）一应俱全，但重点很难突出，现在有些人倾向于突出某一个或几个 W，其他内容则在下文予以交代。

新闻应恰当地使用背景材料。新闻背景是指与新闻人物、新闻事件有机联系的条件和环境。新闻背景可分为四类：（1）历史背景。每个新闻事件都有自己的历史发展过程，人们也只有在一定的历史背景下才能充分认识新闻事件的意义。（2）人物背景。为了使新闻人物的形象立体化，使她或他在读者中产生较深的印象，有必要交代一些有关的人物背景。（3）地理背景。与人物背景一样，地理背景也可以使地名立体化，使读者对某一地方和该地方的声誉留下较深的印象。（4）事物背景。读者的知识面总是有限的，为了使读者更全面、更深入地理解某一事物，新闻的撰写者有必要交代一些有关的事物背景。总之，在新闻中，背景起着映衬、烘托、补充、说明、解释等辅助作用。

（二）广告文案

广告是利用一定的传播媒介，将产品和服务的信息传送给公众，以达到增加信任、传播产品（或服务）信息、扩大销售的目的。

广告可分为两类，一类是商品广告，一类是公共关系广告。这两种广告的制作需要科学的慧眼、专业的精心、艺术的魄力以及对公众情况、自身情况、媒介情况加以分析研究、提炼和加工。

1. 广告作品的目的

公共关系广告宣传组织的形象，其目的是：第一，谋求公众对组织的赞许和信任。第二，消除公众对组织的误会。第三，改进组织对公众的关系。这里所说的公众，既包括组织外的公众，也包括组织内的公众。

商品广告的一般目的是推销商品或服务，其具体目的是：第一，使人注意广告。第二，使人关心广告。第三，使人对广告和商品表示态度和意见。第四，使人理解广告的内容。第五，使人对广告和商品留下良好的印象。第六，使人再认识广告。第七，使人回想广告。第八，使人相信广告的内容。第九，使人对广告中的商品产生购买的欲望。第十，使人购买广告中的商品。以上十点，是由顾客的心理活动过程规定的。心理学把这个过程分为五个步骤，即注意、兴趣、记忆、需要、行动。广告作品必须与以上五个步骤相协调，但因侧重点不同，因而使彼此间呈现出千差万别。上面第一、第二点为注意，第三、四点为唤起兴趣，第五、六、七点为记忆，第八、九点为需要，第十点为行动，上述各个步骤，无论哪一步停止，都会使广告作品失败。广告作品的侧重点要根据宣传的产品以及该作品在整个活动中所处的地位和作品的类型来决定，面面俱到就会流于平淡。一般来说，宣传生活必需品，重点应放在吸引公众注意力上，宣传选择弹性大的商品，则以刺激兴趣为佳；推广产品牌子商标，则应突出创造的需要；传播企业名声形象，着眼于记忆；引起顾客采取直接购买行动的作品，适合用“欢迎选购”一类的措辞。

2. 广告作品的内容

公共关系广告的内容为：第一，以组织形象为主题。第二，以组织公共服务为主题。第三，以组织的贡献为主题。第四，以职工关系为主题。第五，以特殊事项为主题。第六，以人事事项为主题。商品广告的内容一般为产品（服务）介绍、促销活动宣传等。

3. 对广告作品内容的要求

不论是公共关系广告，还是商品广告，对其内容有如下要求：第一，可靠性，这个可靠不仅是指广告内容说的是真话，还指这些真话要为公众承认和接受。例如，广告在强调商品的物理特性和功能特性时，尽管是真的，但由于顾客不能亲自鉴别和使用，就无法评价广告所说的正确与否，因此广告内容还应有位“证明人”。这位证明人要令人信服，一般应由专家、权威等人们信赖的人士担任。这里的“权威”是广义的，不局限于政治权威、经济权威或某些名人，就洗衣机来说，家庭妇女就很有发言权，她知道洗衣机比搓板优越在哪里，使用中性能如何。第二，吸引力。这个吸引力不仅是指广告内容能吸引公众，还指广告内容的“提供者”对公众要有吸引力。人们对喜欢的人的话容易听得进去，所以，通过广告对象熟悉、习惯或喜欢的某种来源提供信息，在“提供者”和公众间就会产生和谐、共鸣，使公众连带对广告内容产生好感，也就是爱屋及乌。例如，有的商品广告常用电影明星、丑角充当广告内容“提供者”的角色，这时，信息来源的吸引力往往就等于广告内容的吸引力。

4. 广告稿的写作技巧

公共关系广告和商品广告的写作，都需要很高的公共关系技巧，并且要把这些技巧在广告稿中体现出来。

（1）标题。标题在大多数广告中起着最重要的作用，它决定着读者是否读正文。醒目的标题能够使销售量猛增。

（2）正文。不要转弯抹角，要开门见山。避免用比拟、类推。避免把话说绝，避免一般化和老生常谈；要具体真实，热情友好，还要易记；不要惹人厌烦，要讲真话，但要使真话具有诱惑力。广告尽量图文并茂，最好不用纯文字性的广告。除非有特殊的原因需要庄重和修饰，在写广告的时候，应该使用顾客日常交谈惯用的口语。广告诉求点要集中，不能说的太多，太散。

（三）公共关系简报

公共关系部门要经常编发公共关系简报。这种简报是公共关系部门向组织内外公众反映和沟通情况的一种公用文书。它可使上级组织的领导及时了解组织公共关系情况和问题，以便进行指导和帮助，还可以和同级相关组织沟通情况，而且可以使内部公众了解本组织在公共关系方面的成绩和不足，了解本组织领导有关的指示精神和工作布置，上下共同努力，把公共关系做好。

公共关系简报属于新闻范畴，它同报纸上的新闻有一致的地方。首先，内容必须真实可靠，不能有一点虚构；其次，时间要迅速，要把涉及公共关系方面的新情况、新问题及时反映出来；再次，篇幅要短，文字简明扼要，最好一事一报。公共关系简报与报纸新闻也是有区别的，新闻报道的范围更广泛，而公共关系简报却有特定范围，一般只限于本组织与公共关系有联系的事。

从内容上看，公共关系简报可以分为三类：第一类是情况简报。主要是向公众及时反映本组织公共关系方面的情况、问题，让大家知晓，供领导研究、参考。第二类是经验简报。主要用来交流经验，介绍先进典型的事迹。第三类是会议简报。主要是对某个会议进行报道，可以是连续式报道，也可以是一次性报道，此类简报大致可以从三个方面写，一是报道会议精神，其中包括有关领导同志的重要讲话和会议的决议；二是会上交流的经验；三是报道会议的讨论情况。

从结构上看，公共关系简报一般包括以下四部分：

一是标题。题目设计得好，可以突出所要反映的内容，引人注目。一般来说，简报的篇幅应较短，题目更不宜长，这样看起来也协调。

二是开头。简报的开头要求概括的、准确的点出简报的内容。开头应包括时间、地点、人物、事情、原因、结果等方面，同写新闻导语相似。要掌握“开门见山”的原则，一开场就把问题点出来，具体写法有两种：一种是叙事式，用概括性的叙述介绍简报的主要内容，特点是朴实、简明。另一种是结论式，先写出结果，主体部分再具体说明，特点是可以引人注意。

三是主体。主体是简报的中心部分，它承载开头部分提出的问题，用具体数字和典型材料来阐明简报的内容。主体部分一定要扣紧开头所提出的问题，不能“变调”。主体部分的层次安排有两种。一种是以时间为顺序，就是按事情的开始、发展、结果来写，优点是紧凑、清楚。另一种是按逻辑顺序，就是按构成事物的几个有关侧面来写，好处是深刻，易于铺开。

四是结尾。简报要不要有结尾部分，可因内容来定。事情比较单一、篇幅较短的，可以不单写结尾，话说完了就结束，干净利落。事情比较复杂，内容比较多的，可以写个结尾，就是做个小结，帮助读者加深印象。

（四）宣传资料制作

任何一个要与公众、与社会打交道的组织都应该有一套宣传自己的资料，并将这些宣传资料有选择、有目的地寄给自己的工作或服务对象，或者送给各个来访者。“企业宣传手册”、“企业宣传片”、“宣传展牌、宣传窗”等宣传资料使人们对组织有了初步了解，有助于组织与公众的沟通。

1. 宣传资料的内容

（1）组织领导人撰写的文字。组织领导人撰写的文字常常被安排在整个宣传资料的首页，这样可以增加宣传的权威性，还可以使人产生一种亲切感，不能把刊登组织领导人撰写的文字看成纯礼仪性的事情，而应该把它看做向公众宣传自己组织的一个极难得的机会。这不仅增加了这份宣传资料的分量，而且对于树立企业的良好形象起到了很好的作用。

(2) 组织的概况和历史。任何一份综合性的宣传资料都应该介绍组织的概况和历史。概况使人们对组织有全面的了解，历史会给人们一种立体感。写这部分时，文字力求简明扼要，信息容量应大，而且要有典型的人与事、组织所取得的成绩、获得的各种荣誉等。

(3) 特色产品或特色服务。每一个组织都有引为自豪的产品或服务，宣传资料应把这些产品或服务宣传出去，以引起公众对自己组织的兴趣。

(4) 组织文化介绍。包括组织的精神理念、目标使命、誓词、厂歌、标志及文字解释、行为准则、管理理念和各种文化活动等。

2. 制作宣传资料的注意事项

(1) 要重视图片、图表、数字的运用。有的宣传资料以文字为主，图片、图表为辅；有的则相反，以图片图表为主，文字为辅；也有的宣传资料图文并茂，难分主次。图片、图表在宣传资料中占有十分重要的地位，一幅生动的图片和一张明晰的图表往往胜过一段冗长的文字。图片要尽量采用精美纸张和较高级的印刷，以提高其保存价值。资料的封面应选取最精彩的图片，借以表现组织的某些特征，如有特色的建筑、有特色的产品、有代表性的人物等。

(2) 宣传资料不能印得过厚和烦琐。因为，一方面人们无法在较短的时间内看完厚厚的一本宣传资料，同时，宣传资料是免费赠送的，要考虑到组织的经费负担。

(3) 一个组织的宣传资料要经常补充新的内容，不能总是“老生常谈”、“老面孔”，那样公众会感到乏味和失望。

案例 7—1

福星公寓企业宣传片拍摄策划方案

一、企业形象宣传片的作用

信息时代，需要实时、快捷、全方位地传播信息。多媒体光盘作为一种崭新的资讯载体，集文字、图形、影像、动画、声音于一体，能在较短的时间内进行全方位、声情并茂而又重点突出地展示企业历史、产品、服务、技术、管理和企业文化。

企业宣传片能够生动直观地展示企业实力和企业文化，使信息传播更为轻松、有效，广泛适用于企业形象宣传、产品服务介绍、公关传播、员工教育培训、企业纪念礼品等方面。眼下，企业宣传片不仅已成为现代企业的一种时尚，更是企业文化中物质文化建设的一项重要内容。

二、拍摄具体要求

1. 时长：8 分钟～18 分钟

2. 制作要求

采用图片、照片、影视资料和平面动画手段拍摄，后期配音，合成制作。

3. 解说、配乐

由女性配音解说词。除配《最美不过夕阳红》外，其他可根据画面配其他敬老乐曲。

4. 镜头准备

（1）搜集历史资料照片、文件、图片。搜集建立 8 年来的各种历史资料，包括当初文件、采访上级领导、8 年成绩的照片、奖状、锦旗、奖杯、证书和领奖照片、影视资料。

（2）搜集 8 年来企业各种先进典型班组和典型人物事迹的文字和照片资料。

（3）搜集客户的座谈、服务以及用户反馈的事迹文字、照片、影视资料。

（4）搜集各级领导来企业视察、听取汇报及友好单位参观交流的文字、照片、影视资料。

（5）搜集整理企业文化建设活动的文字、照片、影视资料，其中包括开业、联欢会、大型活动、调研及与策划人合作方面的文字、照片、影视资料。

（6）搜集企业招聘培训活动的照片、影视资料。

（7）搜集企业历任领导在各种正式场合讲话的照片、影视资料。

三、宣传片内容大纲

1. 企业简介
2. 创业史回顾
3. 服务和创新
4. 企业文化
5. 先进事迹和人物
6. 服务情怀
7. 领导关怀
8. 成就展示

四、拍摄方案

1. 片头

画面：三维动画的两个老人伴随着《最美不过夕阳红》的音乐托出福星画

面，翻出立体福星标志后定格，从下方逐渐出现立体字“关爱老年生活，创建银色家园”。

2. 第一组镜头

画面：另一夕阳背景图片，福星公寓简介文字由下方缓缓推出。背景转换：当初的转型报告文件，策划方案文本，福星2000年开业一组照片，扩建后的外观建筑画面，公寓领导开会研究的镜头，企业8年创业的标题、标识内容镜头。(画面分割成两块：一块照片，一块滚动字幕)。

解说词：(略、女解说)

3. 第二组镜头

画面：策划组开会、《调研报告》、《全面升级系列策划方案》、《企业文化纲领》、《营销策划方案》、《服务系统设计》、《管理制度》、《员工手册》、《福星海选大赛》、《广告宣传单》、《VI系统》等系列文本一个个展开，策划组和领导班子开会论证镜头、升级策划思路图、运作步骤时间表。

背景音乐：《孝敬父母》歌曲。

解说词（女解说）：

受福星公寓企业委托，由当年的总策划再次担当本项目总策划。通过两周的广泛、深入地调研工作，完成了近两万字的调研报告，为此次项目的策划提供了科学的依据。

就养老产业来看，“银发产业”前景看好，老年公寓属朝阳产业，潜力市场巨大，社会需求呈上升趋势。但是，老年公寓属服务性产业，基本在微利状态下生存，赢利模式主要靠做品牌、搞连锁、输出管理，赢得规模效益。而目前我们老年公寓均处于“养老所”式的服务水准，靠入住人数生存的低层次营销模式，缺乏品牌和典范企业。整个市场属于“入列、站队”的起步阶段，此行业还未排出“名次”。

福星公寓决策层观念领先，有8年的老年公寓运作实践积淀，有通过全面升级改进，创建此行业“领军”企业的愿望和信心。

以目前本地区的老年公寓市场来看，没有一家管理规范、形象良好、服务品质上乘、具有品牌效应的品牌企业。大都处在“三顿饭，一张床”式的服务和追求入住率为企业发展目标的运作层面上。换句话说，唐山“养老企业”还缺乏行业典范。为此，立足长远，高起点打造福星品牌，走规范化、市场化、品牌化、规模化、连锁化的战略发展之路，通过一系列系统地策划、设计和导入，实施达到“硬件设施升级”、“软件环境升级”、“企业形象升级”、“服务品质升级”、“员工素质升级”、“管理水平升级”、“营销战略升级”、“企业文化升级”、“企业发展战略升级”的企业发展全面提升，实现跨越式前进的目的，对福星企业无论是现在和将来，都有着巨大的现实意义和战略价值。这不仅能迅速满足福星扩建后提高市场占有率，大幅度提高入住率的需要，更是为企业的扩张、发展奠定坚实的基础，提供企业发展战略的指导和经营管理模式的保障，还能使福星企业在同行业内率先超越社区养老的概念，进入养老产业化的良性发展阶段，带动我市乃至全省同行业的健康发展。

4. 第三组镜头

画面：孟子、孔子图片、福星企业文化纲领前言镜头

背景音乐：缓慢的古筝曲——《高山流水》。

解说词：

“老吾老以及人之老，幼吾幼以及人之幼。”这是孟子评论墨家的“兼爱非攻”时说的，出自《孟子·梁惠王上》。整句话的意思是“在赡养孝敬自己的长辈时不应忘记其他与自己没有亲缘关系的老人。在抚养教育自己的小辈时不应忘记其他与自己没有血缘关系的小孩。”这与孔子对大同之世的理解：“故，人不独亲其亲、不独子其子，使老有所终、壮有所用、幼有所长、鳏寡孤独废疾者皆有所养”的思想是一脉相承的。

“百善孝为先”。“孝”是人之为人最基本的道德底线，也是人类最基本的伦理道德内容。孝敬老人并不只是家庭问题，也是今天建设新型社区、发展社会主义精神文明和构建和谐社会的重要内容。孝道，是古人为人处世的美德之一，也是中华民族的传统美德。孝心、孝顺、孝道，是今天社会转型期对人际情感的感召。早在1999年，国际老年人年就提出了“建立不分年龄人人共享的社会”的主题，因此，尊老、敬老、爱老所表现出来的老少之间的互帮互助，不仅有利于老少之间的互相沟通，建立良好、和睦的家庭关系和社区关系，而且有利于巩固家庭养老，推进发展社会养老，保持社会稳定。无疑只有人人尊敬长辈，老人才会感到温暖和舒心；只有子女孝顺，老人才老有所养、老有所乐；只有家庭的稳定，才能实现社会和谐。

企业决心不负众望，秉承中华民族尊老、养老的传统美德，高举企业文化的旗帜，把尊老、敬老、爱老的传统浸润于日常工作中；在企业扩建的同时，管理上水平，服务讲特色，人员强素质，形象上档次，力创省内一流老年公寓。

5. 第四组镜头

画面：福星公寓企业文化宣传窗、企业培训、邢总讲话镜头、全体员工、学习《员工手册》、集体背诵誓词镜头。

背景音乐：《幸福年》歌曲。

解说词：为此，福星公寓首先制定了以敬老养老为核心价值观的企业文化纲领，并通过培训宣传活动，教育员工认同、践行。

6. 第五组镜头

画面：宣传展牌、企业服务体系图、展牌标题、各服务项目说明文字内容镜头、卫生间、单人间、楼道标语、总台、电梯、活动室、护理中心、诊所、食堂。

背景音乐：《天天都有温暖的天》歌曲。

解说词：人类存在离不开衣、食、住、行，养老产业没有轰轰烈烈的大事，因为老人要求的服务专注于“小事”，进入这个行业，我们就必须经历这样一个痛苦的过程：从立志做大事到甘于做小事。如果把小事做到最好，一不小心可能就成为大事，但如果小事也做不好，却很有可能发生你不想发生的大事。福星公寓的服务正是从小事、细节入手，勾画了服务全程化、服务规范化、服务人性化、服务特色化、服务承诺化、服务体系化的服务系统架构。公开承诺：事无巨细，尽心尽力，全面照顾，无微不至，力争创造服务零缺点、零失误、零投诉，从服务人员到服务软硬件设备等整个服务系统，体现服务的全过程、全方位、全天候，保证服务的最优化。靠文化生成企业生存、发展的张力；凭服务在精心与创新中寻求自我超越的路径；靠全体员工的孝心、良心、爱心和尽心打造福星特色服务品牌。

7. 第六组镜头

画面：员工招聘面试现场、员工素质培训、铺床、帮老人翻身、总台服务员、护理中心员工场景、交接班、呼叫器响、灯显示房间号、护理人员快速奔向房间、喂饭、大夫在房间给老人试体温表、食堂厨师工作、给老人理发、梳头、换被褥、活动室老人的笑脸。

背景音乐：《大山的妈妈》。

解说词：公寓的领导们深深懂得：一流的服务是由一流的员工队伍创造出来的。因此，他们严格把关，认真对待招聘面试、素质培训、技术考核、理论考试等每一个环节，注重员工良好的职业操守的培养，入住、日常护理、意见反馈、投诉、办理退院手续、每日交班都有严格的操作规范和考核标准，保障高品质服务，全力创造让老人舒心、让家属放心、让员工称心的企业氛围。

8. 片尾

画面：福星8周年庆典一组镜头，福星海选大赛一组镜头，各新闻媒体活动报道一组镜头，老人涌进福星公寓、入住登记、院长办公室伏案写作、班子开会、院长讲话、员工集体宣誓、升旗一组镜头，当福星旗帜的迎风招展时，定格，打出滚动字幕、总策划、总监制、解说、拍摄、后期制作、特效制作。

时间：2008年9月。

背景音乐：《最美不过夕阳红》结尾处乐曲渐强。

解说词：

关爱老年生活不仅是福星文化的道德规范，更是福星人崇高的社会责任；它既是福星人的人生态度，更是福星人最基本的职业道德诉求，是对“老吾老以及人之老，幼吾幼以及人之幼”的文化传统的现代解读。

创建银色家园就是给老年人一个安心、快乐、充满人文关怀的晚年生活，维护生命的尊严，让夕阳的景色彩霞漫天；替儿女尽孝，构建和谐社会，提高老年人生活的舒适度和幸福指数。

敬老是中华民族传统美德的重要组成部分，也是福星文化的根基。养老是人之孝道，更是福星企业生存的根据。

福星人决心以敬老、养老为己任，秉承“关爱老年生活、创建银色家园”的福星精神，忠于职守、爱岗敬业、精心服务、尽显孝心，为老年人创造一个长乐、长寿夕阳绚丽、彩霞满天的晚年生活！

三、秘书的内部公关

秘书公共关系工作的内容虽然千头万绪，复杂多变，但归纳起来，可以相应的划分为两大类，即组织内部公共关系和外部公共关系。前者主要涉及内部的部门之间、职员之间、上下级之间等关系，后者主要处理组织的外部各种关系，这里主要介绍前者的内容。

组织内部公共关系，是指组织内部各类横向的公众关系与纵向的公众关系的总和。内部纵向的公众关系包括内部机构中上下级之间的信息沟通关系，内部横向的公众关系包括内部机构中各个职能部门、科室、班组之间和广大员工之间的信息沟通关系。现代公共关系首先是促使组织把自身的工作做好，然后才是对外沟通传播。组织良好的形象和卓越的事业成就，来自全体员工的共同奋斗和不懈努力，而组织内部良好、和谐的公关环境正是这种共同努力得以充分发挥的根本保证。

（一）组织内部公共关系的构成

要做好组织内部的公共关系工作，创建和塑造良好的组织形象，必须认真分析和考察构成组织机构的成员。一般来说，组织内部的公共关系网络由员工、团体和领导者三个基本因素所组成。

1. 员工关系

员工是组织的主体，是组织赖以生存和发展的细胞，他们也代表着组织的形象。和谐顺畅的员工关系能直接促进组织各项工作的顺利运行。搞好员工关系才能真正实现组织内求团结外求发展的公关目标。因此，沟通协调组织员工内部公众关系，是开展组织内部公关工作的首要任务。

在组织内部公共关系工作中，员工关系由三类关系所共同组成：

(1) 管理人员关系。管理人员是指组织内部各部门的主管人员，他们的行为在员工中很有影响，他们也是与组织上层领导和下级员工沟通最为频繁、密切的，是组织内部正式信息传播渠道的必经环节，对组织的内部公关活动及各项工作的运行有着十分重要的作用。因此处理好组织与管理人员及管理人员之间的关系，是组织内部员工关系中最重要的方面。

(2) 技术人员关系。技术人员是在组织内部具有一定的专业技术能力的员工。特别是在技术密集型组织中，他们是组织的实力、核心竞争力的主要支柱。专业技术人员往往具有较高的文化素养、专业技术才能和工作经验，同一般员工相比，他们的自制力、自身发展能力和自尊心更强，更需要得到组织的关怀和支持，更需要宽松、和谐的人际关系环境。有时他们也表现出“能干不听话”的自傲态度，处理不好这类公众的关系，就会给组织的工作造成严重的影响和损失。

(3) 操作人员关系。操作人员是指组织的基本员工，是那些处于组织日常工作第一线的员工，是员工公众的大多数。他们也是组织形象、产品、服务的创造者。“没有一流的员工，就没有一流的企业”，他们的工作不仅影响组织的形象，而且直接决定着组织的生存和发展，妥善处理好与操作人员的关系是组织内部公关工作的重中之重。

2. 团体公众关系

组织内部的团体包括班组、科室、部门等正式群体，也包括由学缘、地缘、亲缘、兴趣爱好而形成的各种非正式团体。有时非正式团体对组织各项工作和人际关系氛围的影响比正式团体更大。因此，组织内部公关不仅要协调好正式团体的关系，发挥其积极的作用，更要密切关注非正式团体的关系，发挥非正式团体的作用，才能使组织内部构建起良好的风气，构建和谐的人际关系氛围。

(二) 组织内部公共关系工作的方法

1. 在企业内部倡导、奉行良好的组织价值观念

员工的价值观是决定组织成败兴衰的一个根本问题。组织价值观是组织文化的核心，是组织在追求经营成功过程中所推崇的基本信念和奉行的行为准则。它明确告诉员工组织愿景、发展目标、使命方向，组织提倡什么、崇敬什么、反对什么，为组织全体员工确立起精神支柱和行为根据，由此启动员工自我管理机制，激发其工作热情和干劲，激励全体员工，充分调动他们的积极性、主动性和创造性。组织内部公共关系工作的一个重要任务是造就一个能被员工所认可的价值观念体系，以达到团结广大员工，使组织内部形成一种互相配合、精诚合作的良好内部环境。

松下电器公司是日本第一家用文字明确表达组织价值观念的组织。他们提出的员工信条是："唯有本公司每一位成员齐心协力，才能促成进步与发展，我们每一个人都要时刻记住这一信条，努力促使本公司的不断兴旺"。他们在内部公共关系工作中还制定了"松下七精神"，每天上午 8 点，松下遍布日本的 87 000 名员工同时诵读松下七条精神，一起唱公司歌。公司职工每隔 1 个月，至少要在他所属的团体、部门中进行十分钟的演讲，阐述本公司的精神价值观以及公司与社会、个人之间的相互关系。松下公司的价值观念与"松下精神"是一种内在力量，它具有强大的凝聚力、导向力、感染力和影响力。它是松下公司成功的重要因素，甚至成为战后日本起飞的象征。

2. 在组织内创造"家庭气氛"，培养员工的归属感

每个人都有经济的、社会的、心理的、精神的不同方面、不同层次的内在需求，组织只有关注他们的需求，特别是员工精神的需求（尊重感、成就感、归属感等），才能促使他们自觉勤奋工作。因此，关照好每个员工的工作、生活、交往、娱乐、学习、进步是组织内部公共关系工作的重要内容。通过组织内部公共关系活动，在组织内部营造和谐、融洽的人际关系环境和"家庭气氛"，培植广大员工的"家庭情感"，树立起"组织兴我荣、组织衰我耻"的集体观念和"爱厂、爱岗、爱产品"的主人翁责任感和自豪感，为实现组织的可持续发展创造条件。

3. 促进信息沟通，推动民主管理

组织内部公关工作本质上就是一种"软"管理的手段。它可以通过建立正常的、制度化的、通畅的信息渠道，广泛听取各方面的意见，收集合理化建议，消除沟通障碍，增加组织的透明度，调动员工参与民主管理的积极性，创造和维护轻松和谐的沟通环境，做到"上情下达"和"下情上达"，多层次、多渠道、全方位地进行组织内部的理解和沟通、实现组织内部政通人和、管理顺畅。

4. 构建和谐的组织内部的人际关系

从组织内部公共关系的角度来看，一个组织能否获得成功，关键在于组织内人际关系是否融洽。因此，通过一系列内部公关协调工作，营造互助合群、和谐向上、宽松愉悦的同事关系、领导关系，优化和改善人际关系环境是组织内部公关工作的核心。

案例 7—2

1998 年，中国各地寻呼台群雄并起、竞争惨烈，仅一个中型城市就有 23 家寻呼台。某家有着 5 年历史的寻呼台也正经历着二次创业的艰难"爬坡"过

程。公司设有寻呼部、销售部、设备维修部、售后服务部、财务部和综合办公室，员工80多人，其中女性近60人。人员素质良莠不齐，且大多都有一定的关系背景，管理难度较大。部门之间矛盾冲突不断，员工之间关系紧张，服务质量下降，客户投诉频繁。为此，经理办公会上把加强内部管理、提升服务质量的艰巨任务交给综合办公室。他们接受任务后，多方请教，搜集各家寻呼台的管理经验，对如何做好工作心里有了一定的底数。

他们首先面向全体员工提出了“齐心协力闯关、二次创业奉献”的活动要求，然后推出了一系列的活动：

(1) 员工满意度问卷调查。打出“顾客是组织的上帝，员工是老板的上帝”的口号，广泛征求员工意见，鼓励员工对公司管理多提建议。

(2) 请专家来组织进行团队精神和沟通合作意识的专题培训。培训专家精心设计的5 000米耐力跑、信任背摔、尊重卡等训练课题极大地激发了员工学习的热情，公司的整体凝聚力逐步提高。

(3) 创办组织内部刊物《寻呼园地》，其中“寻呼小姐日记”栏目使员工有了倾诉的平台。

(4) 设“总经理接待日”和“员工投诉意见箱”，开通了内部沟通的渠道。

(5) 举办“寻呼台首届员工运动会”，唤起员工斗志，使各部门的团结、合作、竞争意识高涨。

(6) 进行语言训练、客户沟通技巧培训、“听打”（计算机汉字录入）比赛等活动，在寻呼台内掀起了技术大比武的高潮。

(7) 建立干部能上能下、人员能进能出、待遇能高能低的用人机制，推出了管理人员竞聘上岗制度，不仅涌现出一批德才兼备的管理人才，也使整个公司焕发了勃勃生机。

三个月后，综合办公室卓有成效的公关协调活动便初见成效，市场销售和寻呼质量明显提高，当年一举荣获“省级优秀寻呼台”称号。

---

5. *开展各种文化娱乐活动*

现代组织管理过程中，员工文化娱乐活动是组织内部公关工作的重要组成部分。应该设法使员工在紧张的工作生活中保持身心健康。可以通过办业余学校、图书室、俱乐部、文化室，开展读书演讲、知识竞赛、文艺演出、旅游观光和体育锻炼等活动，丰富员工业余文化生活。它一方面能使员工开阔眼界，获得信息和新知识；另一方面能通过这些喜闻乐见、生动活泼的形式，直接或间接地为职工灌输先进思想，增强彼此的感情，强化组织对员工的吸引力和凝聚力。

第二节　公共关系的专题活动

一、新闻发布会

（一）新闻发布会及其作用

新闻发布会也称记者招待会，是指政府机关、企事业单位向社会各界，特别是新闻机构的记者宣布或介绍有关信息并回答相关人员提问的一种特殊形式的会议。

新闻发布会对于社会组织加强与新闻机构的联系，向社会公众广泛、深入地传播组织形象和信誉有着十分重要的作用。其具体作用有：有利于组织与媒介机构的相互沟通；能同时将信息发布给所有的新闻机构，使信息内容得到充分地宣传报道；能掌握组织信息传播的时间，造成舆论的集中优势，扩大组织影响，有利于提高组织声誉。

（二）新闻发布会的策划

新闻发布会的策划主要有以下几个方面的内容。

1. 主题策划

新闻发布会成本较高，较之日常的宣传工作，其最大的优点是信息发布的形式比较正规、隆重及规范。因此，公关人员确定具有新闻价值的主题是新闻发布会能否成功的关键。如果没有新闻价值，就无须采用这种正规、隆重的形式，以避免给记者留下“浮躁空谈”、“小题大做”的不良印象。这样不仅达不到扩大宣传的目的，反而适得其反。

一般来说，新闻是对新近发生的事实的报道。新闻都需要具备一条或几条新闻的特征，即普遍性、社会性、国际性、著名性、记录性、新奇性、突发性、危险性、地方性等对社会有影响的特性。公关人员可将其作为新闻的主题有：企业的经济政策、经营方针、技术，新产品面市、庆典等重大活动，知名人士来访等；企业面向社会的文化活动、经济交流，社会福利事业的投资赞助活动；市场行情、消费趋势、价格波动等社会公众广泛关注的问题等。公关人员要随时寻觅和选择恰当的时机召开新闻发布会，使记者们感到具有新闻价值，达到扩大影响、树立形象、产生轰动效应的目的。1979 年索尼公司为“Walkman”即“随身听”举行新闻发布会时，为突出其产品的室外特点，显示其与散步、户外运动的有机结合，特意将会议选定在东京闹市区代代木公司举行。为了突出其超小型、随身方便携带等特性，招待记者的全过程全由佩带

“Walkman”、脚蹬旱冰鞋的小姐来完成，使这一产品的特色一目了然，给到会的所有记者留下了深刻的印象。新闻发布会在发言人简短的介绍之后，便是给所有的到会记者赠送和试用“随身听”。其中的录音磁带是索尼公司特制的，内容主要是新闻宣传稿、产品说明书、该机的性能介绍，从而使这一新型产品迅速普及，风靡全球。有人称赞这次新闻发布会是：“不一样就是不一样，不一样的产品，不一样的企业，不一样的新闻发布会，不一样的形象。”

2. 人员安排

新闻发布会对工作人员、主持人、主要发言人的安排都有较高的要求。这些人员要思维敏捷、反应自如。因为新闻界人士见多识广，眼光较高，对事务性工作易挑剔，所提的问题大都深刻尖锐。因此，对新闻发布会人员的选定和安排一定要慎重考察其综合素质。

3. 资料准备

新闻发布会时间短，要求在短暂的时间内发布基本信息，又要回答相关问题。要做到这一点，前提则是大量资料的准备，诸如企业背景材料、发展方向、群众来信来访等，并以案例以及放录音、录像等手段，在会议中选择恰当时机予以展现，也为记者报道提供素材。对于一些照片、宣传资料可直接发放，人手一册，有些内容还可以通过参观展览加深印象，烘托气氛。

4. 确定时间，选定地点，确定记者名单并发出请柬

确定的时间应避开重大社会新闻发生的时间，以免冲淡新闻发布会的影响力；选定的会场地点应符合交通便利、设施齐全、环境良好的原则；请柬应在开会前三四天送到，以便记者早做安排。

5. 拟定新闻发布会细则和程序，布置会场

一般先由主持人发布重要信息，介绍发布会主题和组织基本情况，然后由发言人详细发言。主持人原则上应是组织的最高领导者，发言人一般是熟悉本组织内情的部门负责人，安排工作人员布置会场。

6. 经费预算

新闻发布会成本较高，对会议所需费用要做好预算，留有余地。所需开支项目一般包括场地费、布置费、材料费、交通费、就餐费、茶点费、文具礼品费等。

7. 信息反馈

新闻发布会结束以后，要及时了解社会公众反响，总结新闻媒体及公众的反馈信息，为组织的后续工作提供依据。

（三）新闻发布会应注意的问题

（1）各种议程要按部就班地进行，不要拖拉和延长时间。当记者提问时，主持人要引导记者深入提问，避免重复回答。控制好发言时间，一般会议不宜

超过两个小时。

（2）发言人的发言要简明扼要，真实准确，切忌长篇大论。回答记者提问要随问而答，不能答非所问或离题太远，更不能轻率地拒绝回答。

（3）对记者的提问要一视同仁，决不可厚此薄彼。

（4）当会场出现冷场时，可让记者与公关人员互相增加对彼此的了解，提高大家发言的兴趣，活跃会场气氛。

（5）应事先准备好给记者的相关背景材料。

二、庆典活动

庆典活动是指围绕着重要节日、纪念日、开业、落成典礼等而举行的庆祝活动，一般将其作为一种制度和礼仪。庆典活动往往能扩大和宣传组织的社会影响，是组织进行公共关系专题活动的有利时机。成功的庆祝活动往往可以使公众对组织形成非常深刻的印象。

适合开展公关专题活动的庆典活动种类很多，其中最常见、最重要的有节日庆典，如元旦、国庆节、五一劳动节、春节等；厂庆，如周年庆典、开工竣工典礼等。

在组织庆典活动过程中，公关人员应做好如下一些工作：

（1）精心选择对象、发出邀请、确定来宾。庆典活动应邀请与企业有关的政府领导人、社会知名人士、公众代表、新闻界人士等来参加，并提前发出邀请，确定到场来宾的准确情况。

（2）合理安排庆典活动的程序。庆典活动的一般程序有：主持人宣布活动开始；介绍重要来宾；由领导或重要来宾致辞或讲话；安排剪彩或参观仪式（这要根据实际情况而定）；安排宾客交流，如座谈、宴会等；重要来宾的留言、题字等。

（3）安排接待工作。庆典活动开始前，应做好一切接待准备工作。接待人员和工作人员要提前安排好。重要来宾的接待应由领导人亲自完成。要安排专门的接待室或会议室，以便让来宾在活动正式开始前有休息和交流的地方。入场、签到、剪彩、留言等活动，都要有专人指示和领位。

（4）设施准备和经费预算。这些是庆典活动的物质前提，也是保证庆典活动能否成功的最基本条件，一切都应做好充分准备。

举办庆典活动，可以说是公共关系的常规节目，司空见惯，人们往往不以为奇，如果没有较高的立意和较强的创新意识，这类活动往往容易流于一般化。因此，如何抓住契机使庆典活动独具特色，真正收到“润物细无声”的效果，是成功庆典活动的重要环节。例如，唐山福星公寓 8 周年庆典活动策划中，为了彰显企业“关爱老年生活，创建银色家园”的企业精神，特别推出了由市老龄委、市老干部活动中心、市老年大学联合主办，福星公寓承办的“首届福星海选大赛”活动，在企业8周年庆典仪式上，加入了“首届福星海选大赛启动仪式”的内容，制造了新闻，引发社会大众关注企业，吸引了9家新闻媒体的报道，使企业自身的周年庆典，提升到社会性的公关活动的层面，收到了良好的公关效果。

三、宴请活动

组织宴请活动的礼仪有以下几个方面的内容：

(1) 确定宴请目的、名义、对象、范围与形式。

(2) 确定宴请时间、地点。宴请的时间应对主、客双方都合适。注意避开重大节假日和重点活动的日期，尤其要注意尊重对方的风俗习惯，避免有禁忌的日子和时间。

(3) 发出请柬。各种宴请活动均需发出请柬，这既是一种礼貌，亦能对客人起提醒、备忘的作用，至少提前一周发出请柬，以便来宾事先安排时间。

(4) 订菜。宴请的酒菜根据活动形式和规格，在规定的预算标准以内安排。选菜不以主人的爱好为准，主要考虑主宾的爱好与禁忌。

(5) 席位安排。正式宴会一般都要排定席位，也可只排部分客人的席位，其他人只排桌次或自由入席。重要人物安排在主位入坐（上座），背靠墙，面对门的为主位。

(6) 现场布置。宴会厅和休息厅的布置取决于活动的性质和形式，宴会厅用圆桌和长桌。宴会休息厅通常放小茶几或小圆桌，与酒会布置类同。

(7) 宴会过程的掌握。东道主的第一个任务是迎接宾客。有的人会在进餐前感恩祷告，或坐或立，来宾都应和主人一致。感恩祷告前，不要吃喝任何东西，安静地低着头。直到祷告结束，再把餐巾放在膝上，开始用餐。

宴席上，主人应是第一个敬酒的人。主人要善于在席间引导客人愉快地参与交谈，使宴会充满欢乐气氛。筵席行将结束时，主人应离开自己的本席准备送客，主人离席时，可对尚未离席的客人说“各位请慢用”等。送客时应该站在门口与客人一一握别。

赴宴应仪容整洁，穿戴雅致、大方，这是对主人和其他宾客的尊重。入席要听候主人引导；聆听祝酒词要停止一切活动；主人招呼之前不要自己夹菜；主人敬酒时要起立回敬；进食要文雅，闭嘴咀嚼，不要发出声响；热菜热汤要待凉后再吃，不可用嘴吹；鱼刺、肉骨应掩嘴用筷子取出，置于供你用的小盘内；取菜时不可在碟中乱搅，也不可把筷子伸向菜盘靠近别人的一面。一般来说，主菜若是肉类应搭配红酒，鱼类则搭配白酒。上菜之前，不妨来杯香槟、雪利酒或吉尔酒等较淡的酒。

在上酒的品种上，应按先轻后重、先甜后干、先白后红的顺序安排；在品质上，一般遵循越饮越高档的规律，先上普通酒，最高级的酒在餐末敬上。需要注意的是，在更换酒的品种时，一定要换用另一杯具，否则会被认为是服务的严重缺陷。

斟酒等服务顺序一般为主宾、主人、陪客、其他人员。在家宴中则先为长辈，后为小辈；先为客人，后为主人。而国际上较流行的服务顺序是先女宾后主人，先女士后先生；先长辈后幼者；妇女处于绝对的领先地位。另外，我国在酒宴上常有劝酒的习惯，而世界上不少国家却以此为忌。用餐完毕，要等主人宣布散席才可离座。告别应向主人致谢，并对宴席予以称赞。

在参加西式宴请时，必须注意以下礼节：

（1）衣着整洁。一般参加西式宴请，男士可穿成套的西服、打领带，女士可穿套装衣裙，且饰以淡妆。整洁端庄的仪容是对主人和宾客的礼貌表示。

（2）按时参加。若超时过多，应事先告知对方，以免由于等候过久而引起不愉快。提前过早，也会造成他人由于来不及准备而感到仓促和不安。

（3）按规定入座。可随服务人员引导入座或看清桌上的座位卡和自己的名字入座，切不可随意乱坐。入座时，应请身份高者、年长者和女士优先。

四、赞助活动

赞助活动是指组织（一般为企业）或个人无偿提供资金或物质支持某一项社会事业，以获得一定的形象传播效益的社会活动，也是公共关系专题活动的一种形式。组织举办赞助活动的目的在于承担必要的社会责任，树立良好的组织形象，培养与社会公众的良好感情，为组织的生存发展创造有利的外部环境，实际上赞助也是一种信誉投资。

（一）赞助活动的类型

赞助活动内容：赞助体育活动、赞助文化艺术活动、赞助教育事业、赞助社会福利事业、赞助社会公益事业、赞助各种展览和竞赛活动、赞助学术科研活动、赞助节日庆典活动、赞助社区活动、赞助各种专业工作。

（二）赞助活动应遵循的原则

（1）自愿原则。赞助必须是一种主动行为，以赞助方愿意提供赞助为前提，不管是哪一类赞助，都必须是自愿的，不能强求和摊派。

（2）社会效益原则。组织所赞助的活动项目必须有积极的社会进步意义和广泛的社会影响，所赞助的对象必须有可靠及良好的社会背景和社会信誉，不能只为了提高自己的知名度而不顾社会效益。

（3）传播效果原则。赞助本身是一种直接提供金钱或物质来进行的传播活动，因此必须讲究传播效果，所赞助的项目应该有利于扩大本组织的知名度和美誉度。同时还要分析公众及新闻界对有关赞助项目的关注程度，明确对赞助所给予的传播补偿方式和条件。

(4) 量力而行原则。参与赞助活动必须考虑赞助项目的费用是否合理，本组织的经济能力能否承受，不能“打肿脸充胖子”。超出组织承受能力的赞助，其结果只会是得不偿失，失去了赞助的本来意义。

(5) 条例管理原则。凡是准备为社会提供赞助的组织，都应该制定赞助条例并公之于众，对于一切赞助申请均按条例办事。坚决杜绝人情赞助、人情广告现象的发生，使组织的社会赞助活动规范化、科学化。

(三) 赞助活动的步骤

1. 前期研究

赞助可由组织主动选择对象进行，也可以在接到请求后再做出反应。无论采取哪种形式，都应进行前期研究，研究赞助项目的必要性、可行性和有效性。首先要了解赞助对象的基本情况、确定赞助的方向和政策、分析赞助成本、预测赞助效果，以保证组织和社会同时受益，防止各种偏离组织整体目标的现象发生。

2. 制订计划

经过研究决定赞助后，就要根据组织的赞助方向和政策做出具体详尽的赞助计划。赞助计划必须紧扣活动主题，明确赞助对象的范围，界定组织的角色，确定赞助实施的具体步骤和时机，并与接受赞助一方签订合约。

3. 具体实施

组织应委派专门公共关系人员负责各项赞助方案的具体实施，一般来说，被赞助的项目本身主要由接受赞助方来实施，提供赞助的组织只需从旁协助。但对合约中规定的项目内容的落实、传播补偿条件的兑现、赞助资金的合理使用等，提供赞助的组织有必要运用各种有效手段进行严格监督，从而使组织能尽量借助赞助活动扩大对社会的影响。

4. 测定效果

赞助是一项重大的专题活动，每次赞助活动结束后，都应对其效果进行调查测定。效果检测主要是了解各方面公众及受赞助的组织或个人对提供赞助的组织或个人的看法，调查是否达到了预期的效果，实现了哪些预定的目标，总结完成或未完成的原因，对赞助活动的经济效益和社会效益进行客观的评价分析，将各方面的情况写成总结报告，为以后的赞助决策提供参考。

(四) 赞助活动应注意的问题

(1) 优先考虑赞助慈善活动和社会福利事业、教育事业等。这样既表明组织对社会的责任和义务，又容易获得社会各界的普遍好评。

(2) 在经费预算上实行弹性原则，注意保留一部分机动款以备临时活动之用。这样，即使遇到临时性的重大活动，也不会束手无策。

（3）对不能满足或不能全部满足赞助要求的对象应坦诚相告，诚恳地解释组织的有关政策，但不能屈服于威胁和利诱，必要时可诉诸社会舆论和法律，以保障组织的合法权益。

五、游说

（一）游说的由来

孔子当年周游列国宣传“治国平天下”的道理，就是一种游说。中国历史上有很多具有“三寸不烂之舌”的游说家和“舌战群儒”的雄辩家，以孔子为首的游说者最具有战略眼光和灵活性。他们能“入境问俗”，能“以子之矛，攻子之盾”。我们不得不佩服：“大哉孔子”。

游说的英文叫 lobby，指的是一个大建筑的入口，大家在那里碰头的地方。据说美国历史上有一位总统，不安于白宫的单调生活，下班后常常溜到白宫附近的一个旅馆的 lobby 去抽烟闲坐，以欣赏来往的人群作为消遣。此事被人发现以后，大家就利用他闲坐在大堂的机会凑上去跟他聊天、进言、说项，进行政治活动。如此流传下来，大家就称这种大堂游说为 lobby。

从性质上说，游说和公关没有什么不同，游说的对象是有决策权的人，公关是制造舆论，制造民意，制造气氛。公关的成败可以从民意测验中看出来，随着公关事业的深入发展，游说在西方特别是美国已成为一种职业，像博雅、伟达、宣伟等闻名于世的公关公司，都设立了专门从事游说的部门，他们的主要活动是向社会、政府进行公关游说，而且收费昂贵。

（二）游说的公关意义与注意事项

游说活动有助于强化信息的沟通，也有利于决策者对事物和问题的全面分析和综合考虑，进而完善决策意图。在游说的过程中，对问题进行分析，对目标公众施加影响，晓以利弊，最终使游说对象做出有利于游说者意愿的行动。

游说应注意以下几个问题：

（1）确定时机。企业形象出现危机时，必须审时度势，做出某种反应。

（2）确定目标。游说的中心环节是确定目标，它决定着最终目的和执行时的行为导向以及行动中的具体标准。要使目标发挥其应有的作用，目标的确定就必须明确。例如，克莱斯勒公司的危机症结在于资金匮乏，只有获得相应的贷款，才能渡过危机。因此，该公司的游说目标就是取得政府的贷款。

（3）确定公众。游说的对象就是目标公众，在游说活动之前，必须确定所要面对的公众，有针对性地进行分析，引起公众做出积极的反应。

六、谈判

（一）谈判的概念

从广义上讲，谈判是每个人日常生活中不可缺少的活动，不论是否喜欢，大家可能都是坐在谈判桌上的谈判者。

谈判的定义可以表达为：谈判是有关组织（或个人）对涉及切身权益的有待解决的问题充分地交换意见和反复地磋商，以寻求解决的途径，意欲达成协议的合作过程。

可以从以下四个方面来更好地理解什么是谈判：

（1）谈判必须有两个或两个以上的参加者。

（2）谈判各方均有自身的利益和目标，一方的利益和目标与另一方有直接的利害关系，从而导致彼此之间的争议。

（3）谈判的主要手段是协商，在相互顾及双方利益的前提下，调整己方利益目标，但最终必须满足己方利益。

（4）谈判成功的结果是双方互惠，双方利益都能获得相对满足，从而取得一致性的意见和行动。

（二）谈判的基本作用

谈判的目的是为了改善组织形象，协调关系，而不是压倒对方，你败我胜。它要求谈判人员坚持自己的观点和原则而又不树敌，令双方满意，这就需要渊博的知识、高度的机智和高超的谈判艺术。

对于一个组织来说，它所面对的公众是十分广泛、复杂的，与公众发生误解、摩擦、纠纷等也是不可避免的，这样就要求相关人员担负起协调组织与公众之间的关系、平息争端的责任，通过谈判来消除双方（或几方）的冲突，排除外部环境中对组织发展的不利因素，争取相互合作、支持与谅解，促使参与方共同受益。因此，作为协调关系的基本手段——谈判，也就显得十分重要，这就是谈判的基本作用。

（三）谈判的原则

1. 平等互利原则

谈判双方应遵循平等互利的原则，在法律地位上享有的权利、义务应一律平等。不论组织规模大小、实力强弱都要坚持平等互利原则，使谈判双方都能获得利益。既要避免出现你赢我输或你输我赢、一方侵占另一方利益的结局，又要避免出现你输我输、两败俱伤情况的发生，而应该追求你赢我胜、互惠互利的结果。

2. 友好协商原则

在谈判中，谈判双方应在平等互利的基础上，经过相互协商达成一致。但在实际谈判中，由于利益关系经常出现争议，有时谈判一方甚至采取强制、要挟、欺骗等手段，把己方意志强加于对方，这是不足取的。正确的做法是友好协商。无论对方有无诚意，或是条款存在争议，只要有一线希望，遵循友好协商的原则都可能会促使谈判得到满意的结局。谈判往往是在冲突中实现各自的目标，因此切忌草率中止。

3. 依法办事原则

谈判不仅关系到谈判双方的利益，还涉及国家整体的利益。遵纪守法，当事人的权益才能受到保护。在谈判及合同签订的过程中，必须遵守国家的法律法规及政策；对外谈判还应遵守国际法则及尊重对方国家的有关法规。与法律相抵触的谈判，即使出于双方的自愿并且意见一致，也是不允许的。

4. 时效性原则

所谓时效性原则，就是要保证谈判的效率和效益的统一。公关谈判要在高效率中进行，不能搞马拉松式的谈判。但这并非意味着谈判进行得越快越好，而是要尽量避免不必要的拖延，在谈判中抓住一切有利的机会，迅速达成协议。

5. 最低目标原则

目标是人们行为的方向，激励着人们的行为。目标是由目标体系构成的。在目标体系中，有大目标，也有小目标；有总体目标，也有具体目标；有长远目标，也有眼前目标。人们在实现这些不同类型的目标的过程中，一般要分阶段、分步骤地进行。在谈判中，遵循最低目标原则是谈判获得成功的基本前提。也就是说，谈判双方在不违背总体经济利益的原则下，按照双方的意愿各自可作适当的让步。从心理学角度看，初次接触和合作，人们最忌讳的是过高的要求和苛刻的条件。只有在相互交往、加深了解之后，信任程度才会逐步加深，才能引发出诱人的合作前景。所以，谈判只要达到了最低目标就应是成功的。

从每一个组织的具体情况看，它的公众并非只有一个。如果与每一个谈判对象都能达成最低目标协议，集合在一起就能逐步向最高目标迈进。虽然单个协议对组织来说可能是无关大局的，但多个协议的集合，就能增强组织的活力，有利于实现组织的总体目标。

（四）谈判的基本过程

1. 谈判的准备

（1）知己知彼，首推知己。谈判事先一定要有准备。对自己要有一个真切的了解，自知才能知人。具体地说，就是要了解自己在谈判中的相对位置，如自己的优势与劣势、舆论对自己的评价、自己的竞争能力等。此外，充分的心理准备，健全的、健康的心态也是公关谈判取得成功的关键之一，也可认为是“知己”的自然延伸。

所谓“知彼”，就是尽可能详细地调查、收集对方的各种情况，甚至要了解对方负责人或谈判对手的性格、兴趣爱好等。只有对谈判对手了解得真切，才能做到“心中有数”地制定策略，应付谈判对方。

(2) 拟订谈判计划。在调查研究的基础上，拟订谈判计划（正式或重大的谈判都必须拟订一个谈判计划)。谈判计划主要从以下几个方面制订：

1）谈判组人员的确定。选择谈判组领导人、主要成员、专业人员（如法律、金融、技术、商务等专业人员）和临时工作人员等。

2）谈判组织工作的实行。

3）谈判的主题即谈判内容，如代销羊毛衫的谈判，就赔偿电机设备的谈判等。

4）谈判的目标，如交易额的大小、价格的高低等。

5）谈判的方式方法。

6）谈判日程安排。日程安排应兼顾双方的利益，必要时还可召开双方人员会议共同商讨，统筹兼顾，通盘考虑。

谈判是一个千变万化的过程。因此，谈判计划不能一成不变。理想的状态应该是：预先制订计划，根据面临的实际情况进行必要的改动，提高谈判的成功率。

(3) 做好必要的物质准备。物质准备包括两项：一项是谈判人员的食宿安排；另一项是谈判本身所需要的物质。

谈判人员食宿安排不仅包括双方谈判人员吃、住，而且还应包括行，如来回飞机票、火车票、船票的购买，安排场外轻松愉快的活动等。同时要注意各国、各民族的文化习俗差异，尽可能满足对方谈判人员的合理要求，从而保证谈判能够顺利进行。

谈判本身所需物质准备包括向谈判双方提供具有通信、照明、冷暖设备且安静的谈判房间。谈判房间的布置要庄重、朴实、大方，应添置必要的辅助设备以及谈判时必要的文件、文具，如传声设备、书、笔、墨、纸等。

物质准备工作做得好，可以向对方显示出诚意，并可帮助树立起己方良好的谈判形象，造成一种友好、和谐、宽松的谈判气氛。

(4) 模拟谈判。一切准备工作做完后，还可以进行一次模拟谈判，预演谈判过程。通过模拟谈判，可以检查谈判的准备工作，从而使谈判的准备工作更趋完善，在谈判中处于有利的地位。

2. 创造和谐的谈判气氛

任何谈判都是在一定的气氛中进行的，其气氛如何将影响到整个谈判结果。所以，一个称职的谈判人员必须抓住一切机会，积极主动地去为谈判创造、建立一个和谐的、宽松的、有利于谈判成功的气氛。

（1）树立良好的第一印象。第一印象往往会使人难以忘怀，对造成和谐的谈判气氛至关重要。树立良好的第一印象有很多方面，如上面提到的作为东道主的谈判人员，可以做好各种物质准备，使谈判有个舒适的环境，从而为创造和谐的谈判气氛打下物质基础。此外，谈判人员整洁的衣着、得体的仪表、高雅的气质和优雅的谈吐也可以给对方留下良好的第一印象。通过第一次见面时的体态语言（如握手、目光交流、微笑等）使对方感到亲切、真诚，对谈判很有诚意，从而留下良好的第一印象。

（2）抓住正式谈判前开场白的机会。在谈判伊始，双方正式见面，彼此寒暄、入座，主持者道几句开场白，此时正是谈判者创造和谐谈判气氛的好时机。首先应该认识到，一开始就进入正题往往是弊多利少，容易造成空气紧张，不利于良好气氛的形成。在谈判开始时应选择容易引起双方兴趣而又与谈判内容无关的中性话题比较适宜。谈判中常用的中性话题有：

1）对方一路旅途的经历。

2）近期的体育新闻或文娱节目。

3）个人爱好，如喜不喜欢歌剧？周末常去垂钓吗？

4）回顾以前的合作经历。

5）天气情况。

6）对本地的印象。

通过这样的开场白，双方的感情一下子会接近许多，此后再谈正题就好办得多了。但是，开场白也不宜过长，以免冲淡谈判的主题。时间应占谈判总时间的5%左右，如谈判预计为1小时，那开场白的时间应为3分钟左右。

3. 正式谈判程序

（1）开局阶段。开局阶段亦称“开谈阶段”。它延续了开场白阶段所营造的良好气氛，又为以后进入实质性内容作好必要的准备。如何开局是谈判人员必须掌握的技巧之一，一般可以以轻松、愉快的口气，以询问商量的方式与对方交换些容易达成一致意见的话题，如谈判的目的、谈判的程序等。这些话题与谈判有关，但又是非实质性问题，一般不会引起对方的反感。由于一开始双方就取得程序等方面的一致，就为以后谈判取得进展甚至达成协议开了一个具有象征意义的好头。

（2）概说阶段。概说阶段双方各自说出自己的基本想法、意图和目的。概说时要简明扼要、诚挚友善。经过此阶段后，双方都对对方有了一个大致的了解。

（3）明示阶段。不可否认，谈判双方必会有一些不同意见和分歧，明智之举是及早提出这些问题以求彻底解决。一般来说，谈判双方包含有四类问题，即自己所求、对方所求、彼此互相所求、外表看不出的内蕴需求。为了达成协议，双方应心平气和地提出这些问题并就此展开讨论。

（4）交锋阶段。谈判的目的就是为了获得自己所想要的东西，谈判双方的对立状态在这个阶段才渐渐明朗。谈判双方都列举事实与数据，希望对方理解并能接受自己的需求，而对方也会举出事例来反驳，从而各自坚持自己的立场。

（5）妥协阶段。交锋不会无休止地进行下去。与激烈的交锋同时进行的，便是双方均在寻找与对方的共同点，寻找缩小双方目标之间差距的各种可能途径，并就此提出各种可行的折中方案，这就是让步或妥协的过程。只要谈判的双方均有诚意并存在共同利益，就会在经过激烈交锋之后达成妥协。不管谁先向对方妥协，必须因此得到补偿。

（6）协议阶段。经过交锋和妥协，双方均认为已基本上达到了自己的目标，即可形成为双方认可的协议书，由双方代表在协议书（亦称谈判合同书）上签字，并加盖双方单位的公章。

（7）进行公证。由公证员当场进行公证，宣布双方所签订的谈判合同书自签订之日起有效，负有法律责任，双方都应严格遵守等。至此，谈判程序结束。

4. 谈判收尾

谈判的收尾工作有三项：

（1）将谈判的成果以及谈判取得成功的友好气氛继续下去，以利于以后双方的各种交往和谈判。

（2）对一些贸易谈判而言，要马上落实各项事务，以保证所签合同的履行。

（3）需将谈判情况进行总结。总结内容主要有：目标制定、谈判前的调研、物质准备、程序安排、谈判气氛营造、谈判中遇到的各种情况和问题以及谈判的策略、技巧等。

（五）谈判的策略

谈判的策略与技巧是指为实现谈判目标所采取的智谋手段。在谈判中正确地运用各种策略和技巧，可收到事半功倍的效果。谈判中的策略与技巧不胜枚举，这里介绍几种常用的策略与技巧。

1. 以迂为直

以迂为直策略是指直路一时难以走通，不妨绕个弯子，同样可以达到既定的目标。在谈判中，有时可以采用以迂为直的策略。

2. 以诚取胜

在谈判中，并不是所有的谈判信息都要求保密，有时开诚布公反而能收到意想不到的效果。开诚布公地交谈，能使濒于僵局的谈判气氛得到了缓和。

3. 最后期限

大多数谈判，常常是到了谈判的最后期限或临近这个期限才达成协议。谈判的任何一方都有期限，谁的期限临近，谁承受的压力就更大，谁让步的可能性也就更大。一般来说，商业贸易上的交货期、订货期是保密的。如果我方能获得这方面的情报，就可以利用对方心理上的紧张感，使对方感到日益逼近的日期对他们自己是不利的，迫使对方让步。

在谈判中，也常有这样的情况，在开始谈判时，就告知对方最后期限。对方对此并不留意，但随着这个期限的迫近，对方内心的焦虑就会达到高峰。所以在谈判中，老练的谈判者总是不紧不慢，采取“拖”的战术，对棘手问题按兵不动，待最后期限临近时，开始向对方进行心理攻势，迫使对方做出让步。

4. 出其不意

出其不意是指谈判手法、观点或提案的突然改变，以促使谈判出现戏剧性的变化。在一些谈判中常用这样的手法：突然用一个备用提案来打乱甚至推翻前面的提案，使对方感到措手不及、不知所措。要取得这种效果，应在一些人看来这个提案已经是拍板定案的时候，却又突然抛出新的提案。

心理学的研究表明，当你的对手突然推翻前面的提案，采用“出其不意”的手法向你“袭击”时，常出自两种动机：一种是根本不想成交，或者是感到成交的时候不到，条件不具备；另一种是你的对手对你是否接受前一提案产生了怀疑，因而推翻前一提案，目的是测试你的反应，从而估计自己是否在这笔交易中吃了亏，并伺机重新制定谈判的方案，但“出其不意”的手法在使用时要谨慎。

5. 先苦后甜

先苦后甜的意思是先紧后松，通过这种心理上的对比，强化对方认为眼前所争取到的已是比较大的利益，从而达成协议。先苦后甜就是有意识地利用人们这种心理上的效应。如当你想要对方在价格上打折扣，但又估计对方难以接受时，可以采用“先苦后甜”策略。除了价格以外，可同时在品质、运输条件、交货和支付条件等几方面，提出较苛刻的要求。在交锋时，要尽力使对方感到，在好几项交易条件上，己方都作了让步，对方占了不少便宜。于是，当己方提出折扣问题时，可能会不费多少口舌就能获得对方的同意。事实上，前几项交易条件上的让步本来就是打算给予对方的，只是为了达到先使对手尝到一些甜头，而最后在关键项目上让步的目的。

6. 虚设后台

在谈判中，如果你想要拒绝对方时，可以通过虚设后台来达到目的。可以告知对方：“事情不在我，要看合伙人怎么决定”；“抱歉，我的客户没办法接受你的那个提议”，等等。因为这个“后台”并未参与谈判，所以可以借他之口拒绝一些难以满足的条件。出现僵局时，还能起到减少摩擦的作用。如果在谈判中，你觉得必要的话，就试试这种手段。

7. 缓兵解围

当谈判出现僵局、出现难以应付的新情况或一方不满现状（如会谈拖拉、效率低等）时，可尝试缓兵解围这种策略，即暂时中止谈判，目的是制定应付的策略。这同体育比赛中的暂停是一样的。

8. 使用"润滑剂"

谈判双方在交往过程中，经常会出于礼貌、友好和联络感情而相互赠送一些礼物、纪念品等，这无疑会对谈判的进展起到润滑剂的作用，故称为"润滑剂"策略。"润滑剂"策略是个微妙的策略，敏感性很强，弄不好会引起对方种种误解、戒心、反感，效果适得其反。同时，由于文化、习俗的差异，各国谈判界对使用"润滑剂"策略的评价也不一，因此我们还应慎重对待。

馈赠礼品时要注意对方的文化背景、风俗习惯；礼品的价值不宜过重；注意送礼的场合，尤其在初次见面时即以礼相赠有失妥当，甚至被认为是贿赂。总之，我们在涉外谈判过程中，如果需要同对方馈赠礼品，就一定要以尊重对方习俗为前提。

9. 让步

在谈判中，一方向另一方让步，甚至双方互相在一定程度上做出让步是常有的事。但是，实际做起来却并不是一件容易的事。每一个让步，均应考虑其对全局的影响。一般来说，让步有下列基本原则和策略：每一次让步都应争取得到对方的回应，不做无谓的让步；让步要恰到好处，即以最小的让步使对方感到获得了最大的满足；在重要的问题上，力求使对方先做出让步；让步幅度不宜过大，节奏也不宜太快，让对方珍惜我方的每一个让步；不要承诺同等幅度的让步；让步要同步进行；让步可以反悔，完全可以推翻重来。

10. 暗示

暗示具有与明示、明言相反的含义。在某些情况下，不便于直接说出某种话，或不便于明确地表达出某种含义，则可用隐晦、曲折的语言，或某些特定的表情、动作，表达出"只可意会，不可言传"的内容，对方对此也只能心领神会。因此，暗示只能是在特殊场合使用的特殊语言，如使用得当也可收到特殊的效果。

在商务谈判中，商业情报、技术秘密以及涉及谈判对手与第三方的情况等往往不可公开，但已成为影响谈判进程的筹码。如谈判对手对某技术要价过高，可适当暗示自已有开发的能力，或具有从第三方购买的可能性。当然，也可以就对手的暗示进行反击，如暗示对手借以索取高价的情报并不准确，或对方的技术可能被潜在的第三方超过，等等。中国的兵法云："有，示之无；无，示之有"。谈判中常遇到"兵不厌诈"的情况，因此，对于暗示的应用应十分慎重，对于对方的暗示也应十分警惕。

七、投诉处理

处理来自内部和外部公众的投诉常是秘书公关工作不可缺少事务之一。此项工作处理得是否妥当直接影响着公众对组织的评价和组织形象。

（一）掌握原则

（1）处理各类投诉必须坚持“化解”原则。即大事化小，小事化了，把问题解决在本部门的界限内，不能激化矛盾，更不能推诿。

（2）欢迎批评原则。及时搜集信息，反馈公众对组织的不满，消除误解，把处理投诉作为不断改进工作、矫正组织形象的有利契机。

（二）处理投诉的程序与技巧

（1）讲究礼仪，尊重为先。接待投诉要礼貌待人，通过笑脸相迎、倒水、让座等行为，稳定投诉者的情绪，为处理好投诉创造良好的氛围。

（2）认真倾听，做好记录。让投诉者宣泄不满情绪，能起到“消火”的作用。边听边记，使投诉者感觉受到了尊重，反映的意见受到了重视，找到了“说理”的地方。这样，既有利于矛盾缓和，也有利于充分了解投诉的本质性问题。

（3）站在对方的角度为投诉者说几句话。不管投诉问题是否合理，能为对方说几句同情的、理解的话，能达到消除对立情绪，“软化”矛盾的作用，更能彰显秘书的公关魅力。

（4）赔礼道歉、认真解释。无论投诉者反映的问题是否合理，让其不满就说明我们的工作没做好，就应该马上赔礼道歉，因为“顾客永远是对的”，如果顾客不对，也要把“对”留给“顾客”。在此基础上，如果确是投诉者自身的责任，也不要强调对方“无理”，而要进行耐心地解释，一定要注意避免争论。

（5）承担责任，及时补偿。如果投诉反映的问题确是组织的责任，应该按规定即时解决，或给予相应的赔偿、补偿，事后向领导和相关部门汇报。如果当时不能界定责任或不能解决问题，要认真解释并说出准确的答复时间，延时解决，不能不了了之。

第三节　公共关系礼仪

一、秘书公关形象建设

公共关系的终极目标是塑造和保持组织的良好形象，而组织形象是由产品形象、环境形象和人员形象共同体现的。人员是组织形象最为活跃的载体，是通过组织成员所展示出来的形象，包括组织领导人形象、管理群体形象和全体员工形象。秘书则具有领导、管理者、公关员等多种职能，因此，秘书的形象则具有多重含义，秘书人员的个人形象建设也就显得尤为重要。

这里所讲的个人形象不是狭义上的穿着华丽、形体婀娜，而是品行、素质、作风、行为、能力和仪表等因素的统一。

（一）秘书公关形象的构成

秘书人员的公关形象包括外显形象和内隐形象两部分。外显形象指我们通常认识中的仪表、谈吐、行为举止等；内隐形象则指人的内在气质和修养。二者相辅相成，相互协调，构成秘书的完整形象。一个修养高、气质雅的人，他的谈吐和举止也一定是高雅的，一个没有修养、缺乏气质的人，很难有高雅的谈吐和适度的举止。

1. 外显形象

在公共关系交往中，给他人的第一印象特别重要。怎样在和他人见面的前10分钟给人留下很好的印象，言谈举止起着非常重要的作用。所以，秘书人员要倍加注意个人的外显形象。外显形象概括起来大致有以下6个方面：

（1）仪容。仪容指一个人形体的基本外观，比如发型、脸部化妆等。评价职员有句顺口溜“男看腰，女看头”。标准的商业礼仪规定，职业秘书的头发不可过肩，长发可以盘到头上。秘书最忌讳梳马尾辫。脸部的适当修饰，可以提升女性的魅力。职业女秘书可以进行简易淡雅的化妆，以使自己的容貌更端庄、雅致，但切忌浓妆艳抹。

（2）表情。表情通常指一个人的面部表情。作为职业秘书，在不同场合，要有不同的表情。在某些公关场合，如谈判、处理危机事件等，要表现出严肃、认真；而在进行外事接待或联谊会、宴会、招待会等场合则要面带微笑，表现出喜悦之情。在工作场合，秘书人员切忌大笑、大怒和大悲，更忌表情夸张、挤眉弄眼。

（3）举止。举止指人的肢体动作，包括站、坐、蹲的姿势以及配合语言的肢体动作等。概括而言，秘书不论在接待公众或日常工作中，都要站姿挺拔，坐姿端庄，蹲姿优雅。说话时，与之相配合的适度的形体动作是必要的，但肢体动作太多、太烦琐，则会显得不稳重，会影响形象。

（4）服饰。服饰是对人们穿着的服装和佩戴的首饰的统称。现代的秘书人员中，行政机关男秘书居多，而企事业单位女秘书居多。据统计，全世界秘书从业人员中，女性占70%。秘书着装有三原则，即：整齐（Tidy）、适合特定场合（Occasional）、舒适愉快（Pleasant），加在一起即Top，最好的，最佳的。商业环境中有句流行的话：“男人穿牌子，女人穿样子”。男性的服饰选择是较容易的，按以上三原则去做即可，工作时间一般穿西装、系领带，宴会穿晚礼服。男秘书最注意的是腰部，腰部不要挂太多的东西，特别是夏天，手机、钥匙要放在包里。女性则要讲究些，衣服样式要适合不同场合，正式场合穿正装，宴会穿晚礼服。而工作装也应注意衣服上不要有皱褶，上衣裙子不要影响到手、脚的行动，衣料的质地要易于清洗，最好有口袋，能放手帕和笔记本。职业秘书要多配几套衣服进行搭配，因为职业装样子比较单一，尤其要注意领形的变化。下身着裙装时，一定要注意丝袜的颜色和质地，颜色以肉色为佳，质地一定要好，否则不小心坏个小洞，就出丑了。秘书经常和老板出去处理公务，所以鞋跟不要太高，否则会影响工作效率。服装的颜色也要注意，颜色是会说话的：红色给人充满能量的感觉，黄色代表旺盛的企图心，绿色给人合群亲切之感，蓝色给人诚实稳健，咖啡色给人负责任之感，紫色易使人觉得权利欲及虚荣心强。此外，几样饰品必不可少，如丝巾、胸花等，可多买一些搭配使用。女秘书工作时间不应佩戴过多饰品，佩戴两件以上饰品时，则以同质同色为佳。女秘书还可以根据自己的服装配一个适当价位、和服装协调的小包。

（5）谈吐。谈吐即一个人的言谈话语，亦称语言形象。不俗的外表对于成功的公关是不够的，人与人之间的交流主要通过语言。一句话可以让人笑，也可以让人怒；可能使一次艰难的谈判成功，也可能丢失一宗大买卖。这就是语言艺术。秘书的谈吐要高雅得体，不同的场合对不同的对象要注意用不同的语言表达方式、不同的说话方法。一般来说，对待上司，要用请示的语气，表现出忠诚、谦逊；对待同事，要用平等、商量的口吻，表现出和蔼可亲；对待外部公众，要用礼貌、客气的口吻，表现出诚挚、热情。另外，要讲普通话，语言表达要准确、严密；声音要富有个性、音高适中，说话风格要明快，语调要自然流畅；还要注意语言的生动性，词语的修饰性等。

（6）待人接物。所谓待人接物，是指与他人相处时的表现，亦即为人处世的态度。秘书人员和公众交往，首先要尊重公众，尊重他人就等于尊重自己。与之相适应，有了尊重，也就有了礼貌和真诚。在尊重和真诚的前提下，一般公关事宜都会迎刃而解。其次，为人处世要谨慎，尤其女秘书在和老板相处或和客户打交道时，一定要把握好分寸。专家曾经提醒女秘书和老板相处的六戒：一戒代作决策，二戒泄露公司机密，三戒直接指挥同事，四戒过度自我膨胀，五戒与老板发生恋情，六戒插手老板的家务事。和客户相处，也要在真诚的前提下做到不卑不亢。曾在网上看到几幅讽刺秘书的漫画，分别是：趋炎附势型、说谎话型、乞求怜悯型、散播“病毒”型和搔首弄姿型，漫画称这几种类型的秘书为“讨厌虫”。漫画作者意在提醒秘书人员在待人接物时要避免这几种行为的出现。

2. 内隐形象

内隐形象指秘书的内在气质和素养。在公关活动中，整洁得体的穿着打扮，高雅的谈吐，只是给公关的成功奠定了基础。而其成功的决定因素还要靠秘书的气质和素养。气质是一个心理学概念。现代心理学把气质理解为：人的心理活动中典型的、稳定的个体动力特征，它使人的性格表现形式具有显著的个性色彩，影响人的心理活动的速度和稳定性（例如知觉速度、注意力时间的长短等）、心理活动的强度（如情绪的强弱等）以及心理活动的指向性（如有的倾向于外部事物，有的倾向于内部事务）。素养则指一个人在政治、思想、作风、道德品质和知识、技能等方面，经过长期学习、锻炼所达到的一定水平，它是人的一种较稳定的属性，能对人的各种行为起到长期的、持续的影响甚至决定作用。素养包含多种因素，如政治素养、道德素养、知识素养、能力素养等。

我们平时评价一个职业人士常用“气质不凡，风度翩翩”来形容。风度美是一种韵致美、外表美，是气质和素养的外化；而气质才是内在美、精神美。气质与风度合一，即内在美与外在美的和谐统一，才是一个完美的秘书公关员应该具备的。

（二）秘书公关形象建设的原则

1. 勤奋学习，加强内在修养

“工欲善其事，必先利其器”，“内隐形象”即是“外显形象”的“器”。要想有得体的举止和高雅的谈吐，就必须加强内在修养。加强修养的途径就是勤奋学习，包括学习理论知识和专业知识、职业道德知识、公关及社交礼仪知识等，除此之外，还要了解中国传统文化知识和美学知识，以增加个人的审美情趣。

2. 实践锻炼，控制不良形象

根据实践经验，专家们指出了秘书职业形象的五大杀手。第一是说话做事爱脸红。脸红传达出了你不成熟和不坚定的心态。专家建议，当你感到脸红时，别在意，继续做自己的事。你越是在意你发热的面颊，你就越容易给人留下不好的印象。第二是工作中哭泣。哭泣传达出你的脆弱，缺乏自制力，并表明你不具备对付工作压力的能力，而且老板和同事会觉得你破坏了公司形象。一名出色的秘书要学会控制自己的情绪。第三是说话常用“嗯、啊”等修饰词。“嗯、啊”等词传达出你的犹豫不决、紧张且缺乏智慧。公关活动中，说话的方式显示你的智慧和整体能力，所以，必须进行语言锻炼，这是你事业成功的基础。第四是不成功的着装。它传达给老板的信息是：重要的任务不能放心交给你去做。目前，男性在着装上的错误是不修边幅，而女性则是过分追求时尚，二者都带有随意性。着装的总原则是：随时保持得体美丽，整体造型以保守为上。第五是怯场。怯场传达给老板的信息是：你缺乏最基本的职业技巧。专家建议，摆脱怯场的关键是要意识到怯场只不过是多余的能量没处用，所以，在公开发言之前，你可以先做些体育活动，比如散散步、跳跳绳等，或者在正式发言之前先做一下彩排，经多次彩排之后，发言就成自然之事了。

3. 领导重视，进行交流培训

秘书形象是组织形象的代言人，直接关系到公众对组织形象的印象和评价。所以，领导必须重视秘书的形象建设。首先，领导要为秘书的成长建立良好的环境氛围。组织的本质是人的合作系统，领导要在竞争激烈的大环境下建立合作机制，使秘书和下属之间保持良好的合作关系。其次，领导要为秘书们提供成长的机会。在科技迅猛发展的今天，知识更新非常快。所以，领导首先要为秘书们提供继续教育和培训的机会，使来源复杂的秘书队伍迅速趋于专业化。其次，提供轮岗的机会，以扩大视野，丰富经验。在此，提供“加担子”的机会，包括临时“压担子”和提供晋升的机会，以鼓舞秘书们的积极、主动、上进的精神和热情。

有了以上三方面的努力，秘书们一定会以良好的形象服务于公司、服务于公众。

二、秘书的公关礼仪形象

（一）说话礼仪

1. 准确称呼

称呼虽是件极简单的事，但只要留心现代称呼名目的复杂，就会明白一个适宜得体的称呼常会发生微妙的作用，至少也不致因错用而发生不愉快的事件了。有人喜欢叫先生，有人爱叫小姐。有些在社会中活动的女性，先生两字是最普通的，甚至可以通用到称呼一切高级职位的人们，当你觉得没有称呼职衔的必要，或急切中不知如何称呼的时候，就称他为先生，以职衔来称呼一个军政长官时，不必叫出对方的姓氏，总司令三字就够了，有些人在十年前做过市长，现在还喜欢别人称他做市长，若你是一个宴会里的主人，在一个适宜的情形下，你直呼客人们的名字，可以打破会场中严肃拘谨的气氛，使客人们受到你的暗示而更感到自由愉快。

2. 选好话题

跟人谈话最困难的是应讲什么话题。关于话题，最普遍的误解是：只有那些令人兴奋刺激的才是值得一谈的，因而便苦苦地搜索，想找一些奇闻或惊心动魄的事迹，或是令人神经错乱的经验等。这一类的话题，虽然一般人听起来最有趣，而且在谈话的时候，这样动听的事件，无论听的人，或是讲的人，都是一种满足。但这类的事情，到底不多，有些轰动社会的新闻，根本不用等你来讲别人就已经听过了。即使你亲身经历过比较特殊的事件，你也不能把它到处一讲再讲。因为你在某一个场合讲得很受欢迎的故事，在另外一些人的面前不一定适合。因此，你以为只有那些最不平凡的事情才值得谈，那你就会经常觉得无话可谈了。

一般人在交际场中，互道姓名之后，第一句交谈是最不容易的，因为你不熟悉对方，不知道他的性格、嗜好和品行，又受时间的限制，不容许你多作了解或考虑，但又不能冒昧地提出特殊话题。“今天天气哈哈……”这话最被常用，但除了在甲板或沙滩上散步时不妨用用之外，在别的场合上来说不仅太过于敷衍，而且缺乏内容，无法引起对方作进一步的谈话。此时，就地取材似乎比较简单得体，就是按照当时的环境寻找话题。如果相遇地点在朋友的家里，或是在朋友喜宴上，就可由对方和主人的关系作为开场白，如“这礼堂布置得很不错!”赞美一样东西常常是最稳当得体的开始。如果是游园会，则可以说：“湖边的杜鹃花开得很灿烂，颜色真好看，阁下去看过没有?”或者暑天在园子里喝茶，也可以说：“这实在太舒服了!”

3. 说好第一句话

第一句话要使人人能了解，人人能沟通意见。由此再探出对方的兴趣和嗜好，拓展谈话的领域。如果指着一件雕刻说：“真像××的作品!”或听见鸟唱就说很有门德尔松音乐的风味！除非知道对方是内行，否则会在背后挨骂的。在目前的环境里，如果不知道对方的职业，就不可胡乱问他。因为现在社会失业的人太多，问他的职业无异于逼迫他承认失业，对于自尊心很重的人是不大好的。

4. 注意话题的禁忌

(1) 不道人短长。世界上没有十全十美的人，随随便便说人家短处，或揭发别人的隐私，不仅有碍别人的声望，且足以表示你为人的卑鄙。首先你要明白，你所知道关于别人的事情不一定可靠，也许还有许多隐私非你所熟悉的。你若贸然拿你所听到的片面之言宣扬出去，就会颠倒是非，混淆黑白。说了就收不回来，事后你完全明白真相时，就很难更正。人际关系大半是如此复杂，若不知内幕，就不宜胡说乱道。社会上有一种人，专好推波助澜，把别人的是非编得有声有色，夸大其词地逢人就说，世间不知多少悲剧由此而生。你虽不是这种人，但偶然谈论别人的短处，也许无意中就为别人种下恶果，而恶果滋长到何种程度，有时是非你所能预料的。总之这种做法对你无益，对人有损。要是有人向你说某人的短处时，唯一的办法是听了就算了，不可做传声筒，不要深信这些片面之词，更不必记在心上。谈论别人，不可只是片面地观察便在背后批评别人，除非这是好的批评。说一个坏人的好处，旁人听了最多以为你是无知。把一个好人说坏了，那就不仅是道德问题了。

（2）不争辩。日常生活中许多事情没有几件是值得争辩的。除了彼此都能虚心地、不存半点成见地在某个问题上专程讨论之外，一切的争辩都应该避免，即使这是一个学术性的争辩，也不必以为这种争辩就是发扬文化精神。

（3）注意语气。用质问式的语气来谈话，是最易伤感情的。除非遇到辩论的场面，否则质问是大可不必的。如果你觉得意见不对，你不妨立刻把你的意见说出来，何必一定先来质问，使对方难堪呢？有些人爱用质问的语气来纠正别人的错误，先质问，后解释，犹如先向对方的精神打了一拳，然后再向你解释一样，这不必要的一拳，足以破坏双方的情感。

5. 电话礼仪

（1）打电话。在所打的电话中，更多的可能是商业电话。有时也会遇到一些令人不大愉快的紧急电话，这就要求必须具备一定的商业基本常识和礼节。以下几点是打电话时应该考虑的几个方面：

第一，理清自己的思路。当拿起电话听筒之前，应先考虑一下自己想要说些什么。不要在毫无准备的情况下给他人打电话，可以在自己的脑海中设想一下要谈的话题或草草写下想说的事情。

第二，养成随时记录的习惯。在办公桌上，应时刻放有电话记录用的纸和铅笔。一手拿话筒，一手拿笔，以便能随时记录。

第三，立即表明自己的身份。当拿起电话时，首先道出自己的身份以及自己所属的组织的名称，然后以“您好！”确定对方是否具有合适的通话时间。当给他人打电话时，他们也许正忙于自己的某一事情，应当表明自己尊重他们的时间，并给他们足够的时间作适当的调整。可以在开始讲话时向对方问一下：“您现在接电话方便吗？”

第四，表明自己打电话的目的。当接通电话时，立即向对方讲明自己打电话的目的，然后迅速转入所谈事情的正题。给对方足够的时间做出反应。即便想迅速解决某一紧急的事务，也应该给对方足够的时间，让对方对你的要求做出反应。

第五，设想对方要问的问题。当在电话中与他人进行商务谈话时，对方肯定会问你一些问题，所以应该事先准备好如何做出回答。道歉应该简洁。当要找的人不在时，可要求他人记下电话转告。当回复别人转告的电话的时候，不要在一些繁文缛节上浪费时间。例如：“我昨天想给您回电话”或“接到您的信我就立即给您回电话，但是您一整天都不在。”所有这些只是过去的事情，只能耽误目前的时间，过多地解释也是毫无意义的。

（2）接电话。当给他人打电话时，应调整好自己的思路。那么，当电话铃响三遍之内，应该尽快暂时放下手头正在做的事情，如果让电话铃响得时间过长，对方会挂断电话，便会失去得到信息或生意的机会。以下几点是在接电话时可以参考和借鉴的技巧：

1）随时记录。在手边放有纸和铅笔，随时记下所听到的信息。如果你没做好准备，而不得不请求对方重复，这样会使对方感到你心不在焉、没有认真听他说话。

2）自报家门。当拿起电话就应清晰说出自己的姓名，有时也有必要说出自己所在单位的名称。同样，一旦对方说出其姓名，可以在谈话中不时地称呼对方的姓名。

3）转入正题。当接听电话时，不要“哼哼哈哈”地拖延时间，而应立即做出反应。一个好的开场白可能是：“您需要我做什么？”当觉出对方有意拖延时间，你应立即说：“真不巧！我正要参加一个会议，不得不在5分钟后赶到会场。”很多情况下，这样说会防止谈论不必要的琐事，加速商务谈话的进展。

4）避免电话中止时间过长。如果在接电话时不得不中止电话而查阅一些资料，应当动作迅速，也可以有礼貌地向对方说：“您是稍候片刻，还是过一会再现给您打过去？”

（二）介绍礼仪

介绍是常见而重要的一环。介绍的规格虽不必严格遵守，但了解这些礼节就等于掌握了一把通往社交之门的钥匙。

1. 正式介绍

在较为正式、庄重的场合，有两条通行的介绍规则：其一是把年轻的人介绍给年长的人；其二是把男性介绍给女性。在介绍过程中，先提某人的名字是对此人的一种敬意。把一位年纪较轻的女同志介绍给一位德高望重的长辈，则不论性别，均应先提这位长辈，可以这样说：“王老师，我很荣幸能介绍约翰来见您。”在介绍时，最好是姓名并提，还可附加简短的说明，比如职称、职务、学位、爱好和特长等。

2. 非正式介绍

如果是在一般的、非正式的场合，则不必过于拘泥礼节，假若大家又都是年轻人，就更应以自然、轻松、愉快为宗旨。介绍人说一句：“我来介绍一下”，然后即作简单的介绍，也不必过于讲究先介绍谁、后介绍谁的规则。最简单的方式莫过于直接报出被介绍者各自的姓名。也不妨加上“这位是”、“这就是”之类的话以加强语气，使被介绍人感到亲切和自然。

3. 自我介绍

有时为了某事需要结识某人，在没有人介绍的情况下，也可以直截了当地自我介绍：“我叫×××，我们曾在广州见过一面。”或者是：“你是××吧，我是×××，你弟弟的朋友。”如果找出和对方的某种联系作为介绍时的简注，这固然是再好不过了，但即使是素昧平生也没什么关系，只要能彬彬有礼，对方自然也会以礼相待。

4. 介绍时的注意事项

用好交际的称呼。人际交往离不开语言，如果把交际语言比喻成浩浩荡荡的大军，那么称呼语便是这支大军的先锋官。在企业家的交际活动中，特别是在一些慰问、会客、迎送等人们接触不多而时间又比较短暂的场合中，容易发生把称呼弄错的现象。这样不仅失礼，令人尴尬，有时还会影响交际效果。

事先要有充分的准备。交际刚开始时，一般双方都要互相介绍，但比较简略，速度也快，印象难以深刻。因此事先要对会见对象的单位、姓名、职务、人物特征有个初步的了解，做到心中有数。这样，经过介绍后，印象就比较深刻。必要时，在入室落座或会谈、就餐前，再做一次详细介绍，有条件的交换名片则更理想。

注意观察对方的特征，掌握记忆方法。要留意观察被介绍者的服饰、体态、语调、动作等，特别注意突出特征或个性特征。对统一着装的人，要格外注意观察高、矮、胖、瘦、脸形、戴不戴眼镜等。

当介绍人作了介绍以后，被介绍的双方就应互相问候："你好。"如果在"你好"之后再重复一遍对方的姓名或称谓，则更不失为一种亲切而礼貌的反应。对于长者或有名望的人，重复对其带有敬意的称谓无疑会使对方感到愉快。

在近现代西方礼节中，当一位妇女走进房内，在座的男子应起立为礼。但若在座之中也有妇女的话，则此礼可免，这时只需男女主人和其家人起身迎客就行了。一般来说，男子应等女子入座后自己再就座。如果有位女子走过来和某男子交谈，他就应站起来说话。但如果是在某种公共场所，如剧院、餐馆等，也不必过于讲究这种礼节，以免影响别人。

（三）举止礼仪

举止，指的是人们在外观上可以明显地被觉察到的活动、动作以及在活动、动作之中身体各部分所呈现出的姿态。举止礼仪主要涉及手姿、立姿、坐姿、行姿等方面。

1. 手姿礼仪

手姿，又叫手势，指的是人的两只手臂所做的动作。由于手是人身体中最灵活自如的部位，所以手姿是体语之中最丰富、最有表现力的。

（1）基本手姿。

垂放。垂放是最基本的手姿。其做法有二：一是双手自然下垂，掌心向内，叠放或相握于腹前；二是双手伸直下垂，掌心向内，分别贴放于大腿两侧，多用于站立之时。

背手。背手多见于站立、行走时，既可显示权威，又可镇定自己。其做法是双臂伸到身后，双手相握，同时昂首挺胸。

鼓掌。鼓掌是用以表示欢迎、祝贺、支持的一种姿势，适用于多种场合。其做法是以右手掌心向下，有节奏地拍击掌心向上的左掌。必要时，应起身站立。

夸奖。这种手姿主要用以表扬他人。伸出右手，翘起拇指，指尖向上，指腹面向被称道者。

指示。这是用以引导来宾、指示方向的手姿。其做法是以右手或左手抬至一定高度，五指并拢，掌心向上，以肘部为轴，朝一定方向伸出手臂。

(2) 手姿禁忌。

易引起误解的手姿。易为他人误解的手姿有两种：一是个人习惯，但不通用，不为他人理解；二是因为文化背景不同，被赋予了不同的含义。

不卫生的手姿。在他人面前掏耳朵、搔头皮、剔牙齿、抠鼻孔、抓痒痒这样一些手势，均极不卫生。

不稳重的手姿。在大庭广众之前，双手乱动、乱摸、乱扶，或是咬指尖、折衣角、抱大腿等手姿，亦是应当禁止的不稳重手姿。

2. 立姿礼仪

立姿，又叫站姿、站相，指的是人在站立时所呈现出的具体姿态。一般认为立姿是人的最基本的姿势，同时也是其他姿势的基础。

(1) 基本立姿。

立姿的基本要求是：头端、肩平、胸挺、腹收、身正、腿直。由于性别方面的差异，男女的基本立姿又各有一些不尽相同的要求。对男子的要求是稳健，对女子的要求则是优美。

(2) 男子的立姿。

男子在站立时，一般应双脚平行，大致与肩同宽，最好间距不超过一脚之宽。要全身正直，双肩稍向后展，头部抬起，双肩自然下垂伸直，双手贴放于大腿两侧。

如果站立时间过久，可以将左脚或右脚交替后撤一步，使身体的重心落在另一只脚上。但是上身仍须挺直，伸出的脚不可伸得太远，双腿不可叉开过大，变换不可过于频繁。膝部要注意伸直。

(3) 女子的立姿。

女子在站立时，应当挺胸，收颔，目视前方，双手自然下垂，叠放或相握于腹前，双腿基本并拢，不宜叉开。站立时，女子可以将重心置于某一脚上，即一腿伸直，另一条腿略微前伸或弯曲，也就是说双腿一直一斜。

（4）立姿禁忌。

一忌全身不端正。“站如松”强调的就是站立时身体要端正，力戒站立时头歪、肩斜、胸凹、臂曲等。

二忌双腿叉开过大。站立过久，可采用稍息的姿势，双腿可以适当叉开一些。但出于美观与文明方面的考虑，在他人面前双腿切勿叉开过大，女士尤其应当谨记。

三忌双腿随意乱动。人在站立时，双腿应当老实规矩，不可肆意乱动，不应用脚尖乱点乱画，用脚去够东西、蹭痒痒等。

3. 蹲姿礼仪

下蹲的姿势，简称为蹲姿。它是人在处于静态的立姿时的一种特殊情况。多用于拾捡物品、帮助别人或照顾自己。

（1）基本蹲姿。

蹲的基本方法有三：方法之一是单膝点地式，即下蹲后一腿弯曲，另一条腿跪着。方法之二是双腿交叉式，即下蹲时双腿交叉在一起。方法之三是双腿高低式，即下蹲后双腿一高一低，互为倚靠。

（2）蹲姿禁忌。

在公共场所下蹲，有三条禁忌：一是面对他人，这样会使他人不便；二是背对他人，这样做对别人不够尊重；三是双腿平行叉开，这样好像在上洗手间。

4. 坐姿礼仪

坐姿，即人在就座之后所呈现的姿势。从总体上讲，坐姿是一种静态的姿势。在日常生活中，坐姿往往是人们所采用得最多的姿势。坐相好不好关系到你在他人心目中的形象。不同的坐姿传递着不同的信息。例如：腰杆笔直的坐姿，表示对对方感兴趣和尊敬；弯腰曲背的坐姿是对谈话不感兴趣和厌烦的表示；斜着身体坐，表示心情愉快或自感优越；边坐边摆弄手中的东西，暗示着漫不经心的心态；双手放在腿上，是一种等待、试探的表示。

所谓“坐有坐相”是指坐姿要端正。人的正常坐姿，是在其身后没有任何依靠时，上身应挺直稍向前倾，摆正肩头，两臂贴身自然下垂，两手随意放在腿上，两腿间距与肩宽大致相等，两脚自然着地。

背后没有依靠时，在正式社交场合，也不能随意地把头向后仰靠，显出很懒散的样子，这就是我们常说的“坐如钟”。

（1）就座姿势。

就座，即走向座位直到坐下的整个过程，它是坐姿的前奏，也是其重要组成部分。

注意顺序。座时合乎礼仪的顺序有两种：一是优先尊长，即请位尊之人首先入座；二是同时就座，它适用于平辈人与亲友同事之间。无论如何，抢先就座都是失态的表现。

讲究方位。不论是从正面、侧面还是背面走向座位，通常都讲究从左侧一方走向自己的座位，从左侧一方离开自己的座位，它简称为“左进左出”，是在正式场合一定要遵守的。

落座无声。入座时，切勿争抢。在就座的整个过程中，不管是移动座位还是坐下时，都不应当发出嘈杂的声音。调整坐姿，同样也不宜出声。

入座得法。入座时，应转身背对座位。如距其较远，可以右脚后移半步，待腿部接触座位边缘后，再轻轻坐下。着裙装的女士入座，通常应先用双手拢平裙摆，再随后坐下。

离座谨慎。离座亦应注意礼仪顺序。不要突然站起，惊吓他人，也不要因不注意而弄出声响，或把身边的东西弄到地上去。

(2) 坐定姿势。

根据座位的高低，调整坐姿的具体形式。在较为正式的场合，或有位尊者在座时，通常坐下之后不应当坐满座位，大体占据座位2/3的位置即可。挺直上身，头部端正，目视前方，或面对交谈对象。

极正规的场合，上身与大腿、大腿与小腿，应当均为直角，此姿势即为所谓“正襟危坐”，双腿最好并拢。具体来讲，男士就座后双腿可张开一些，但不应宽于其肩宽。女士就座后，特别是身着超短裙时，务必要并拢大腿。

在非正式场合，允许坐定之后双腿叠放或斜放。双腿交叉叠放时，应力求做到膝部之上的并拢；双腿斜放，应与地面构成45度夹角。

双脚应自然下垂，置于地面之上，脚尖应面对正前方，或朝向侧前方。双脚可以并拢、平行或一前一后。

双手掌心向下，叠放于大腿之上，或是放在身前的桌面之上；以双手扶住座位两侧的扶手，也是可以的。

(3) 坐姿禁忌。

公共场合坐定之后，不允许仰头靠在座位背上，或是低头注视地面。左顾右盼，或闭目养神也是不礼貌的行为。不允许坐定之后上身前倾、后仰、歪向一侧，或是趴向前方、两侧。

双手端臂，抱于脑后，或抱住膝盖，或以手抚腿、摸脚都是不礼貌的。双手应尽量减少不必要的动作，身前有桌子时，不要将肘部支于其上，或双臂置于其下。双手夹在大腿中间也应避免。

不要在尊长面前高跷“4”字形腿，即不要将一条小腿交叉叠放于另一条大腿上。两腿不要直伸开去，也不要反复抖动不止。

切勿在坐定后将脚抬得过高，以脚尖指向他人，或是使对方看到鞋底。不要脱鞋子，将脚架在桌面上，跷到自己或他人的座位上。不要以脚踩踏其他物体。

5. 行姿礼仪

行走的姿势是每个人最基本的行为动作，它的姿势也是行为礼仪中必不可少的内容。因为每个人行走比站立的时候要多，而且行走一般又是在公共场合进行的，所以，要非常重视行走姿势的培养和调整。

行走时两脚之间的距离叫做步度。步度的一般标准是一脚踩出落地后，脚跟与未踩出脚尖之距恰好等于自己的脚长。这个标准与身高成正比例关系，即身材高者脚长，步度也就自然大些；身材矮者脚短，步度也就自然小些。脚长是指穿了鞋子后的长度，而非赤脚。但步度的大小与穿什么样的服装与鞋子也有关。例如，女士穿旗袍时，脚穿高跟鞋时，那么步度肯定比穿长裤和平底鞋小得多。

步位，是指行走时脚落地的位置。走路时最好的步位是两只脚所踩的是一条直线，特别是女性在走路时，如果两脚分别踩着左右两条线走路，是很不雅观的。

行走时的步韵也很重要。走路时膝盖和脚腕都要富于弹性，两臂应自然、轻松地摆动，使自己走在一定的韵律中，从而显得自然优美，否则就会失去节奏感，显得非常不协调，令人看起来很不舒服。

（1）基本行姿。

行走之时，应以正确的立姿为基础，并且要全面、充分地兼顾以下五个方面：

昂首挺胸。在行走时，要面朝前方，双眼平视，头部端正，胸部挺起，背部、腰部、膝部尤其要避免弯曲。

步幅适中。在行进时，要保证步幅大小适中。

直线前进。在行进时，大体上应当走直线，并克服身体在行进中的左右摇摆，并使自腰部至脚部始终都保持以直线的形状进行移动。

双肩平稳。行进时，双肩应当平稳，力戒摇晃。两臂则应自然地、有节奏地摆动。在摆动时，手腕要进行配合，掌心要向内，手掌要向下前后伸直。

全身协调，匀速前进。在行走时，速度要均匀，要有节奏感。全身各个部分的举止要协调，表现自然。

（2）行姿禁忌。

走路时要注意步态。上身挺直，不低头，不东张西望，两臂自然前后摆动，挺胸收腹，双脚脚尖应朝正前方落脚，不要向内或向外歪。女性走路应步伐轻盈，而男士走路应步履稳健。不要拖着脚走，不要大摇大摆。

不要站在行人众多的街道上和熟人站着闲聊，应边走边谈。在街上遇到熟人朋友，应与之打招呼，不能不理不睬，也不能太过于热情，大声尖叫，惊动旁人。

男女两人同行，女方应走在街道内侧，男方走在街道外侧；一男两女同行，男方也应走在街道外侧，不能走在二女中间或内侧。

在人行道上应顺着人流行走，不要逆行；不要硬从走在前面的行人边上挤过去，如确有急事需超越的，应对前面的行人说声“对不起”，再从他身边走过去；不要在人流中突然停止不前，以免妨碍后面的人前进；走路时如无意中碰到别人，应说“对不起”；应给手拿大件物品的行人让路；应在儿童和带小孩的妇女后慢行，可在适当的时候再超过他们。

(四) 握手礼仪

社交中的握手礼被大多数国家所采用，不过在有些国家，握手仅限于特定的场合和范围。在美国只有被第三者介绍后，两人才可握手；在日本见面时的一般礼节是相互鞠躬致意；在东欧一些国家，见面礼节是相互拥抱，而不是握手。而在我国，握手礼不但在见面和告辞时使用，而且还作为一种祝贺、感谢或相互鼓励的表示。

1. 握手的形式

(1) 三种标准的握手方式。

1) 平等式握手（单手握）：这是最为普通的握手方式，即施礼双方各自伸出右手，手掌均呈垂直状态，四指并拢，拇指张开，肘关节微屈并抬至腰部，上身稍微前倾，目视前方，与之右手相握，可以适当上下抖动以示亲热。它是礼节性的、为了表达友好而进行的握手方式，一般适用于初次见面或交往不深的人。这样做双方均不卑不亢，一般可收到理想的交际效果。

2) 手扣手式握手：主动握手者用右手握住对方的右手，再用左手握住对方右手的手背。这种形式的握手在西方国家被称之为“政治家的握手”。用这种形式握手的人，可以让被握者感到他热情真挚、诚实可靠。在朋友和同事之间，很可能会达到预想的结果。然而，如果与初次见面的人这样相握，则可能导致相反的效果，因为，接受者可能怀疑主动者的动机。

3) 双握式握手：用双手握手的人，目的是想向对方传递出一种真挚、深厚的友好感情。这种形式的握手有两个组成部分：第一，主动握手者的右手与对方的右手相握，他的左手移向对方的右臂。这样，他伸出的右手和左臂就可以一齐向接受者传递出更多的感情。比如，握住对方的胳膊肘，要比握手腕表达的情感更多，用手握住对方的肩膀又要比握胳膊肘上方显得更热情友好。第二，主动握手者左手进入对方的亲密区域，这样他的左手和左臂就给对方增加了额外的温暖。应该注意的是，这种方式只有在情投意合、极为亲密的人之间才适合使用。

（2）三种不标准的握手方式。

1）木棍式握手：握手时，相距很远就伸出一只挺直僵硬、木棍似的胳膊。其主要目的，一是想同对方保持一定的间隔距离，防止对方侵入他的空间范围圈；二是握手人害怕侵犯对方的空间范围圈。

2）抓指尖式握手：运用这种握手方式，即使主动伸手，表面上显得热情亲切，也会给对方一种十分冷淡的感觉，其目的也是在保持同对方的距离间隔。

3）伸臂式握手：将接受握手者的手拉过来与自己的手相握，这种握手意味着主动握手者可能属于“胆怯型”，只有在他的个人区域内，他才会感到安全。这种握手会有令人不舒服的感觉。

2. 握手的时机

针对我国的国情，握手的时机有下列几种：

（1）在被介绍与人相识时，应与对方握手致意，表示为相识而高兴。

（2）对久别重逢的友人或多日未见的同学，相见时应热情握手，以示问候、关切和高兴。

（3）当对方获得新成绩、得到奖励或有其他喜事时，可以与之握手，表示庆贺。

（4）领取奖品时，一定要与授予者握手，以表示感谢。

（5）当拜托别人办某件事并准备告辞时，应以握手表示感激和殷切之情。

（6）当别人为自己做了某件好事时，应握手致谢。

（7）在参加宴会后告辞时，应和主人握手表示感谢。

（8）在拜访友人、同事或上司之后告辞时，应以握手表示再见之意。

（9）邀请客人参观活动，告别时，主人应与所有的客人一一握手，以感谢其光临、给予支持之意。

（10）参加友人、同事或上下级的家属追悼会，离别时应和其主要的亲属握手，表示劝慰之意。

3. 握手须注意的问题

（1）握手的姿势。

握手之时，若掌心向下显得傲慢，似乎处于高人一等的地位，表现了一种支配欲和驾驭感。显然，下级对上级、晚辈对长辈、学生对老师使用这一手势是失礼的；若掌心向上，是谦恭和顺从的象征；若双方手掌均呈垂直状态，则意为地位平等。

（2）握手的要点。

通常年长者、女士、职位高者、上级、老师先伸手，然后年轻者、男士、职位低者、下级、学生及时与之呼应。当遇到上级或长辈时，不要忙着伸手，因为主动权在对方，他们会做出该不该握手的决定。当对方伸出手时，你再伸手也不迟。在跟上级或长辈握手时，应该意识到这是情谊笃厚或颇受器重的意思，所以这时应主动把另一只手也伸过去，双手握住对方的手，直到对方松开。当对方是下级或晚辈时，你就成了上级或长辈，你应主动热情地把手伸过去，以示关怀和平易近人。来访时主人先伸手，以表示热烈欢迎；告辞时待客人先伸手后，主人再伸手与之相握，才合乎礼仪，否则有逐客的嫌疑。而朋友和平辈之间谁先伸手不作计较，一般是谁手快，谁就更为有礼。

一定要注意，男士和女士之间，绝不能男士先伸手，这样不但失礼，而且还有占人便宜的嫌疑。但男士如果先伸出手来，女士一般不要拒绝，以免造成尴尬的局面。

握手之前要选择恰当时机，应审时度势，听其言观其行，留意握手信号，避免几次伸手欲握均不成功的窘迫情形出现。

(3) 握手的时长。

握手时间的控制可根据握手双方的亲密程度灵活掌握。初次见面者，握一两下即可，一般控制在三秒钟之内，切忌握住异性的手久久不放。握住同性的手时间也不宜过长，以免对方反感。

(4) 握手的力度。

握手力度一般以不握疼对方的手为限度。有人觉得与初次见面或交往不深者握手时下大力气，甚至握得对方龇牙咧嘴是热情、友好的表示，但实际上有故意示威之嫌。当然，完全不用力或柔软无力的手握在对方的手上，给人的感觉则是缺乏热情。

不过，遇到老同事、老朋友、老同学时，则应该远远地把手伸出，把对方的手紧紧握在手中，即使握得对方隐隐发疼，也只会换来一片欢笑之声，为这不期而遇的亲切、热诚增添了乐趣。

男士握女士的手应轻一些，不要握满全手，只握其手指部位即可。如果下级或晚辈与自己紧紧相握，一般也应报以相同的力度。这会使晚辈或下级对自己产生强烈的信任感，也可以使你的威望、感召力在晚辈或下级心目中得到提高。

4. 握手的禁忌

(1) 握手时如果有几个人，而你只同一个人握手，对其他人视而不见，这是极不礼貌的。与多人握手时，与每个人握手的时间应大致相等，若握手的时间明显过长或过短，也是失礼的。

(2) 握手时忌嘴巴紧闭，一言不发，一副不情愿的样子。应当寒暄几句

“你好”、“很高兴见到你”等，并且握手时应专心致志，切忌心不在焉或东张西望寻找第三者。

（3）与客人见面或告辞时，不能跨门槛握手，即一脚门里，一脚门外。要么在屋内握手，要么出门后握手。

（4）握手双方除非是年老体弱或者身体残疾的人，否则应站着而不能坐着握手。

（5）进行平等式握手时，伸出右手与之相握，左手应自然下垂，不能插在口袋里。

（6）忌用左手同他人握手，除非是右手有疾或太脏了，特殊情况时应说明原因并道歉。

（7）双手抱握一般仅限于年轻者对年长者、身份低者对身份高者、学生对教师或同性之间握手时使用。男士对女士一般不用此种方式握手。

（8）男士勿戴帽子和手套与他人握手，但军人不必脱帽，而应先行军礼，然后再握手。在社交场合，女士戴薄纱手套或网眼手套亦可不摘；但在商务活动中只讲男女平等，女士亦应摘手套，且男士仍不为先。

（9）握手时不要抢握，亦不可交叉相握。有些国家视交叉握手后形成的“十字架”为凶兆，认为必定会招来不幸。

（10）握手后，不要立即当着对方的面擦手，以免造成误会。

（五）名片礼仪

欲使名片在人际交往中正常地发挥作用，还须在交换名片时做得得法。

1. 交换名片的时机

遇到以下几种情况，需要将自己的名片递交他人，或与对方交换名片。

（1）希望认识对方。

（2）表示自己重视对方。

（3）被介绍给对方。

（4）对方提议交换名片。

（5）对方向自己索要名片。

（6）初次登门拜访对方。

（7）通知对方自己的变更情况。

（8）打算获得对方的名片。

碰到以下几种情况，则不必把自己的名片递给对方，或与对方交换名片。

（1）对方是陌生人。

（2）不想认识对方。

（3）不愿与对方深交。

（4）对方对自己并无兴趣。

(5) 经常与对方见面。

(6) 双方之间地位、身份、年龄差别悬殊。

2. 交换名片的礼仪

(1) 递上自己的名片。

递名片给他人时，应郑重其事，最好是起身站立，走上前去，用双手或者右手将名片正面面对对方，交予对方。切勿以左手递交名片，不要将名片背面面对对方或是颠倒着面对对方，不要将名片举得高于胸部，不要以手指夹着名片给人。若对方是少数民族或外宾，则最好将名片上印有对方认得的文字的那一面面对对方。

将名片递给他人时，口头应有所表示。可以说“请多指教”、“多多关照”、“今后保持联系”，或是先作一下自我介绍。

与多人交换名片，应讲究先后次序，或由近而远，或由尊而卑，一定要依次进行，切勿挑三拣四，采用“跳跃式”。当然，也没有必要滥发自己的名片。双方交换名片时，最正规的做法是位卑者应当首先把名片递给位尊者。不过，在一般情况下，也不必过分拘泥于这一规定。

(2) 接受他人的名片。

当他人表示要递名片给自己或交换名片时，应立即停止手中所做的一切事情，起身站立，面含微笑，目视对方。接受名片时，宜双手捧接，或以右手接过，切勿单用左手接过。

“接过名片，首先要看”，这一点至为重要。具体来说，就是接过名片后，当即要用半分钟左右的时间，从头至尾将其认真默读一遍。若有疑问，则可当场向对方请教。此举意在表示重视对方。若接过他人名片后看也不看，或手头把玩，或弃之桌上，或装入口袋，或交予他人，都算失礼。

接受他人名片时，应口头道谢，或重复对方所使用的谦词敬语，如“请您多关照”，“请您多指教”，不可一言不发。

若需要当场将自己的名片递过去，最好在收好对方名片后再递，不要左右开弓，一来一往同时进行。

(3) 索取名片的礼仪。

如果没有必要，最好不要强索他人的名片。若索取他人的名片，则不宜直言相告，而应采用以下几种方法。

1) 向对方提议交换名片。

2) 主动递上本人名片，此所谓“将欲取之，必先与之”。

3) 询问对方：“今后如何向您请教?”此法适于向尊长索取名片。

4) 询问对方：“以后怎样与您联系?”此法适于向平辈或晚辈索要名片。

(4) 婉拒他人索取名片的礼仪。

当他人索取本人名片，而不想给对方时，不宜直截了当，而应以委婉的方法表达此意。可以说“对不起，我忘了带名片”，或者“抱歉，我的名片用完了”。不过若手中正拿着自己的名片，又被对方看见了，这样讲显然不合适。

若本人没有名片，而又不想明说的，也可以用上述方法委婉地表述。

如果自己的名片真的没有带或是用完了，自然也可以这么说，不过不要忘了加上一句“改日一定补上”，并且一定要言出必行，付诸行动，否则会被对方理解为自己没有名片，或成心不想给对方名片。

（5）名片的存放。

要使名片交换合乎礼仪，并且使其在人际交往中充分发挥作用，还应注意如下两个问题：

第一，名片的放置。在参加交际应酬之前，要像准备修饰化妆一样，提前准备好名片，并进行必要的检查。

随身所带的名片，最好放在专用的名片包、名片夹里，此外也可以放在上衣口袋之内。不要把它放在裤袋、裙兜、提包、钱夹里，那样做既不正式，又显得杂乱无章，在自己的公文包以及办公桌抽屉里，也应经常备有名片，以便随时使用。

在交际场合，如感到要用名片，则应将其预备好，不要在使用时再去瞎翻乱找。接过他人的名片看过之后，应将其精心放入自己的名片包、名皮夹或上衣口袋内，切勿放在其他地方。

第二，名片的收藏。参加过交际应酬以后，应立即对所收到的他人的名片加以整理收藏，以便今后使用方便。不要将它随意夹在书刊、材料中，压在玻璃板下，或是扔在抽屉里面。

存放名片的方法大体上有四种，它们还可以交叉使用：按姓名的外文字母或汉语拼音顺序分类；按姓名的汉字笔画的多少分类；按专业或部门分类；按国别或地区分类。

（6）名片的利用。

随着人际交往的不断深入，还可在收藏的他人名片上随手记下可供本人参考的资料，使其充当社交的记事簿。在收藏的他人名片上可记的有利于人际交往的资料有：

1）收到名片时的具体情况。包括收到名片的地点、时间以及是否与对方亲自交换等。在国外有一种做法，即把名片的右上角向下折，然后再使其恢复原状，它表示该名片是对方亲自与自己交换的。

2）交换名片者个人的资料。例如性别、年龄、籍贯、学历、专长、嗜好等。这既可作备忘，也可充作资料。

3）交换名片者在交换名片后变化的情况，例如单位、部门的变化，职业的变动，职务的升降，联络方式改变等。

（六）舞会礼仪

（1）服饰要整齐，仪态要端正。国外举行舞会，通常在请柬上注明服装要求，以穿晚礼服和西服居多，要注意保持口内气味，进场前应嚼口香糖，舞场不得吸烟。

（2）跳舞时，应注意舞姿，舞步不要过大。男方的右手应放在女方腰部正中。

（3）在较正式的舞会中，第一场舞由主人夫妇、主宾夫妇共舞；第二场舞由男主人和主宾夫人、女主人和男主宾共舞。

（4）男子要避免只和一位女子共舞，邀请有男伴的女士跳舞应先征求男伴的意见。女士拒绝男士邀请可说："我想休息一会儿"，或说"我已经有舞伴了"。

（5）男方邀请女方跳舞，应仪表端正、举止大方，不应勉强对方。

（6）跳舞时不得吸烟，不能戴口罩，不可大声喧哗。

（7）不要轻易中途退场。

（8）舞场不得两位男士共舞，那是对女士的不尊重，它表明：舞场的女士都不配做我的舞伴，我只有同男士跳了。

（9）舞场可以两个女士共舞，这表明：没有男士来邀请跳舞，我只能和女伴跳了。

复习思考题

1. 秘书的日常公关工作有哪些？
2. 举例说明组织的内部公关工作的内容和方法。
3. 谈判的一般程序和策略有哪些？
4. 怎样塑造秘书的公关形象？
5. 常用秘书公关礼仪包括哪些方面？

实训题

模拟新校区落成典礼活动，并由学生进行角色扮演，按策划方案模拟活动全过程。

实训目的：了解庆典活动策划和程序，体验秘书公关活动的操作关节点和技巧；学会各种礼仪的运用。

实训操作提示：

1. 以本校区环境为例，假定是为适应学校发展，新建的又一个校区。

2. 全班学生分组拟订活动策划方案；做好经费预算，经讨论后形成执行文本。

3. 组建活动筹委会，明确分工职责（现场执行监控组、礼仪接待组、宣传组、秘书组、后勤材料组、安全保卫组）。

角色扮演分配：来宾——上级领导、媒体记者、建筑单位、银行、城建、兄弟院校等领导；校级领导——校书记、副书记、校长、副校长、办公室主任、组织部长、纪检书记、宣传部长、工会主席、团委书记。

4. 明确活动时间、地点、准备请柬、来宾胸花、校方工作人员胸卡、来宾纪念品、剪彩用具、各类发言稿、给记者宣传材料、确定参观路线、签到处、贵宾接待室、果茶、停车场、主持人、主席台布置领导座次、招待宴会饭店和宴会规格及桌次安排。记者安排摄影、录像，事后写出新闻稿配发照片，制作1分钟影视报道新闻片。

5. 按方案进行模拟实施。

6. 课堂总结评估。(各组总结工作得失，学生谈体会，最后教师总结)

第八章

公关机构与秘书公关素质

引例：一天，总经理秘书突然接待了一个不速之客：

“我找总经理！我们虽然是工人，但也是人，怎么动不动就让我加班，连个慰问都没有！年终奖金也没下文。老板有钱，我有人格！”愤怒之余扔给秘书一句话，“我是老孙，我们是约好的。”

总经理秘书马上起身接待。“是的，是的。总经理在等你，不过不巧，有位同事临时有急件送进去，麻烦您稍等一下。”秘书客气地把老孙带到会客室，请老孙坐，又微笑地说，“您是喝咖啡还是喝茶?”

“我什么也不喝。”老孙小心地坐进大沙发。

“总经理特别交代，如果您喝茶，一定要泡上好的龙井。”

“那就茶吧!”

不一会儿，秘书小姐端进连着托盘的盖碗茶，又送上一碟小点心：“您慢用，总经理马上出来。”

“我是老孙。”老孙接过茶，抬头盯着秘书小姐，“你没弄错吧！我是工友老孙。”

“当然没弄错，您是公司元老，经理的老同事了，总经理常说你们最辛苦了，一般同仁加班到九点，你们得忙到十点，实在心里过意不去。”

正说着，总经理已经大跨步地走出来，跟老孙握手：“听说您有急事?”

“啊……啊……啊，其实也没什么，几位工友同事叫我来看看您……”

不知为什么，老孙憋的那一肚子不吐不快的怨气，一下子全不见了。

临走时，还不断对总经理说："您辛苦了，您辛苦了，大家都辛苦了，打扰了。"

在这个故事中，总经理还没出现，秘书已经把问题化解了一大半，可见秘书的公关素质派上了用场。秘书见到找上门来，情绪正激动的老孙，与其一见面就不高兴，何不请他坐下，让他先冷静一下？他如果有怨言，觉得不被尊重，何不为他奉上茶点，待为上宾，使他受宠若惊？人都要面子，也都要情。先把对方的面子做足了，再狠的人，也会为对方留面子。在这件事上，秘书的公关能力平息了一场即将爆发的冲突。

第一节　公共关系公司

一、公共关系公司

公共关系公司是由各具专长的公共关系专业人士，运用专门的公关知识、技能和经验，受客户委托，专门从事公关活动策划和咨询的服务性机构。

（一）公共关系公司的特点

（1）观察分析问题具有客观性。公共关系公司与委托单位没有直接的利益关系，其成员不是客户的员工，因而可以从组织外部观察问题，实事求是地分析并做出客观的评价。

（2）提出的建议和方案具有权威性。公共关系公司由专业的公关人士组成，具有一定的调研、创意、策划水平和实务经验，所以，他们提出的建议和方案与组织自身的公关部相比更具有说服力，更容易受到决策者的重视。

（3）信息来源的广泛性和渠道的网络性。一般情况下，公关公司同政府部门、社会团体、新闻媒介等有密切联系，信息来源广泛，渠道通畅，客户可以通过公共关系获得对自身有益的信息和人际关系资源。

（4）公关活动整体规划的经济性。一些专业性强的大型公关活动由专业的公共关系公司策划、组织实施可以节省经费开支。

（二）公共关系公司的工作

公关公司的主要工作有以下四个方面。

（1）确定目标，调查研究。与客户讨论、明确所要实现的公关目标，通过公关调查，分析公关目标实现的难点、优势、机会点，并提出解决问题的创意思路。

（2）制订和实施计划。根据公关活动的创意思路帮助客户制订出公关活动实施计划，经过可行性论证后，督导客户，逐项落实。

（3）提供公关咨询服务。针对客户要求，有针对性地提供公关咨询服务，作为客户公关工作的参考。

（4）代理公共关系业务。为客户进行公关策划，代理各项公关业务，帮助客户树立信誉，协调关系，塑造形象。

（三）公共关系公司的组织结构

公共关系公司的规模有大有小，一般来说，专业的公关公司的机构主要由以下四个部分组成。

（1）业务部。主要负责公关公司业务的拓展和客户接洽工作。

（2）策划部。由专业的公关策划人员组成，负责公关调查、创意策划、向客户提交公关策划方案。

（3）制作部。由广告、美工、装饰设计、影视制作专业人员组成。负责各种媒体广告设计、制作以及公关活动中所需的道具、展牌、舞台、会场布置工作等。

（4）综合办公室。由文秘、财会、法律等人员组成，负责公司的日常行政、财务、法律事务。

（四）公共关系公司工作的一般程序

公共关系公司工作的一般程序为协议、调查、计划、实施。

（1）协议。以合同形式出现，合同的内容包括目标任务、收费标准、完成期限。

（2）调查。签订委托协议后，公关公司根据公关目标及客户要求开展公关调查，进行各项信息的采集、分析工作。

（3）计划。根据调查分析结论，进行公关活动的创意并制定解决问题的方案、实施步骤、编制预算。

（4）实施。按照公关策划方案计划督导客户开展相应的公关活动。

（五）公共关系公司的收费

公共关系公司的收费一般有以下几种方式。

1. 项目收费

（1）项目劳务费。公关项目实施期间工作人员的工资，与项目有关的管理人员、顾问或专家的报酬。

（2）行政管理费。按项目总费用一定比例提取，用于行政管理和办公开支。

（3）咨询服务费。公关公司向委托人提供咨询并给予指导所需的费用。

（4）代理项目活动经费。由公司代理的项目按活动计划方案收取经费。

2. 计时收费

根据培训、咨询、策划等公关服务项目的难易程度，确定单位时间的开支标准，以项目完成所需时间计算费用。

3. 综合收费

双方根据业务需要，协商确定费用的总金额。

4. 按项目需要分次收费

这是综合收费的变通形式。如果客户不愿采用综合收费，也可按项目实际需要分次逐项付款。作为公司，可将此视为项目收费。客户可以监督公司代理业务的质量，如果不满意，客户可随时终止合作，选择其他公关公司。

5. 项目成果分成

即公关公司和项目委托人共同承担风险，共同受益。项目最终取得收益时，双方按一定比例分成，除此之外，公关公司不再收取其他任何费用。

总之，公关公司收费没有固定统一的标准，要根据公司的声誉、公关人员的资历、具体业务的难易程度等去收费，同时还要考虑或参照同类公司的收费标准去收取费用。

二、公共关系部

组织要经常维护与协调组织内、外部的关系，开展对内、对外的公共关系工作，才能使组织始终保持和谐、顺畅的人际关系氛围和良好的公众形象。因此，组织内部可以专设公共关系部。

（一）公关部的地位和作用

作为一种现代管理职能部门，公关部是组织决策的参谋部门，因此，在社会组织中有非常重要的地位。

（1）它是组织的信息、情报部。公关部集中收集、储存和处理与组织发展密切相关的各种信息，并及时向决策者通报。

（2）它是组织的信息发布中心。公关部具有“喉舌”功能，担负着组织的对外信息发布以及与大众传播媒介的联系。

（3）它是组织的环境监测中心。公关部负责和监视社会环境以及与组织有联系的各种社会条件的发展和变化，为决策者提供决策依据。

（4）它是组织的决策参谋部。公关部根据收集到的信息和有关资料以及对环境的监测，经过科学地分析、综合，做出组织发展趋势的预测并提出相应的行动方案。

（5）它是组织的外交部。组织的内、外部公众同组织打交道，主要就是通过公关部来完成的，这样公关部就变成了组织与社会交往活动的代表和桥梁。

（二）公关部的主要职责

（1）情报的收集与处理。公关部通过自己的信息网络系统，采用各种方法，收集所有关系到组织生存和发展的内部与外部情报，随时掌握环境因素的发展变化，起到组织“耳目”的作用。

（2）咨询和建议。公关部进行及时认真地分析整理，并将结果迅速反馈到组织领导层或其他各有关职能部门，为领导的决策提供咨询和建议，起到为组织决策“参谋”的作用。

（3）新闻宣传和编辑制作。公关部担负着向公众宣传、传递有关信息的重要任务。要完成这些任务，则需要编辑、设计、撰写各种内部刊物、新闻报道、广告设计、年度报告等，还要设计和制作各种音像节目等，起到组织“喉舌”的作用。

（4）协调和交往。公关部日常工作更多的是负责协调关系和社会交往工作，妥善处理好各种关系，接待来访，有时还要协助组织进行谈判等活动。

（三）公关部的设置原则

公关部的设置应遵循以下六条原则：

（1）规模适应性原则。公关部规模的大小应当与组织规模及其发展相适应，不能过大或过小，这样才能有利于组织公关工作的开展。

（2）整体协调性原则。在设置公关部机构时，其职责、功能、权限应与组织内部各部门相协调，如果有冲突，应作适当调整，以提高公关部门的效能。

（3）精简性原则。公关部作用的发挥不在于人员的多少，关键在于工作效率高，应变能力强，所以公关部人员应是一专多能、精明强干的。因此，公关部配备的人员数量与所承担的任务应相适应。

（4）自动调节性原则。公关部工作有相对的独立性，能够在确定的职权范围内自主地履行职责。公关部在开展具体的工作环节上也要有一定的灵活性，使其能在不断变化的环境中主动地处理问题。

（5）专业性原则。公关部是组织专门开展公关工作的组织机构，它的每项工作都直接影响着组织的形象和人际关系环境。因此，在组织工作和内容上都要保证公关部门的规范化和人员队伍的专业化。

（6）针对性原则。在组建公关部时，要根据组织的具体情况和面对的不同公众来设置机构，确定工作职责和目标，安排人员。只有这样，才能使公关部的工作更加有效和实用。

第二节　秘书公关人员的素质

一、秘书的公共关系角色意识概述

（一）秘书的公共关系意识

公共关系意识也被称为“公共关系思想”、“公共关系观念”，是指从组织整体的立场出发，为了组织的生存和发展，自觉致力于塑造组织形象，沟通、协调、理顺和改善公众关系，争取公众理解与支持的观念和指导思想。它是一种综合性的职业意识，是公共关系人员应该具备的素质的核心。公共关系意识有三层基本涵义：对公众地位、作用的认识；对影响和争取公众的必要性和能动性的认识；对公共关系如何影响公众的认识。概括起来有以下几个方面的内容。

1. 塑造形象意识

组织形象是公众对组织的认知度和美誉度。它包括组织的产品形象、服务形象等内容。公关人员和秘书人员同样承担着塑造组织形象的任务。公关人员和秘书人员必须意识到：你的一颦一笑，举手投足都体现出组织的形象，你对待公众的态度是否真诚热情，接待顾客时礼仪是否得体等都关系着组织的形象，影响着组织的认知度和美誉度。所以，公关人员不论是在沟通、传播中，还是在策划、谈判或危机处理中，都要意识到自己的任何行为都是代表组织的，都要有塑造组织形象的意识。

2. 公众至上意识

现代公共关系观念的核心是公众导向观念。公众导向观念强调组织的一切活动都必须以公众的利益和需要为出发点，以公众的需要和利益的实现为归宿点。换句话说，就是组织必须高度重视公众的利益，将公众的意愿作为决策和行动的依据，使组织的政策和行为与公众的要求、社会的利益融为一体。这就要求：在组织决策中，要充分尊重公众的需求，主动投公众之所好；为公众服务时要热情，要负责到底，于细微处体现公关意识；当组织与公众发生矛盾时，应尊重公众的权威性。

3. 真诚互惠意识

真诚互惠的意识是公共关系的交往意识和功利意识。组织不可避免地要同外界交往，要在竞争中赢利并生存。但公关理论指导下的竞争，不应是“你死我活”、“尔虞我诈”的，而应该是现代文明的竞争，既竞争又合作，互惠互利，共同发展。

4. 传播沟通意识

传播沟通意识实际上也是一种重视信息的意识，一种平等民主的意识。组织为了塑造良好形象，更好地为公众服务，以实现其公关目标，就必须建立一个信息交流的网络，来掌握环境的变化，保护组织的生存，促进组织的发展。因此，公关人员应该对社会舆论有较强的敏感性，随时关注公众对组织的态度，注意收集与组织有关的信息，以便掌握环境的变化，保护并促进组织的生存与发展。

5. 创新审美意识

创新意识是组织生存、发展的保障。组织的良好形象不能停留在原有的基础上，而需要创新和突破，组织要赢得公众，就必须吸引公众的注意。所以，公关人员就必须具备创新意识，要设计策划出富有新意的公共关系方案，在激烈的竞争中为组织赢得公众的支持。审美意识突出了塑造组织形象的艺术内涵。产品形象需要审美，公关形象更需要审美。这就要求公关人员在开展公关活动时，在塑造组织形象的前提下，注重公众的审美感受，把公共关系活动作为一门科学，又作为一门艺术来操作。

6. 立足长远意识

立足长远的意识是塑造组织形象稳定性的要求，也是其艰苦性的表现。组织形象是主体作用于客体的一种信息，可以传播、储存，可以长期保留而不失真，但它不是一朝一夕可以完成的。一个形象一旦传播出去、树立起来，就具备了相对稳定性。这一特性要求组织树立形象时一定要慎重，有立足长远的意识，而不能朝令夕改。

7. 法律意识

作为社会组织和社会的人，组织和公关人员的一切活动都在法律的监控之下。要取得法律的保护，首先要具有强烈的法律意识和一定的法律修养，自觉遵纪守法，一切依法办事。法律意识对公关人员具有特殊意义：一方面它为组织行为提供法律监控，依据组织与内外公众之间的法律关系状况提出调整组织行为的建议，力求使组织行为的法律失误消失在萌芽之中。另一方面它能为组织提供寻求法律保护的依据，减轻或减少组织的损失。此外，它还有助于调解组织与公众之间的各种纠纷。当组织与公众发生矛盾时，能依据法律，本着公正、公平、合理、合法的原则参与调解，既要维护双方的利益，又要排除双方的纠纷。

8. 现代意识

现代公关不再仅限于迎来送往，现代秘书也不再仅限于抄抄写写，整理文件。公关环境和公关手段的多元化，要求秘书等公关人员必须具有现代意识。

就公关环境而言，现代组织不仅要处理好内部环境，还要处理好外部环境；不仅要面对国内的众多组织的竞争，还要面对国际市场的竞争。如何在竞争激烈的市场环境下保持组织的良好形象，使组织立于不败之地，是公关人员的终极目标。所以，公关人员必须具有全局观念和现代管理意识，具有企业文化观念，具有积极进取和爱岗敬业的精神，具备现代公共关系理论知识和能力，具备沟通、协调、处理危机的能力。只有如此，才能为组织形象建设做出自己的贡献。就公关手段而言，多元化局面更为明显，仅传播媒介就有电视、网络、杂志、报纸等多种，办公设备的现代化更是不言而喻。这就要求公关人员熟练地掌握各种现代化办公设备的使用方法，以迅速、及时地完成各项公关任务。

（二）秘书的公共关系角色意识

以上谈到的八个方面的“意识”是所有公关人员和秘书人员都必须具备的。而秘书作为公关人员，出于主体特殊的职业特性，其公关意识还应包括其公共关系角色意识。

秘书人员的公共关系角色，实际上是秘书人员在组织内外开展公共关系活动时的立场、行为和作用等一系列特性的归纳与抽象。秘书人员的公共关系角色既与公共关系在组织内的职能地位相关，也与秘书人员自身的技能条件相联系。作为一名现代秘书，必须有清醒的角色意识。一般来说，秘书人员在公共关系中担当着以下几种角色。

1. 协调者

作为协调者，秘书公关人员实际上发挥着桥梁的作用。对于组织外部而言，秘书公关人员是组织与外部公众的联络员，在平时要注意通过各种渠道去获取组织需要的信息资源，开发、建立和维护组织发展所必需的各种关系资源。而在组织内部，秘书公关人员一方面作为组织高层决策者、基层管理人员以及员工之间的联系纽带，发挥着承上启下的作用；另一方面，作为各职能部门之间联系的桥梁，秘书公关人员又要注意帮助领导做好信息的沟通工作，使各部门相互理解，彼此协作。

2. 监听者

秘书人员是领导的资料库，是服务于领导决策的参谋，这决定了秘书人员的监听者角色。这一角色要求秘书人员应该从不同的渠道，利用各种方法和手段去接受、了解和掌握信息。不仅要了解组织内部的业务信息、组织成员的心理动态，还要掌握外部的相关信息，如各种意见和倾向、舆论和潮流等；不仅要搜集和整理信息资源，而且要对这些信息进行分析、整合。

3. 传播者

传播者角色，要求秘书人员将从外界和上下级那里得到的信息，按照必要性原则，利用组织规定的沟通渠道和各种非正式渠道，传递给组织内部的相关成员，以便保证组织内部信息的通畅，达到信息资源的共享。秘书人员有时还必须代表组织向外界公布组织的态度、决定、报表、报告并进行演讲等，使组织能够及时地为外界所了解和认可。

4. 矛盾冲突的驾驭者

面对组织发展中随时可能出现的突发事件和危机，秘书人员应主动担当起公关任务，及时做出反应，并且进行妥善地处理。这种处理危机、化解冲突的能力不仅仅是公关人员，也是职业秘书人员的必备技能。

（三）秘书公共关系意识的培养

意识是行为的前提，有了完备的公关意识，才会有完美的公关活动。秘书公关意识的培养是一个漫长的过程，既要靠理论的学习，更要在实践中逐渐积累提高。

1. 认真学习秘书理论和公共关系理论

在秘书理论和公关理论中，详细规定了秘书和公关人员的职责和任务，讲解了秘书公关员应具备的公关意识。通过学习，我们就会知道我们该做什么，该怎样做。比如对于内部公关的处理：当员工因为奖金问题、晋升问题对老板表示不满时，秘书该是什么角色？秘书要明确意识到：你是一个矛盾的调节者。组织内部可能触及员工利益的事情经常发生，此时，员工会怨声载道，情绪反常，思想产生偏差，他们往往都把矛头直指领导。如果领导这时出来调节，只会正撞在枪口上，不会平息员工的怨气。而秘书来疏导同事的怨气，可能会起到意想不到的效果。因为大家都处在同样的位置上，讲起话来也比较方便，有共同语言。帮助当事人分析其中的原因，找到解决的办法，指明怄气只能给领导留下更坏的印象，于自己有害而无利，可以说，心态正常的人都会接受这种忠告的。那么你就尽自己所能，不仅能够消除领导与下属之间的隔阂，而且维护了领导的威信，领导知道了，肯定会感谢你为组织的团结所做出的努力。

2. 认真学习法律、法规及党和国家的方针政策

秘书不论是在处理与内部公众的关系，还是在处理与外部公众的关系时，都会遇到法律、法规及党和国家方针政策的执行问题。特别是行政秘书，他的职责就是专门从事办公室程序工作、协助领导处理政务及日常事务，为领导决策及其实施提供服务。在公共关系活动中，秘书们一定要记住：处理一切事物的首要原则，就是要符合法律、法规及党和国家的方针政策。当领导出现贪污腐败的苗头，你要规劝，而不要随波逐流或纵容；员工出现违背组织规定的现象，你要引导其走向正轨；对外谈判中，出现违法条款，你要帮助组织及时纠正，等等。所以，秘书要通过学习，将有关政策熟烂于心，保证组织的一切行为都在合理合法的范围内进行。

3. 在实践活动中提高意识

知识来源于实践，意识同样也来源于实践。作为秘书，首先要善于观察、学习他人经验。一些老秘书经验丰富，新秘书就要经常向他们请教；秘书常随领导外出进行公关活动，对领导处理问题的方式方法要谨记在心。其次，要善于总结自己的工作经验。当某次公关活动受到领导表扬、受到同志们的好评，或进行了一次成功的策划、一次成功的谈判时，就要总结一下，我这次是如何处理这件事的？总结经验，以便以后再用。再次，要善于反思自己。比如在受到领导批评时，在受到同事指责时，在公关活动失败时，都要深入考虑一下是什么原因，是哪方面的意识淡薄造成的。经过反思之后，再将其记录下来，以后遇到类似情况，明确的意识就会首先映入你的头脑。

（四）秘书公关人员的知识体系

当今科学技术飞速发展，知识经济时代正在到来，人类知识的总量急剧增长，学科门类不断增加；各种知识领域之间的联系日益密切，知识转化为直接生产力的步伐大大地加快；改革开放越向纵深发展，新情况、新问题越不断出现。在这种情况下，从事秘书工作所涉及的知识面就越来越广。无论是进行调查研究，沟通协调，信息整合，拟定决策方案，还是处理文件，起草各种公文等，都要综合考虑各方面的情况，涉及多种知识。只有用高、新知识武装起来的秘书，才能担当起为领导出谋划策的繁重任务，高效率、高质量地辅助领导完成各项工作。这就要求秘书人员要加强学习，尽量成为“通才”、“杂家”，力求博学多识。

1. 知识结构

秘书工作综合性很强，对知识的要求很高，公共关系也是涉及多方面知识的一项综合性工作，二者有着千丝万缕的联系，在职能上存在着众多的交叉。所以，作为一个经常需要从事公共关系活动的秘书人员，就需要有较宽的知识面、较高的知识水平和较完备的知识结构。公共关系人员理想的知识结构应该是动态的“T”型知识结构。这种知识结构有三个基本标量：宽广度、纵深度和时间度。

（1）宽广度。它是“T”型结构中的“横”，表示与某一领域相关的知识面的跨度或广度。这就意味着对秘书公关人员来说，相关的知识面要宽。

（2）纵深度。它是“T”型结构中的“纵”，表示了特定专业知识方面的深度；这里的特定的知识面既包括了公共关系方面的专业知识，也包括了与本组织相关的专业知识以及与管理活动相关的管理知识。

（3）时间度。动态性是一个现代公共关系人员的知识结构的时间标量。随着科学技术的迅猛发展，知识淘汰速度不断提高，知识淘汰周期不断缩短，一个现代秘书的知识结构如果缺乏时间标量，没有及时更新相关知识，仍然是不完整的。秘书人员的知识结构应该随着社会的发展和科学技术的进步而不断更新，不断丰富。

2. 知识涵盖面

具体来讲，秘书公关人员至少应具备或了解以下三个方面的知识。

(1) 基础知识。基础知识即社会科学和自然科学方面的基本常识。例如：文学、哲学、政治、经济学、历史、地理、语言学、逻辑学、数学、物理、化学等一般的常识。基础知识是获得其他知识的基础和源泉。

(2) 专业知识。这是秘书智能结构的核心部分，也是区别于其他人才知识结构的主要方面。秘书专业知识主要包括两个部分。一部分是秘书职业知识，包括秘书学、文书学、应用写作、管理学、信息学、档案以及计算机应用技术等。另一部分是秘书人员所在单位的业务知识。如农业部门的秘书必须懂得农业方面的知识；司法部门的秘书必须懂得法律知识；企业方面的秘书必须懂得企业管理、生产、营销知识等。

(3) 辅助知识。由于秘书工作涉及的面比较广，除了要掌握必要的基础知识和专业知识外，还必须了解掌握一些相关的知识和新兴学科，作为对自己知识的辅助和补充。比如：行政管理学、社会学、管理心理学、公共关系学、传播学、领导学、决策学、统计学、伦理学、情报学、编辑学以及外语知识等，并能了解和知晓世界自然科学、高新技术发展的情况和态势。这是秘书人员知识结构中的较高层次。

当然，人的精力是有限的，不可能样样精通。秘书人员应具备或了解以上三方面的知识，并不是说每个人必须具备这些知识后才能从事秘书工作，而是说秘书人员必须在工作实践中自觉加强对这些知识的学习，完善自己的知识结构，不断提高业务水平。

二、秘书公关人员的素质体系

对秘书公关人员的素质要求是由秘书公关人员所担负的双重工作性质和职能所决定的。一方面，秘书公关人员有不同层次、不同领域、不同部门之分，由此对其基本素质的要求也不一样。另一方面，所有的素质要求都是相对的，例如，对行政组织的秘书公关人员来说，政治理论和政治品质方面的素质要求是首位的，而对于外资企业的秘书来讲，忠于老板、严守秘密则更为重要。我们这里侧重讲的是一个现代秘书公关人员所具备的一般素质，即作为一种现代人的全面发展并结合了秘书与公共关系职业特性的一种整体职业素质。

(一) 心理素质

秘书公关人员的心理素质要求主要有以下几个方面。

1. 职业心理素质

公共关系职业要求其从业人员具备的基本的职业心理素质是自信、热情和开放。

(1) 自信。这是对公共关系职业心理的最基本的要求。“自知者明，自信者强。”只有充满自信，才能够敢于面对挑战，敢于追求卓越，才能够自强不息。

(2) 热情。从事公共关系工作的人员应有一种热情的心理。热情的心理是对工作的满腔热忱。公共关系工作是一种需要从业人员付出大量智力和体力劳动的艰辛工作。没有极大的热情，没有全身心的投入，是不能胜任公共关系工作的。

(3) 开放。开放的心理素质要求公共关系从业人员以开放的心理不断接受新事物、新知识和新观念，在工作中敢于大胆创新；开放的心理还要求公共关系人员具备宽容的心理品格，一方面能宽容、接受各种各样与自己性格、风格不同的人，并能“异中求同”，与各种类型的人打好交道，建立起良好的人际关系；另一方面能够宽容别人的缺点和过失，容得下别人的长处和优点；开放的心理还表现在公共关系人员在很多方面能够表现出一种高姿态，冷静地对待和处理工作中所遇到的困难和挫折，而不是斤斤计较一时一地的得失。

2. 心理健康

心理健康的最基本条件是没有心理疾病，即情绪正常、精神愉快、意志坚定。心理健康的本质含义是具有积极发展的心理状态，它要求个体能随环境条件的变化而不断地调整自己内部的心理结构，以达到与外界的平衡。凡是心理健康的人，既能为社会所接受，又能为自身带来愉悦。

心理健康具体表现在以下诸多方面：

(1) 智力。智力正常是心理健康最重要的条件。一个人的智力包括观察力、注意力、记忆力、思维能力和想象力等综合能力，其中思维能力是智力的核心部分。正常的智力水平能够将自己的智慧和能力有效地运用到学习和工作中去。

(2) 情绪。通常我们把以愉快、欢乐、兴奋等为主的情绪体验称为积极情绪；而把以厌恶、愤怒、恐惧、悲伤、痛苦等为主的情绪体验称为消极情绪。在一般情况下，个体内部的心理结构能保持平衡和协调，既有适度的情绪表现，又不为过度的积极情绪和消极情绪所驱使而导致行为的失调，能保持清醒的头脑、平静的心境和控制行为的自觉性。

(3) 心理承受能力。心理健康的人能和外界保持良好的接触。如果个人的需要、愿望与组织和社会的要求产生冲突时，能及时地放弃或调整自己，而不是逃避现实。要做好失意、挫折乃至失败的心理准备，这些都是健康心理所要求的。

(4) 意志品质。意志就是自觉地确定目的并根据目的来支配调节自身的行动，克服各种困难以实现预定目的的心理过程。心理健康的人能够以理智战胜非理智，以理智抑制消极的情绪；以理智驾驭盲目，注意行为的自觉性、果断性、顽强性，在特定的情况下能够忍耐和克己。

(5) 自我知觉和自我意识。自我知觉是主体对自己的心理与行为状态的知觉，人通过自我知觉发现和了解自己。自我意识则是指主体对自己的存在、自己与他人和周围事物的关系以及自己的行为表现三方面的意识。心理健康的人对现实自我有正确、客观、全面的认识；对理想自我也有积极、丰富和独具特色的确定，在认识自我的同时，有相应的自尊感；对自己的弱点、缺点不回避，并能用积极的态度对待自己、接纳自己。这就要求个体能够“以人为镜”，把他人对自己的看法、态度和行为作为自我知觉和自我意识的客观参照，以克服主观性，并通过积极的自我调节来协调自我的行为。

(6) 社会知觉。社会知觉是指对社会对象的知觉。它包括对他人的知觉、对人际关系的知觉和对社会角色的知觉。

第一，对他人的知觉。对他人的知觉是指通过对他人外部形态和行为特征的知觉，进而取得对他人的动机、感情和意图的认识。健康的心理要求个体正确地看待、知觉他人，不掺杂主观成分。

第二，人际知觉。人际知觉是对人们之间关系的知觉。人们在交往中彼此发生一定频率的人际知觉，使彼此在心理上相近或相似，于是形成友好的关系和情感。

第三，角色知觉。角色知觉是对人们所表现的角色行为的知觉。正确的角色知觉同样是健康心理所必需的，个体以有关角色的行为标准要求和评价他人角色，同样也以有关的行为标准要求自己应当具有怎样的行为才符合本人角色。这对公共关系的职业角色来说是尤其重要的。

(7) 人格。人格是个体特有的特质模式及其行为倾向的统一体。这些稳定而又异乎他人的特质模式使人的行为带有一定的倾向性，表现了一个由里及表的包括身与心在内的真实的个人。在心理学上，人格又称为个性。健全的人格是指在人格结构中的各个方面都达到平衡、和谐发展的完善的人格。心理健康的人的人格特征是稳定的，他所想的、说的和做的都是统一的。

(8) 行为反应。心理健康的人，行为反应是适度的。该宽容时宽容，该愤怒时愤怒，该激动时激动，该冷静时冷静。各种心理现象之间、心理和行为之间协调统一、恰如其分而又有条不紊。行为的方式能与角色相一致，当一个人同时完成几种社会角色时，又都能具有相应的角色行为。

(9) 人际关系。人际关系是人们在交往过程中产生和发展起来的人与人之间的心理关系，即人与人之间心理距离的远近，或者说是人们在思想感情上的差距或相互吸引、相互排斥等心理状态。良好的人际关系有助于身心健康。一个人如果在交往中经常受挫，心情就会郁闷，会影响身心健康，严重的甚至造成心理失常和机体功能的失调。

（10）需要结构。需要是人对特定目标的渴求与欲望，是推动行为的直接动力。人有许多基本需要，这些需要又是分层次的。心理健康的人其需要是合理的。一方面他的需要能够与社会发展和组织目标保持一致，另一方面他又能积极拓展高层次的需要。理想切合实际，兴趣爱好广泛，这是自由展示人的创造性才能的保证。

（二）道德素质

道德素质主要是指秘书公关人员在道德原则、道德规范和道德品质等方面的修养。良好的道德修养要求秘书人员能够依照一定的道德原则和道德规范进行内心的反省、检查，进行自我批评和自我解剖，并且通过自我教育，养成一定的道德情操，达到较高的思想境界。概括地说，秘书人员的道德修养包括以下几方面的具体要求。

1. 社会责任感

组织是社会的细胞。组织要承担社会责任，这既是一个法律问题，也是一个道德问题。社会责任感是现代组织从事经营管理的最高道德原则。组织在实现自身经济效益的同时，更要关注自身的各项活动给自然环境、人际关系、社会经济效益和社会精神文明带来的影响，必须注重社会的整体效益。社会责任感要求秘书公共关系人员在处理组织与社会的关系时，能够站在社会的立场上，综合评价组织各职能部门的决策目标可能引起的社会问题，依据社会价值及时修正可能导致不良社会后果的决策目标，使组织决策目标既反映组织发展的要求，又反映社会整体效益的需要。简言之，社会责任感要求秘书人员在履行组织的职责时，能处在一种相对超脱、相对客观的角度，即从社会整体效益的角度去评价决策目标的社会制约因素和社会影响效果，努力使组织的决策目标与社会利益和环境因素相容。

2. 职业道德

职业道德是从事一定职业的人们在职业劳动中必须遵循的行为规范的总称，是社会道德在职业活动中的具体表现。秘书公关人员的职业道德大致可以包括职业态度、职业纪律、职业作风和职业良心等方面的要求。

（1）职业态度。敬业是一种起码的职业态度，它要求秘书人员在职业活动中兢兢业业，忠于职守，不计较个人利益得失。

（2）职业纪律。职业纪律是一种行为规范，它要求秘书人员在职业生活中做到保密、不以权谋私、不收受贿赂等。当涉及组织的机密和有关客户的机密时，必须严守机密。即使不再为这一客户或雇主工作，也应该如此。不允许以掌握这一机密为资本去为该客户或雇主的竞争对手服务。

(3) 职业作风和职业良心。职业作风和职业良心是密切联系在一起的，其关键在于职业良心，即对职业责任的自觉意识。它要求秘书人员做到公正、正派和真实。公正即对于自己以前和目前所服务的公众能一视同仁、公平对待；正派即要做到诚实可靠、作风正派、行为良好，不搞不正之风；真实即实事求是，既报喜又报忧，不弄虚作假。

3. 道德品质

道德品质即个人内在的道德价值，它通过行动体现出来，言行一致是德性的真正表现。秘书人员应该具有以下道德品质。

(1) 忠诚。大而言之，要忠于祖国、忠于人民、忠于职守；小而言之，要诚实做人、言行一致、表里如一。同事之间和上下级之间要互相信赖、支持和谅解，做到言而有信、有诺必践、信以守身、信以处事、信以待人，工作和学习要坚持科学态度，生活作风和待人处世要开诚布公、光明磊落、知错就改、不文过饰非。

(2) 勤奋。勤奋是指勤勉、奋发、刻苦钻研、顽强进取的工作精神和毅力。“业精于勤，而荒于嬉”。一个人如果没有勤奋的精神，即便是绝顶聪明也无济于事，最终可能是一事无成。

(3) 谦虚。谦虚是指虚怀若谷的精神和实事求是的态度。谦虚绝不是虚伪。那种逢人就点头哈腰、唯唯诺诺的人只是伪君子而已。只有有自知之明的人才能发挥自己应有的作用，积极地争取他人的支持和帮助。襟怀坦荡的人才能真正具备良好的谦虚品德。

三、秘书公关人员的能力体系

秘书的公关能力，就是秘书人员从事公共关系活动的各种实际本领的有机组合。它是秘书高效率地完成工作任务的基本要素。由于秘书工作的复杂性、多样性和秘书活动的丰富性、广泛性以及从事公关活动的动态性，需要秘书人员具备多种能力。具体来说，秘书人员的公关能力包括以下几个方面。

(一) 沟通能力

秘书人员不仅需要有较强的书面表达能力，还需要较强的口头表达能力和非语言表达能力，这些都是有效沟通所必备的。

1. 文字表达能力

文字表达能力即写作能力，它是秘书特别是文字秘书的基本功。秘书人员的文字表达能力不是单纯的知识丰富和文笔技巧问题，而是一项综合性能力。如果缺乏必要的政治理论修养，写作就很难具有深度，不能触及事物的本质；知识贫乏，必然才思枯竭，还可能会出现常识性错误；不进行周密的调查研究，不了解情况，闭门造车，必然会主观武断，脱离实际；对党和国家的方针政策和各种法规不熟悉，表达就不能把握时代脉搏，甚至与上级精神或法规相抵触。由此可见，秘书人员的文字叙述表达能力反映了秘书知识素养的整体。

作为秘书，只有平时不断地加强自身的知识修养，勤于学习，善于思考，多写多练，反复揣摩，注意积累，定期总结社会组织中各类应用文写作的经验和教训，才能不断提高写作水平，逐步具备较强的文字表达能力。

2. 口头表达能力

秘书不仅要会写文章，还要有较强的口头表达能力。所谓口头表达能力，是指在言谈时条理分明，表达准确，口齿清楚，应对敏捷，说话得体，富有幽默感。有的人会写不会说，有的人会说不会写。而作为秘书，则应两者兼而有之，做到“口笔两利”。练好口头表达能力，也是秘书人员的一项基本功。因为秘书人员对上汇报情况，请示问题，提出建议；对下传达指令，沟通情况，协调工作；对外的接待联络等公共关系活动，除一部分是使用书面文字外，大量的则需要口头表达。

书面表达可以仔细推敲，可以修改，甚至推倒重来，而口头表达则要即席而发，不允许有更多的时间去思考，不可能像写文章那样任意修改。双方的交谈经常是在极短的时间内完成的，这就需要思想敏锐，反应迅速，而且首先要正确理解对方谈话的原意，在很多时候需要从对方不连贯的语句中抓住说话要点，马上思考回答。如果缺乏思维训练，缺乏创造性的思维能力，反应迟钝，就很难完成即席应对的任务。同时，还要求秘书在对上、对下和对外的谈话中，语言要恰当得体，态度要从容，不卑不亢，表达要灵活多变，妙趣横生。从一定意义上讲，口头表达比书面表达难度更大。如果口语表达能力差，不仅影响工作效率，也会妨碍人际关系，甚至会损害个人和领导机关的声誉。因此，秘书人员要自觉地加强口头表达能力的修养，做到文字表达能力与口头表达能力的同步提高。既要善于写，又要长于说，二者相互促进，不可偏废。同时，秘书还必须懂得，口头表达是思想理论水平、逻辑思维能力、阅历、知识状况和语言、动作技巧的综合体现。秘书要培养和提高自己的口语表达能力，就应在以上方面下工夫。

（二）组织能力

公共关系目标经常需要通过各种专项的公共关系活动来实现，各种专项的公共关系活动往往都是有一定规模的、有组织的活动，因此需要组织协调各方面的关系和资源来完成。秘书人员在一定意义上就是协调者和组织者，应该具备组织、协调各类活动和各种工作的能力。

（三）创新能力

创新是一种高层次的思维活动能力，它要求从事公共关系的工作人员对新事物敏感，思路开阔，富有想象力，不因循守旧、墨守成规；善于发现新问题、总结新经验，善于提出新设想、新方案；善于探索，勇于创新。

（四）交往能力

社会交往能力是指妥善处理组织内外关系的能力，包括与周围环境建立广泛联系和对外界信息的吸收、转化能力以及正确处理组织内部关系的能力。秘书人员作为协调组织内部的纽带以及与外部沟通的桥梁，应该善于交往，善于待人接物，善于兼听不同意见。

（五）自控能力

自控能力既反映在秘书人员的心理素质上，又体现在其工作方式上。这要求秘书人员面对繁重、琐碎的工作要有信心、有毅力，面对各种复杂的关系、事件和各种不同类型的公众成员要有耐心，善于控制自己的情绪。

（六）应变能力

应变能力是适应主客观条件变化的能力。面对公共关系工作复杂多变的情况，秘书人员必须审时度势，顺应不断变化的形势，把握变与不变之间的辩证关系，善于在变中求不变、在不变中求变。唯有如此，才能使公共关系工作不断适应环境中的新变数。

（七）职业技能

作为秘书人员，还必须具备从事秘书工作的多种职业技能，才能适应工作的需要，比如书写技能、速记技能等。随着现代化程度的提高，办公自动化已经成为提高秘书工作效率的重要途径。形势的发展，要求秘书人员必须树立新的观念，从掌握文字的单项技能转向能掌握办公自动化有关知识和技能的多项技能。

秘书人员应学习、了解和掌握的主要技能有：文字处理器具的使用技能，如打字机、打印机、复印机、扫描仪、传真机的使用；声像信息机具的使用技能，如摄影机、摄像机等；计算机的使用技能，包括办公软件的运用以及整个网络设备的操作技能等。

复习思考题

1. 秘书公关工作需要的是“通才”还是“专才”？为什么？
2. 秘书需要具有哪些公关能力？

实训题

秘书公关素质训练

实训目的：初步掌握组织形象设计的方法和内容，在训练中强化学生的团队精神，心理素质，沟通、协调能力的素质。

实训操作提示：

1. 组建团队——参与、奉献、分享

50 分钟内学生自由结组（每组 10 人～15 人）完成 6 项任务：选队长、起队名、设计队徽、队规、队歌和队理念。然后队长面向全班汇报工作：队长宣誓、介绍队名、展示并解读队徽、介绍队规和团队理念，最后全队齐唱队歌。

这一训练项目的特点是时间紧、任务重，只有全队人人参与、奉献，各显其能，通力合作才能顺利完成任务。由此使学员体验团队形象建设、合作、参与、创新、效率等概念的物化与应用。

2. 8 000 米耐力跑——感悟人生之路

以团队为单位，50 分钟跑完 8 000 米路程，团队最后一名到达的时间为本队成绩。此训练项目对没有受过专业训练的学生来说是极大的体能和耐力的挑战。但在团队的激励下，队员都会克服身体上的种种不适、一次又一次地战胜放弃的念头，全部到达终点，由此感悟出漫漫人生之旅中集体力量、目标激励、顽强拼搏以及永不放弃的个性对成功的深刻意义。

3. 呐喊训练——心理障碍的突破

大庭广众之下，用最大的力量喊一声“啊”。看似简单，但对那些平时当众讲话都紧张的学生来说，没有一定的勇气是很难喊出来的。声音太小，重来！用手捂脸了，重来！一次次的重来！使学员生认识到：人生最大的敌人就是自己，只有战胜自己，才能战胜一切。

4. 过电网——一个都不能少

用绳子编成一个“高压电网”，大小不等的网眼就是队员的安全通道，但是每个网眼只能过一个人。“触电”即“牺牲”！这是一个团队协作和智慧的训练。学生们用钻、爬、抬的方法，最终完成任务。因此总结出：集体完成一项任务时，协作是最重要的，团队的责任就是不让一个人掉队。

5. 背摔——从我不敢到我敢，从“信人”到自信

这个训练项目挑战的是胆量和超越自我的勇气。站在齐肩高的短墙上，绑住双臂，自己喊“一、二、三”，然后直挺挺的向后倒下去，而队友们在下面，相对而站，手心向上，平伸双臂接住上面下来的队友。这是一个心理挑战极大

的训练项目，人在自己看不见的时候，心里最害怕，这个项目就是考验你对别人的信任。你越信任别人，你的身体就会伸得越展，你的体重会分散到更多的队友的手臂上，你也就越安全。如果你害怕，就会本能地团起身子，结果可能只接触到一两个队友的手臂，队友的手臂可能会承受不了你的体重。你就可能掉到下面的水泥地上。从“我不敢”到“我敢”，完成了超越自我的飞跃，这对学生的影响将是深远的，甚至是终身的。

6. 定向运动——顽强意志的强度训练

这是一个个体训练项目，每个学生手里一张地图，在方圆几十里的公园里标出10个站点，这需要自己看懂地图，设计行进路线，克服地形障碍，找到每个站点，用最短的时间跑完全程，拿回记录卡，返回起点。

7. 幸运履带

每队发每人三张报纸，一卷宽透明胶带，用这些材料制作一个闭合的履带，全队成员站在履带中，齐声喊号，滚动履带，最先到达目的地的（100米距离）队获胜。由此体验个人和团队的作用。

8. 按年龄排队

全队站在高台上，不能掉下高台，不许说话，按出生年月日重新排序，时间到（5分钟时），每人报出自己的出生年月日，看谁排错了。增强队友之间的了解，体验“无声”沟通的作用。

9. 经验分享

拓展训练后要每个学生写培训日记，集体谈体会：通过训练得到的启发是什么？由此感悟超越自我、战胜自我、构建良好秘书公关职业素质的重要作用。

参考书目

1. 徐寒主编. 职业秘书沟通协调方法与技巧. 广州：广州出版社，2004

2. 杨继昭，李颖杰编著. 秘书公关协调基础. 北京：中国人民大学出版社，2005

3. 廖金泽. 怎样做高级秘书. 广州：广东旅游出版社，2005

4. 吕维霞编著. 案说公共关系. 北京：对外经济贸易大学出版社，2002

5. 何明宝等编著. 涉外公共关系概论. 北京：中国科学技术出版社，2000

6. 居延安. 公共关系学. 上海：复旦大学出版社，2001

7. 姚建平，胡立和. 实用公共关系. 重庆：重庆大学出版社，2002

8. 张荷英. 现代公共关系学. 北京：首都经济贸易大学出版社，2001

9. 胡锐，奕德泉主编. 现代公共关系实务. 杭州：浙江大学出版社，2004

教师信息反馈表

为了更好地为您服务，提高教学质量，中国人民大学出版社愿意为您提供全面的教学支持，期望与您建立更广泛的合作关系。请您填好下表后以电子邮件或信件的形式反馈给我们。

<table>
<tr><td>您使用过或正在使用的我社教材名称</td><td colspan="2"></td><td>版次</td><td></td></tr>
<tr><td>你希望获得哪些相关教学资料</td><td colspan="4"></td></tr>
<tr><td>您对本书的建议（可附页）</td><td colspan="4"></td></tr>
<tr><td>您的姓名</td><td colspan="4"></td></tr>
<tr><td>您所在的学校、院系</td><td colspan="4"></td></tr>
<tr><td>您所讲授课程的名称</td><td colspan="4"></td></tr>
<tr><td>学生人数</td><td colspan="4"></td></tr>
<tr><td>您的联系地址</td><td colspan="4"></td></tr>
<tr><td>邮政编码</td><td></td><td>联系电话</td><td colspan="2"></td></tr>
<tr><td>电子邮件（必填）</td><td colspan="4"></td></tr>
<tr><td>您是否为人大社教研网会员</td><td colspan="4">□ 是，会员卡号：________
□ 不是，现在申请</td></tr>
<tr><td>您在相关专业是否有主编或参编教材意向</td><td colspan="4">□ 是　　　　□ 否
□ 不一定</td></tr>
<tr><td>您所希望参编或主编的教材的基本情况（包括内容、框架结构、特色等，可附页）</td><td colspan="4"></td></tr>
</table>

我们的联系方式： 北京市海淀区中关村大街 31 号
中国人民大学出版社教育分社
邮政编码：100080
电话：010-62515912
网址：http://www.crup.com.cn/jiaoyu/
E-mail:cruplya@126.com